Submarinos

Redbook

Manuel J. Prieto

Submarinos

HISTORIA
BÉLICA

Diseño de cubierta e interior: Regina Richling

ISBN: 978-84-9917-377-1

Depósito legal: B-24.555-2015

Impreso por Sagrafic, Plaza Urquinaona 14, 7º-3ª 08010 Barcelona

Impreso en España - *Printed in Spain*

A Álvaro y Sara: Pasadlo bien y aprended cosas.

Por un clavo se perdió una herradura.
Por una herradura se perdió un caballo.
Por un caballo se perdió una batalla.
Por una batalla se perdió el Reino.
Y todo por un clavo de una herradura.

(Canción popular inglesa)

Índice

Introducción

La Segunda Guerra Mundial sigue siendo de enorme interés para el público general setenta años después de su finalización, por muchas razones. Fue un conflicto tan global, con tantas caras, tan ancho y profundo, que presenta aspectos puramente militares, pero también científicos, políticos, sociales y, cómo no, humanos, entre otros muchos. Por otra parte, aunque setenta años puedan parecer muchos, en el estudio de la historia no son nada y tenemos la ventaja de que esa cercanía en el tiempo junto con los medios disponibles en el siglo pasado, como la generalización de la fotografía y las grabaciones audiovisuales, nos permiten conocer casi hasta el último detalle allá donde miremos.

Y entre ese aluvión de hechos que componen la Segunda Guerra Mundial, la que podríamos denominar como guerra submarina, el combate bajo el mar, es uno de los aspectos más interesantes y extremos. De nuevo volvemos a encontrarnos de manera intensa con la guerra, con el combate más puro y brutal, con la estrategia, con la ciencia, con las historias humanas, historias de hombres, sin más, etc... Más allá de la propia guerra submarina y su discurrir, que se tratará con detalle en las páginas de libro, no hay que perder de vista que en la mayoría de los casos, si se sintetizara la situación al máximo, lo que quedaría no es más que dos grupos de hombres combatiendo, bien en una nave sobre el agua o bien bajo el agua, sabiendo que ser el perdedor en aquel encuentro posiblemente signifique la muerte. Con esa visión en la cabeza se calibra de otro modo el arrojo de los submarinistas y el miedo de los marineros de superficie. Y viceversa, el arrojo de los hombres que cruzaban los océanos a bordo de barcos sabiendo que el enemigo escondido e implacable esperaba para atacar en cualquier momento, y el miedo de las tripulaciones de los submarinos cuando parados bajo el agua, en lo que parecía ser una eternidad, aguantaban los ataques de sus enemigos sin poder hacer mucho más que rezar, el que fuera creyente.

Pabellón naval de la Kriegsmarine en un submarino alemán.

Sin duda son apasionantes los hechos de la guerra submarina, y ese es el hilo conductor de este libro, los hechos. A través de historias concretas y a menudo únicas, el libro atraviesa la Segunda Guerra Mundial, sus escenarios y su discurrir, en aquella parte de la misma en la que de uno u otro modo estuvieron presentes los submarinos. Más allá de detalles técnicos sobre las naves, que se han omitido en la medida de lo posible, más allá de las grandes decisiones estratégicas y más allá de las especulaciones, lo que tiene entre las manos es un libro de hechos, de historias. Y son esas historias las que nos darán una visión de la historia, de lo que ocurrió, porque la historia no deja de ser eso en última instancia, los hechos que ocurrieron.

Convoyes de mercantes atacados en mitad de la noche, aviones que salen de las nubes para sorprender a los submarinos en superficie, ataques con cargas de profundidad, naufragios, largos viajes por el Ártico o hasta el Caribe, submarinos que aparecen donde menos se les esperaba tras la guerra, héroes, comandantes crueles, banderas piratas, tiempos felices y tiempos duros... todo esto y mucho más estuvo presente en la guerra submarina en la Segunda Guerra Mundial y está narrado en estas páginas

1939 – 1940

De Scapa Flow a Francia, Alemania sale de su escondite

El Plan Z

Tras la Primera Guerra Mundial Alemania firmó el Tratado de Versalles, que entre otras muchas obligaciones y restricciones le imponía entregar la flota de guerra de la que disponía en aquel momento, 1919, reducir su ejército a cien mil hombres y cuatro mil oficiales como máximo y le prohibía, expresamente, tener submarinos, concretamente en el artículo 191 del tratado. No tardó mucho tiempo Alemania en comenzar a burlar, de un modo u otro, algunos de los compromisos que había adquirido. Así, en 1922 volvió a investigar y a desarrollar la tecnología y las técnicas de construcción de submarinos.

Bajo la justificación de ser meros intercambios comerciales, Alemania comenzó a fabricar algunos prototipos de nuevos submarinos, por supuesto, partiendo de los conocimientos y experiencia acumulados durante la Primera Guerra Mundial. La empresa Ingenieurskantoor voor Scheepsbouw (IvS), establecida en los Países Bajos y promovida por tres astilleros alemanes, fue el motor de aquella actividad, a la que el Ministerio de Marina alemán tenía acceso y con la que estaba en contacto directo a través de la financiación.

Técnicamente el acuerdo de Versalles prohibía al ejército alemán tener submarinos, pero no prohibía que compañías germanas los construyeran para otros países, lo que permitió que en 1927 se entregaran a la armada turca las primeras unidades plenamente operativas.

Antes de ser puestos en manos de los países compradores, estos submarinos eran probados intensamente por personal alemán, lo que en realidad suponía también el entrenamiento de ese personal en el uso de las naves, manteniendo así el conocimiento y preparando el camino para la presencia de un arma submarina plenamente operativa dentro del ejército de Alemania, tal y como había propuesto Wilhelm Canaris, el que sería más tarde hombre clave en los organismos de inteligencia nazis, llegando a ser jefe de la Abwehr. En resumen, a pesar de lo expuesto en el Tratado de Versalles, Alemania siguió desarrollando su tecnología de fabricación de submarinos y entrenando a sus hombres en la navegación de los mismos, mientras trabajaba para Turquía, Finlandia o España, entre otros.

Entre 1931 y 1932 la Reichsmarine aprobó varios pedidos, entre los que estaban los encargos para construir dos acorazados del bolsillo, el *Graf Spee* y el *Scheer*, que sobrepasaban las 10.000 toneladas impuestas como máximo en Versalles.

En junio de 1935 Alemania recobraba fuerza paso a paso mientras que Inglaterra comenzaba a temer otra guerra, y en ese marco tuvo lugar una negociación que acabó con la firma de un nuevo acuerdo, el Acuerdo Naval Anglo-Alemán, en virtud del cual la flota alemana no podía superar el treinta y cinco por ciento del tonelaje disponible de la británica, llegando al cuarenta y cinco por ciento en el caso del arma submarina. Los británicos aseguraban así su supremacía y Alemania, por su parte, avanzaba en su desarrollo desde el punto inicial que suponía Versalles. Aquello despejaba oficialmente el camino que ya se venía andando desde tiempo atrás y tan sólo unos meses después, en septiembre, se ponía en marcha un primer pedido de nueve submarinos para la armada alemana. A su mando estaría el nuevo Jefe de la Flota Submarina, Karl Dönitz, cuyo nombramiento sería el mes siguiente, un hombre con experiencia en la guerra submarina ya que en la Primera Guerra Mundial había combatido como oficial primero en el *U 39* y como comandante en el *UC 25* y el *UB 68*. Mientras el avance en un lado del Canal de la Mancha tomaba velocidad, en el otro, en Inglaterra, se confiaba en una paz duradera y la investigación científica en el entorno militar relacionada con el mundo naval quedaba prácticamente congelada, incluyendo la división del almirantazgo relacionada con la lucha antisubmarina. Únicamente la investigación privada siguió a pleno rendimiento.

El contralmirante Dönitz observa la llegada de un U-Boot en junio de 1941.

Un detalle menor pero interesante por lo significativo que llega a ser es el cambio de nombre de la armada alemana. Tras la Primera Guerra Mundial adoptó oficialmente el de Reichsmarine, es decir, Marina Imperial, y así se mantuvo durante la República de Weimar y los dos primeros años del nazismo en el poder. En 1935 el nuevo nombre oficial fue Kriegsmarine, Marina de Guerra.

En mayo de 1938 Hitler encargó a Erich Raeder, a la sazón Jefe Supremo de la Kriegsmarine, la puesta en marcha de un plan para preparar un posible conflicto abierto con Londres. Se analizaron varias acciones, entre las que estaba bloquear las rutas de abastecimiento y comerciales tal y como se había hecho en la Primera Guerra Mundial y el desarrollo de una fuerza naval considerable. El programa finalmente elegido y definido fue conocido como Plan Z, que no era la opción que daba mayor importancia a los submarinos de todas las evaluadas, y preveía disponer de aproximadamente doscientos cincuenta de ellos, además de centenares de buques de otro tipo, en los primeros años de la década de los cuarenta para poder responder llegado ese momento con éxito a la demanda del Führer de poder afrontar un conflicto bélico con Inglaterra. Con la aprobación de la propuesta en enero de 1939 comenzó su desarrollo, si bien es cierto que su enorme coste la llevaría a no ser alcanzada en su plenitud y que la guerra con Inglaterra llegó mucho antes de que las necesidades marcadas por la Kriegsmarine estuviesen cubiertas.

Karl Dönitz pensaba, en los últimos días de agosto de 1939, que todavía era posible que no estallara la guerra o que al menos se retrasara. Evidentemente se equivocaba y la situación de la marina alemana no era la deseable cuando comenzaron las hostilidades. Concretamente el arma submarina contaba únicamente con cincuenta y siete naves listas para entrar en acción y de ellas tan sólo veintidós eran aptas para operar en el Atlántico. El resto eran unidades pequeñas, de unas doscientas cincuenta toneladas, cuyo radio de acción se limitaba al Mar del Norte y a operaciones costeras. Disponer de poco más de veinte submarinos capaces de operar en las aguas abiertas del Atlántico significaba que en cada momento unos siete estarían dispuestos para el atacar al enemigo, ya que el ciclo de combate en alta mar, vuelta a la base y preparación para una nueva patrulla, dividía virtualmente el número de naves disponibles por tres.

En 3 de septiembre de 1939 Winston Churchill fue nombrado Primer Lord del Almirantazgo, y consciente de que uno de los peligros más importantes para los intereses de su país estaba en los submarinos alemanes, no tardaría en ordenar que el comercio naval comenzara a organizarse en convoyes. Sus estimaciones sobre el poderío de la U-Bootwaffe, el arma submarina alemán, se mostrarían con el tiempo exageradas, pero no se equivocaba al determinar que allí estaba uno de los elementos clave para su país en aquella guerra que acababa de despertar.

U 30 y el *Athenia*

En agosto de 1939, unos días antes del comienzo efectivo de la Segunda Guerra Mundial debido a la invasión de Polonia por parte de Alemania, cincuenta y seis submarinos de la Kriegsmarine, abandonaron sus bases de camino a mar abierto, como casi toda la flota alemana. El 19 de aquel mes los capitanes de submarino habían recibido un mensaje, en apariencia sin importancia, en el que se les comunicaba la fecha de una próxima reunión de oficiales, si bien en realidad se trataba de una orden en clave para que tomaran posiciones en el océano. En previsión de los problemas derivados de las inminentes acciones planeadas por el gobierno de Hitler, los submarinos debían hacerse a la mar y situarse con el objetivo de minar las aguas costeras británicas y francesas. Muchos de esos submarinos eran del tipo II, pequeños y de corto alcance, por lo que no podrían hacer mucho más. El día 1 de septiembre de 1939 Alemania iniciaba la invasión de Polonia, país que tenía el apoyo expreso de Inglaterra y Francia frente a cualquier ataque alemán desde el 1 de abril de aquel mismo año. Tras la invasión germana, estos dos países lanzaron un ultimátum al gobierno de Hitler en un último intento de revertir la situación, pero no sirvió de nada. El 3 de septiembre a las 11 de la mañana Inglaterra declaraba la guerra a Alemania. Seis horas después le seguía Francia.

El mismo día de la invasión de Polonia zarpaba desde Liverpool el *Athenia*, con rumbo a Glasgow, para hacer allí una parada y encarar definitivamente el Atlántico de camino a Montreal, dejando las costas británicas atrás el día 2 de septiembre. Así, cuando Inglaterra declaró oficialmente la guerra a Alemania el *Athenia* ya estaba varios kilómetros mar adentro. El capitán del barco, James Cook, avisado del peligro de la nueva situación, decidió poner en marcha las actuaciones de protección contra submarinos conocidas y habituales. Estas precauciones eran principalmente evitar las luces a bordo en la noche, hasta el punto de no poder fumar en cubierta, salir en la medida de lo posible de las rutas preestablecidas y navegar en zigzag para evitar así ser un blanco fácil en último caso.

Imagen del *Athenia*, el primer barco británico hundido por la flota alemana tras el inicio de las hostilidades.

En aquellas mismas aguas al noroeste de Irlanda se encontraba el submarino alemán *U 30*, bajo el mando de Fritz-Julius Lemp, un joven comandante alemán de 26 años. Lemp había recibido a las 13:30 de aquel día 3, poco después de la declaración de guerra, instrucciones en las que se le permitía atacar buques aliados, siempre respetando las normas internacionales bajo las que operaba Alemania y que obligaban entre otras cuestiones a desembarcar a los pasajeros antes de atacar, marcando como objetivos válidos únicamente a los mercantes armados o buques de guerra.

El *Athenia* fue divisado por un vigía de la torre del submarino, que avió al momento a Lemp del hecho. Navegando hacia el oeste a toda máquina y en zigzag, el barco generó alguna duda inicial en el comandante alemán sobre si era un objetivo aceptable o no. A través de sus prismáticos veía claramente el tipo de barco que era, pero su forma de navegar hacía pensar a Lemp que podía tratarse de un transporte de tropas o algo similar. Finalmente decidió perseguir al *Athenia* navegando en superficie y así lo hizo durante tres horas, hasta que ordenó a su tripulación inmersión, para poder acercarse más y salir de dudas sobre el tipo de nave que tenía ante él y cuál era la misión de la misma. Ya con la cantidad de luz disminuyendo por la hora del día y mirando a través del periscopio, tomó la decisión final, una decisión personal, lo que era habitual en la guerra submarina. Era normal que sin apenas capacidad de comunicación con otros buques o con el mando, sin mucho tiempo para pensar y con la información limitada que le proporcionaba el periscopio, el peso de las decisiones recayeran de manera casi exclusiva sobre el comandante.

El comandante Lemp y su tripulación hacia 1939.

En torno a las 19:40 Lemp ordenó a sus hombres que se preparara un ataque con torpedos y poco después se puso en marcha. Dos torpedos salieron del *U 30* por los tubos de popa. Debido a que uno de ellos comenzó a navegar erráticamente, el submarino se vio obligado a descender para evitar el peligro de ser víctima de su propio disparo, aunque finalmente el torpedo se hundió sin mayores consecuencias. El otro torpedo trazó la trayectoria hasta el *Athenia* y acertó de pleno, a babor y a popa, dejando al buque a oscuras y abriendo un boquete que comenzó a tragar agua con ansia escorando lentamente la nave. Pasado el peligro de su propio torpedo, el *U 30* recuperó nivel y disparó por tercera vez, de nuevo, un torpedo defectuoso.

Con la nave ya en la superficie y contemplando el resultado de su ataque con los torpedos, Lemp ordenó que se disparara con el cañón de 88mm que había en cubierta contra la caseta de radio del ya muy dañado *Athenia*. Afortunadamente falló en su propósito y las señales de socorro pudieron ser emitidas desde el barco. Un petrolero noruego las captó y las retransmitió, por lo que pocas horas después los botes y los supervivientes del *Athenia* eran rescatados, aunque a me-

Supervivientes del *Athenia* rescatados tras hundirse el buque.

dia mañana del 4 de septiembre el barco se hundía para siempre. Un superviviente checo recordaba el ataque con las siguientes palabras: «Cerca del barco surgió una columna de agua y una cosa negra, como un cigarro, voló sobre el mar hacia nosotros. Hubo una explosión y vi cómo unos hombres del submarino apuntaban y disparaban un cañón».

A bordo del *Athenia* viajaban mil ciento tres civiles, no era un transporte de tropas ni estaba realizando acción militar alguna. En el ataque fallecieron ciento dieciocho personas, veintiocho de ellas estadounidenses, lo que trajo a la memoria de todos el incidente del *Lusitania,* ocurrido en 1915 y que tuvo mucha relevancia en la Primera Guerra Mundial. Atacar un barco lleno de civiles, aunque Lemp tuviera sospechas de que era un buque armado, iba en contra de las órdenes del propio Hitler y las consecuencias de una acción así, por su uso como propaganda contra Alemania especialmente, no eran favorables desde ningún punto de vista para los intereses germanos. Aquella no era la mejor forma de comenzar la guerra, a pesar de todo.

Los acuerdos internacionales

El reconocimiento por parte de Alemania del hecho del *Athenia* no llegó hasta enero de 1946, en los juicios de Nuremberg que se celebraron tras la guerra. Tras el incidente, en 1939, los alemanes deseaban mantenerlo en secreto ya que su actuación iba contra los acuerdos que ellos mismos había firmado y que estaban en vigor. En 1936 Alemania se había adherido al Protocolo sobre Submarinos de Londres, que ratificaba dentro del ámbito de Segundo Tratado Naval de Londres lo que ya se había establecido en 1930 sobre los ataques llevados a cabo por submarinos en caso de guerra. De acuerdo a dicho protocolo, un submarino estaba sometido a las mismas normas de actuación con respecto a los buques mercantes que debían respetar los bacos de superficie. Es decir, no podían hundir un mercante sin haberlo detenido y comprobado que efectivamente portaba material de guerra. Incluso en ese caso, se estaba obligado a respetar las vidas de las tripulaciones y los pasajeros, poniéndolos a salvo antes de hundir el objetivo. Sólo si el mercante en cuestión no se detenía tras varios avisos o mostraba resistencia activa, podía el submarino atacarlo sin poner a salvo antes a los pasajeros y a la tripulación. El mismo tratado establecía que los botes salvavidas no podían ser considerados como un lugar suficientemente seguro para la tripulación antes de hundir un barco, salvo en casos extraordinarios.

En resumen, aquellos acuerdos bajo los que debían navegar y combatir los capitanes de submarinos eran algo casi insalvable para ellos. Comprobar si un buque mercante estaba armado o estaba siendo usado militarmente suponía para el submarino salir a la superficie y enviar una dotación de inspección. En ese momento, en superficie y casi sin movimiento, se convertía en un objetivo sencillo y con poca capacidad de defensa, y en último caso un submarino necesitaba cierto tiempo para sumergirse, maniobra que lo convertía en completamente vulnerable. Por lo tanto las opciones reales eran dos, dejar escapar miles de posibles buques mercantes armados por el enemigo ante la imposibilidad de hacer las comprobaciones que imponían los acuerdos, o dejar los acuerdos a un lado y actuar de una forma mucho más expeditiva.

En este contexto, tras el hundimiento del *Athenia*, se disparó un cruce de acusaciones entre Alemania e Inglaterra. Los británicos afirmaban que el gobierno nazi incumplía los acuerdos ya desde el mismo día en que comenzaban los combates, imponiendo una guerra submarina sin restricciones, lo que se vio reflejado de manera directa en la importancia y la forma de narrar el incidente en la prensa británica. Alemania, por su parte, aseguraba que el hundimiento era una estratagema británica para acusarles y para influir en Estados Unidos, insinuando incluso que los propios ingleses habían acabado con el barco. El *U 30* seguía navegando mientras las noticias y acusaciones volaban y no dio detalles sobre el ataque vía radio en aquellas semanas, por lo que el gobierno alemán tampoco tenía información directa sobre lo ocurrido. En cualquier caso, cuando Lemp hizo saber a sus superiores que había hundido el *Athenia*, un buque de pasajeros, la decisión que se tomó fue tan significativa como inédita: se arrancó la página correspondiente al ataque del cuaderno de bitácora del *U 30* y se sustituyó por otra. Así, cuando se sacaran las ocho copias reglamentarias del diario de operaciones, el hundimiento seguiría siendo un secreto conocido por muy pocos. Además se hizo saber a todos los implicados que no se debía hablar ni hacer público el ataque contra el barco británico. Y, por supuesto, la propaganda siguió acusando a los británicos de haber hundido su propio barco para mover la balanza de intereses y alianzas en la recién iniciada guerra.

Imagen del *U 30* a su llegada a los astilleros.

A pesar de todo ello, cuando a finales de septiembre de 1939 el *U 30* llegó a Wilhelmshaven, a su base en el norte de Alemania, Lemp temía una dura reprimenda. Había tardado un tiempo en dar a conocer el hecho a sus superiores por ese mismo temor y fue el propio Karl Dönitz en persona, a la sazón Jefe de la Flota Submarina, el que se encargó del tema. Se llegó a hablar de medidas disciplinarias extremas contra el mando del *U 30*, pero no era el momento de desperdiciar hombres y conocimientos en el arma submarina y la cuestión no fue a más. Al fin y al cabo Lemp había demostrado su capacidad en aquella primera patrulla hundiendo tres barcos, derribando dos aviones, recogiendo en este caso a los pilotos del agua y dejándolos a salvo en la costa, y había vuelto a la base a pesar de los problemas en su nave. Un hombre demasiado valioso para Alemania como para no contar con él.

Aunque pueda parecer contradictorio con la falta de castigo a Lemp, Hitler estaba muy molesto con el incidente del *Athenia* y prohibió expresamente el ataque a buques de pasajeros, cualquiera que fuera su nacionalidad, fuese enemigo o no, e incluso si navegaba dentro de un convoy. Esta orden limitaba aún más las posibilidades de combate de los submarinos alemanes, especialmente de noche, cuando los submarinos son más letales, ya que la identificación de los buques cuando navegaban en la oscuridad y con todas las luces apagadas era muy complicada.

Los británicos, por su parte, armaron barcos mercantes desde el primer momento y dieron orden a todos los barcos, armados o no, para que avisaran por radio de la posición de cualquier submarino que fuera avistado, algo que iba también en contra de los acuerdos en vigor. Las instrucciones determinaban que si una nave era atacada por un submarino alemán, un U-Boot, debía emitir una señal especial, debían enviar SSS en lugar del clásico SOS, para que el hecho fuera conocido y se supiera que había un submarino implicado y por lo tanto su posición.

Primeros encuentros

Los problemas con los fallos de los torpedos que ya ocurrieron en el ataque del *U 30* contra el *Athenia*, fueron una constante durante muchos meses, exasperando a las tripulaciones de los submarinos y evitando en muchos casos que sus acciones tuvieran éxito. En general durante toda la guerra los avances que se fueron implantando en los torpedos hacían a estos más efectivos en algunos aspectos, pero hasta que cada paso adelante fue llegando, hubo una importante cantidad de disparos inútiles y fallidos que comprometía a las naves de la U-Bootwaffe y minaba la moral de sus hombres.

En los primeros días de septiembre había muchas dudas sobre las fuerzas y actitudes de los países combatientes. La guerra había sido declarada y era necesario conocer dónde estaban los límites de lo aceptable, que por otra parte siempre acaban siendo sobrepasados. En qué medida las naves submarinas harían su labor sin restricciones y cómo actuarían frente a buques de pasajeros, mercantes o naves hundidas, se contrarrestaba con el desconocimiento general sobre el uso que se haría de las naves mercantes y por lo tanto de las capacidades reales que tenían unos y otros de respetar los acuerdos.

En pocas semanas cada uno de los contendientes tomó una posición más clara, en base a los hechos que fueron ocurriendo. El 24 de septiembre Alemania determinó que cualquier barco que emitiera la señal de aviso SSS, dado que estaba colaborando en algún modo con la armada británica, podría ser atacado. El día 30 se levantó la restricción que impedía atacar barcos franceses y en los primeros días de octubre cualquier barco, fuera del país que fuera, podía ser apresado si se acercaba a las costas británica o francesa, respetando siempre las normas establecidas en los acuerdos internacionales sobre las presas navales. Esta última orden estuvo vigente tan sólo dos semanas antes de ser modificada el 17 de octubre para establecer que cualquier barco más allá de los 15° de latitud oeste, es decir, en la zona atlántica oeste de las Islas Británicas también conocida como Western Approaches podía ser objetivo sin aviso previo y sin respetar las normas sobre las presas. Pocos días después el rango se desplazó hasta los 20° oeste y así se fueron progresivamente relajando las marcas rojas que estaban vigentes sobre el papel tan sólo dos meses antes, al comienzo de la guerra. Finalmente cualquier barco viajando de noche sin luces o sobre el que hubiera alguna sospecha, incluso si era un transporte de pasajeros, podía ser considerado enemigo y por lo tanto atacado sin previo aviso y sin contemplaciones.

Otro de los submarinos que había abandonado puerto a mediados de agosto de 1939 era en *U 38*, bajo el mando de Heinrich Liebe. Aquella patrulla duró un mes, pero el 6 de septiembre ocurrió un hecho significativo. Un día antes el *U 38* se había topado con el barco francés *Pluvoise*, que había alertado por radio de la presencia de la nave alemana, algo que ya chocaba con las normas establecidas. Al día siguiente los encontronazos alcanzaron un nivel superior cuando el *U 38* se enfrentó al carguero británico *Manaar.* Eran las 06:00 cuando el submarino ordenó a la tripulación del carguero que detuviera la nave, acción acorde a las reglas de juego marcadas. El *U 38* disparó una salva de aviso para que su petición fuera acatada y entones desde el *Manaar* se abrió fuego, lo que demostraba que el carguero no era sólo eso, sino que había sido artillado. El fuego fue devuelto y tras cinco dianas sobre el barco y varios muertos, este fue abandonado. Entonces, sin tripulación a bordo del *Mannar*, el *U 38* disparó un torpedo para hundirlo, que falló al explotar prematuramente. Volvió a intentarlo y esta vez sí tuvo éxito. Lo ocurrido demostró cómo la realidad torcía las líneas marcadas en los acuerdos. Liebe cumplió en términos generales con lo que debía hacer de acuerdo a las normas, y por otra parte la sospecha de que algunos mercantes habían sido armados fue constatada. Este incidente fue el primero de la Segunda Guerra Mundial en el que un mercante abrió fuego contra un submarino.

El 19 de agosto de 1939 dejaba la base de Wilhelmshaven el *U 39*, siguiendo también la orden de posicionarse en alta mar a al espera de acontecimientos. Este submarino pertenecía a la clase IXA, grandes naves pensadas para operaciones oceánicas, con gran autonomía, de setenta y seis metros de eslora y con una dotación cercana al medio centenar de hombres. El 14 de septiembre el capitán Gerhard Glattes descubrió frente a su periscopio a una de las joyas de la corona de la armada británica, el portaaviones *Ark Royal*, que había dejado la base de Scapa Flow junto con seis destructores y se encontraba en aquel momento al oeste de las Islas Hébridas. Eran las 15:00 y el *U 39* comenzó a situarse entre las naves enemigas para preparar el ataque y la huida posterior. Cuando estuvo listo y en posición, Glattes dio la orden de disparo y dos torpedos salieron al agua. Inmediatamente el *U 39* se sumergió a mayor profundidad, a la espera de acontecimientos. Todos estaban nerviosos bajo el agua, escuchando en silencio, cuando sonaron las detonaciones. Entonces, con precaución, subieron a profundidad de periscopio para observar el panorama sobre el agua.

Para sorpresa y desesperación de los alemanes ninguno de los torpedos había hecho blanco, sino que habían explotado un poco antes de lo esperado, acumulando más fallos en los torpedos alemanes. Si bien algunos de los torpedos usados en las pruebas antes de hacerse a la mar por el comienzo de la guerra habían fallado, se esperaba que los ajustes manuales en los mecanismos de disparo hubieran resuelto el problema, pero era obvio que los fallos seguían ocurriendo.

Tres de los destructores que acompañaban al *Ark Royal* habían detectado al *U 39* tras el ataque y se dirigieron hacía él a toda máquina, mientras el objetivo de los alemanes, la presa soñada, se alejaba. Una vez sobre el submarino los destructores lanzaron varias cargas de profundidad que obligaron a Glattes a salir a la superficie y abandonar la nave. Los cuarenta y cuatro hombres de la tripulación fueron rescatados y subidos a bordo de los destructores mientras el *U 39* se hundía en el océano. Fue el primer submarino en hacerlo en aquella nueva guerra, pero sería únicamente el primero de muchos.

Courageous

Aunque estemos usando el término submarino de manera general y eso nos lleve a pensar que estas naves pasaban el tiempo de patrulla en su mayor parte bajo el agua, la realidad es que eran más sumergibles que submarinos. La mayoría del tiempo debían viajar en superficie, en este momento de la guerra, por velocidad y para que los motores diesel, además de mover la nave, alimentaran las baterías que hacían funcionar la nave cuando estaba sumergida. A pesar de estas limitaciones, los primeros meses de la guerra mostraron que el arma submarina de Alemania era más efectiva, hundía más toneladas enemigas que los aviones, que las naves de superficie y que las minas. La esperanza de contrarrestar esta situación por parte de los aliados recayó en la navegación en forma de convoy.

El 15 de septiembre de 1939, una semana después de que el primer convoy aliado de la guerra se pusiera en marcha, el *U 31*, bajo el mando de Johannes Habekost, informó de un convoy que se alejaba del canal de Bristol y una operación de ataque se puso en marcha tras la orden de Dönitz de concentrar fuerzas allí. En el otro lado, los convoyes y la protección de las rutas con misiones antisubmarinas intentaban establecer la seguridad en tráfico. Así, un buque que había sido reconvertido en portaaviones, el *Courageous* acompañado por cuatro destructores estaba patrullando la zona por donde navegaba el convoy que había dejado Bristol haciendo labores antisubmarinas.

Dos días después de aquel primer aviso, el 17 de septiembre, el *U 29* y el *U 53* se encontraban en esa región del océano buscando enemigos a los que atacar cuando el segundo se topó con un carguero británico contra el que disparó sus torpedos y luego con las armas de cubierta. El aviso del ataque por parte del submarino llegó hasta el grupo del *Courageous* y dos de los destructores dejaron dicho grupo para atacar al *U 53*, junto con varios aviones que despegaron del portaaviones.

El *U 29* por su parte, estaba al final de su patrulla y buscaba, antes de volver a su base, una última presa que sumar a las tres que había ya en su contador desde que había partido, todos ellos buques cisterna. El capitán Otto Schuhart, en inmersión, rondaba las aguas atlánticas cercanas a las Islas Británicas cuando divisó un avión torpedero, un Fairey Swordfish, en el cielo. Un avión como aquel a casi quinientos kilómetros de la costa sólo podía significar una cosa, que había un portaaviones en la zona. La alerta se elevó en el *U 29* y las labores de vigilancia se extremaron hasta que en torno a las 18:00 una columna de humo apareció en el horizonte. Schuhart ordenó a su tripulación que se prepara para un ataque y al momento los movimientos y la tensión dentro del sumergible se elevaron al máximo.

Poco después estaba frente al periscopio del *U 29* un enorme portaaviones de veinte dos mil quinientas toneladas, el *Courageous*. Era un de los cinco portaaviones que tenía la Royal Navy en aquel momento, una nave de la época de la Primera Guerra Mundial y que había sido convertido en portaaviones entre 1924 y 1928. El *Courageous* iba acompañado únicamente de dos destructores, ya que otros dos estaban en busca del *U 53*, como hemos visto, lo que era una pequeña ayuda extra para el U29, aunque los aviones en el aire impedían al submarino poner la acción de combate en marcha. Schuhart escribió en su bitácora que en aquel momento pensó en abandonar ya que no podía salir a la superficie y su velocidad en inmersión, ocho nudos, no le permitiría alcanzar al buque británico, que podía moverse a veintiséis nudos. A pesar de ello, decidió intentar seguir al grupo de *Courageous* sin dejarse notar, comenzando un extraño juego del gato y el ratón en el que cada uno buscaba al otro sabiendo que era a la vez ratón y gato.

En torno a las 19:30 el *Courageous*, con el que el *U 29* había perdido terreno en su persecución, comenzó una maniobra para despegaran algunos de los aviones que transportaba. Debía girar para que el viento fuera favorable al despegue, pero ese giro también era favorable para su perseguidor y lo dejaba en una posición perfecta para ser atacado por el *U 29*. Un poco de suerte siempre ayuda y más cuando se está al comienzo de un camino no conocido, como lo estaban los submarinos en aquel momento en lo que se refiere a sus enfrentamientos reales en guerra y más concretamente a sus encontronazos con convoyes y buques antisubmarinos. Schuhart, tras casi dos horas de alerta, ordenó a sus hombres fuego y a menos de tres kilómetros del *Courageous* disparó tres torpedos. Sin esperar a ver el resultado de los mismos y consciente del peligro que suponían los aviones y los destructores que rondaban en la superficie, ordenó bajar hasta los cincuenta y cinco metros de inmersión, lo máximo a lo que había estado nunca. El silencio allá abajo hacía perfectamente oíbles por la tripulación los chirridos y crujidos de la nave en la que estaba encerrada, sometida a una enorme presión por el océano. Dos explosiones sorprendieron a todos, y en un primer momento pensaron que era un ataque contra ellos, pero tras reconocer que las explosiones suponían en realidad el éxito de su ataque se permitieron un momento de alegría y celebración, antes de volver a la calma tensa, a la espera de las consecuencias, del contraataque, que no tardó en llegar.

El ASDIC de uno de los destructores detectó al *U 29* y las cargas de profundidad cayeron al agua, comenzando a hundirse. Y tras sumergirse durante unos segundos hacían explosión, zarandeando y sacudiendo al submarino. El sentimiento en el lado alemán era de desesperación, esperando sin casi poder hace nada la explosión que les hiciera hundirse para siempre. La situación duró casi hasta media noche, cuando explotó la última carga, la última porque no les quedaban más a los británicos en la superficie, furiosos por ver cómo una nave del tamaño del *Courageous* se había ido a pique. En quince minutos tras el ataque del *U 29* había desaparecido de la superficie el enorme portaaviones, junto con las decenas de aviones que transportaba. Murieron quinientos dieciocho tripulantes de los aproximadamente mil doscientos que había a bordo. El oleaje al oeste de las Hébridas se llenó de combustible y algunos marineros pasaron hasta una hora flotando antes de rendirse o ser rescatados. Afortunadamente para ellos había algunos barcos cerca y el rescate comenzó pronto, aunque no fue sencillo. Para mantener la moral y no sentirse solos y desesperados en mitad del Mar del Norte, algunos cantaron a coro canciones populares de aquel momento, canciones como «Roll out the barrel» y «Show me the way to go home». Según las palabras de un superviviente del ataque, el mar «estaba tan lleno de combustible que parecía que nadábamos en melaza». Una situación dramática para los hombres de la Royal Navy, pero una situación que como casi todas en la guerra es una moneda con una cara y una cruz.

Hundimiento del *Courageous*, un portaaviones británico de veintidós mil quinientas toneladas.

Finalmente el *U 29* comenzó a moverse lentamente y se alejó de la zona, con la tensión aún contenida en las tripas de cada uno de los miembros de la tripulación. Cuando finalmente salió a la superficie, Schuhart ordenó enviar un mensaje por radio a sus superiores comunicando el resultado de su acción. Fue un gran éxito y abría el camino para la lucha submarina en el Atlántico, contra convoyes y en aguas abiertas. La U-Bootwaffe tomaba confianza e iba afianzando sus forma de lucha. La suerte había ayudado, para qué negarlo, y los fallos en los torpedos, tan comunes en los primeros meses de la guerra, no habían sido determinantes en este caso. Dönitz escribió en su diario que aquel ataque había sido un glorioso éxito, como demuestra que Schuhart recibiera tras el hecho la Cruz de Hierro de Primera Clase y toda su tripulación la Cruz de Hierro de Segunda Clase.

ASDIC

La guerra submarina evolucionó en gran medida por los derroteros que le fue marcando la tecnología, tanto en las propias naves como en las armas e instrumentos antisubmarinos. Al comienzo de la Segunda Guerra Mundial el hidrófono, que provenía de la Primera Guerra Mundial, era el elemento básico de detección de los submarinos, lo que muestra la falta de esfuerzos e investigación por parte de los británicos en el periodo de entreguerras. El hidrófono captaba el sonido de los motores y la cavitación de las hélices en el agua, por lo que cuando el objetivo navegaba en inmersión, usando por tanto los motores eléctricos, la efectividad del hidrófono bajaba sensiblemente por la falta precisamente de sonido.

Como vimos ya en el ataque del *U 29* al *Courageous*, las cargas profundidad y el ASDIC, más conocido como sónar, el nombre que le dieron los estadounidenses, ponían en duros aprietos a los submarinos y eran las bazas principales contra ellos cuando comenzó la guerra. El ASDIC también provenía de la Gran Guerra y hubo de ser mejorado con el paso de los meses. En enero de 1939 Dönitz había publicado un libro sobre el combate submarino y en él explicaba que el principal objetivo de este tipo de naves debía ser la destrucción del tráfico marítimo enemigo, que en el caso de un enemigo como Inglaterra, tan dependiente de las materias y bienes que recibía constantemente, cobraba una importancia aún mayor. La invisibilidad de las naves, continuaba Dönitz, cambiaba las normas de la guerra en el mar, siendo su mejor momento para el ataque la noche, en la que puede rondar en la superficie sin ser visto y sumergirse si es necesario. También como elemento de observación era el submarino un gran valor, ya que podía vigilar sin ser divisado y permanecer en el mismo lugar durante un largo periodo, algo que es inalcanzable para los aviones, por ejemplo.

Las reflexiones del responsable del arma submarina alemana dejan claramente de manifiesto que la invisibilidad es la principal virtud que tiene en sus manos un comandante de la U-Bootwaffe. Como es lógico, la tecnología trató de anular dicha virtud, esa ventaja, precisamente a través del hidrófono o el ASDIC. Antes del comienzo de la guerra algunos informes del ejército alemán ponían en duda la validez de los submarinos para el combate en el mar mientras el ASDIC no fuera anulado de alguna manera. Si se navegaba en superficie el ASDIC no era capaz de localizar el submarino, pero este quedaba a la vista y en cierta medida en un estado vulnerable, salvo que fuera de noche. Por lo tanto, de noche y en superficie era el mejor momento y situación para el ataque. Navegar en superficie también suponía que la nave podía moverse mucho más rápido.

Como hemos visto también en el caso de *U 29* contra el *Courageous*, el uso de la inmersión como protección era también una opción, arriesgada, pero siempre mejor que tratar de escapar navegando cuando los perseguidores eran barcos de guerra de superficie y por lo tanto más rápidos. A mayor profundidad mayor peligro para el submarino, pero también mejor protección frente a las cargas de profundidad. El ASDIC dejaba de detectar al submarino cuando estaba sobre él, lo que suponía otro de sus puntos débiles. Otra ventaja para los submarinos era que sus torpedos tenían un radio de acción máximo de cinco kilómetros y el ASDIC, durante los primeros años de la guerra, apenas superaba el kilómetro. Lo submarinos también usaban tecnologías como el hidrófono para detectar las naves enemigas por el ruido de sus motores y el propio ASDIC, al ser usado por los buques, avisaba a los submarinos de la presencia de naves enemigas. En conclusión, los comandantes tenían en su mano varias cuestiones con las que jugar para plantear sus ataques y también su defensa: nocturnidad, capacidad del ASDIC, velocidad, profundidad...

No podemos dejar de lado los aviones, como también hemos visto en el paradigmático encuentro del *U 29* con el *Courageous*, una de las formas antisubmarinas más efectivas y que al final de la guerra fue una auténtica bestia negra para la U-Bootwaffe. Los aviones eran perfectos para detectar y atacar submarinos navegando en superficie y debido a su velocidad, complicaban la huida de su enemigo bajo el agua, de su presa. La ventaja de los submarinos alemanes en este caso residía en su radio de acción, que les permitía operar a una distancia de la costa inaccesible en principio para la Royal Air Force, si bien esto fue cambiando a medida que avanzó el conflicto. La Luftwaffe, el ejército del aire alemán, podría haber sido el gran aliado del arma submarina, tanto para su protección como para la realización de acciones conjuntas, pero lo cierto es que ni en uno ni en otro caso los éxitos fueron muchos. Si la Luftwaffe hubiera mantenido el cielo libre de aviones británicos la labor de los submarinos hubiera sido mucho más sencilla.

Por lo tanto, el combate no se trataba únicamente de detectar un objetivo, disparar y huir, sino que había una serie de capacidades y utilidades puestas a disposición de cada bando, que convertían cada encontronazo en un pequeño ejercicio de estrategia, en un juego en el que cada cual manejaba las cartas en su mano como mejor creía. Veremos cómo todos estos elementos evolucionaron y entraron en juego, cómo fueron decisivos para unos en algunos casos y como los contrarios ganaron para su bando en otros.

El capitán de fragata Peter Gretton, que fue jefe de grupo de escolta de la Royal Navy, la Marina británica, decía que «siempre se ha acusado al ejército británico de afrontar las guerras pensando en las experiencias de la última librada. Bien, nadie puede acusar a la marina de hacer esto. En 1919 olvidamos inmediatamente todas las lecciones de la última guerra, especialmente las más desagradables, y en consecuencia, la crisis de la primavera de 1917, en la que los submarinos alemanes hundían cientos y miles de toneladas aliadas cada mes, también se olvidó por completo. El resultado fue que se hicieron muy pocos preparativos para proteger la flota en una guerra futura. Se hicieron algunos: el ASDIC o sónar estaba haciendo progresos considerables, pero por desgracia se hicieron afirmaciones demasiado optimistas y como resultado no construimos suficientes buques escolta, y las Fuerzas Aéreas no tenían suficientes aviones antisubmarino para esa misión». Como veremos, nada de lo que decía Gretton era irreversible e irremediable, pero recuperar el tiempo perdido costó muchas vidas a Inglaterra y durante unos meses el resultado fue claramente favorable a los submarinos alemanes.

Prien en Scapa Flow

Scapa Flow era la principal base naval del Reino Unido, situada en las islas Orcadas, en el norte de Escocia, y ya había sido un enclave importantísimo en la Primera Guerra Mundial. En la fase final de la Gran Guerra los submarinos alemanes habían tratado de penetrar en Scapa Flow en varias ocasiones, pero habían fracasado en todas ellas. En octubre de 1939 se puso en marcha un nuevo intento de entrar en la base y atacar, conseguirlo sería un hito y demostraría a Inglaterra la capacidad ofensiva real de los submarinos alemanes. No hay que olvidar que al finalizar la Primera

Hundimiento de un buque alemán en Scapa Flow al finalizar la Primera Guerra Mundial.

Guerra Mundial la flota alemana había sido llevada a aquel fondeadero a la espera de las condiciones finales del Armisticio y que allí mismo los propios alemanes habían hundido sus naves para que no pasaran al servicio de los países enemigos. Más de cincuenta barcos fueron enviados al fondo por sus propios hombres en junio de 1919 y pasadas tres décadas desde entonces volvía a ser punto central de un combate naval.

El encargado de la operación de Scapa Flow fue Günther Prien, en aquel momento un joven de treinta y un años al mando del *U 47*, una nave del tipo VIIB. El objetivo había sido estudiado en detalle usando informes sobre patrullas, cartas de navegación y fotos aéreas. Las órdenes dadas al *U 47* antes de partir de su base en Kiel eran básicamente entrar en Scapa Flow y hundir todo lo que le fuera posible. La operación había sido diseñada por Victor Otto Oehrn, primer oficial del Estado Mayor de la U-Bootwaffe, y contaba con la pleamar y la luna nueva como aliados naturales.

Al mando de su *U 47*, el comandante Günther Prien tenía la orden de penetrar en Scapa Flow y hundir todos los barcos posibles.

El 13 de octubre el *U 47* penetró en la base británica a través del paso conocido como Estrecho de Kirk, protegido con barcos hundidos, aunque con dos estrechas brechas de apenas unos metros de profundidad, que fueron suficiente para que Prien pasara. A las 23:00 subió a la superficie y los oficiales salieron al exterior comprobando que la noche era más clara de lo esperado debido a la aurora boreal, lo que hacía más visible al *U 47*. Se había elegido aquella noche precisamente porque se esperaba una luz y un estado del mar favorable y no parecía que las previsiones hubieran acertado. La presencia de un mercante obligó a los alemanes a volver a descender y tras su paso emergieron para guiarse usando las luces de la costa para dirigirse al fondeadero de la armada británica. Su camino no fue sencillo, especialmente por la presencia de algunos otros barcos hundidos, precisamente para proteger Scapa Flow de los ataques. Frente al pueblo de Saint Mary se vivió otro momento tenso en el sumergible alemán al ser enfocado directamente por los focos de un automóvil desde la carretera de la costa. Afortunadamente para los hombres de Prien el conductor no se percató de la presencia del *U 47* y siguió su camino sin más. Cuando llegó al puerto, centro de su objetivo, lo que tenían ante sí Prien no era lo esperado. Las fotos aéreas de la Luftwaffe, tomadas en los primeros días de octubre, mostraban varios acorazados y cruceros fondeados en la base, de los que ahora no había ningún rastro. Prien ordenó navegar hacia el oeste primero y después hacia el norte, inspeccionando la zona con cuidado de no toparse con alguna patrulla. Estuvo cerca de localizar cuatro cruceros ligeros a juzgar por su ruta, pero lo cierto es que no los divisó en la noche y tras algo más de una hora de búsqueda comenzó a distinguir en la oscuridad la silueta de un enorme buque, que identificaron sin problemas como el acorazado *Royal Oak.* Tras él estaba otra nave que tomaron como el crucero *Repulse*, si bien en realidad era el portaaviones *Pegasus*. Por fin una presa se presentaba ante el *U 47*.

En torno a las 01:00 del 14 de octubre cuatro torpedos fueron disparados contra aquellas naves británicas desde unos tres mil metros de distancia. Dos de ellos surcaron las aguas camino al *Royal Oak* mientras otro buscaba el barco que habían tomado por el *Repulse* y uno más, el cuarto, no llegaba a ser disparado por un error en el sistema. De los tres que surcaron el agua sólo un torpedo explotó, haciendo blanco contra el acorazado y creando el lógico caos entre unos hombres que achacaron la explosión en un primer momento a algún accidente, ya que no creían posible un ataque submarino en aquel lugar. Prien, en lugar de comenzar la huida tal y como quizás hubiera determinado el sentido común, disparó un nuevo torpedo, en este caso de popa, mientras recargaba los tubos de proa. Una vez más el torpedo no funcionó y se fue al fondo sin explotar. Tras casi media hora de trabajo en el interior del submarino para recargar y colocar la nave en mejor posición de ataque, el *U 47* disparó tres torpedos más, esta vez desde mucho más cerca. Todos ellos alcanzaron al buque enemigo y tras levantar al *Royal Oak* del agua por causa de las fuertes explosiones, este quedó escorado y en tal situación que en unos pocos minutos se hundió. Gran parte de la su tripulación, ochocientos treinta y tres de los mil doscientos hombres que la componían, se hundieron con el barco, entre ellos el almirante Henry Evelyn Blagrove.

El acorazado *Royal Oak* fue hundido por el submarino alemán *U 47* en su base de Scapa Flow.

Huida y vuelta a casa

La secuencia de explosiones en Scapa Flow puso de manifiesto a todas luces que el fondeadero estaba siendo atacado. Inmediatamente las granadas luminosas iluminaron la zona y los potentes reflectores fueron encendidos para buscar al enemigo, aunque en un primer momento fueron dirigidos hacia el cielo en busca de aviones. Los británicos seguían convencidos de que no era posible que una nave hubiera entrado en Scapa Flow sin ser detectada y les hubiera atacado en el mismo corazón de la base. Finalmente la evidencia llevó a que varios cruceros británicos comenzaran la caza del enemigo intentando cortar las vías de escape.

El *U 47* emprendió su huida navegando hacia el estrecho de Kirk, en el sureste. La corriente complicaba aún más el paso por el canal pero a pesar de todos los problemas y los lógicos nervios tras el ataque, el piloto del *U 47*, Wilhelm Spahn, fue capaz de poner su nave en aguas abiertas sin mayores problemas, camino del Mar del Norte. Eran poco más de las 02:00 y la tripulación del submarino estaba feliz y orgullosa de haber tenido éxito en su misión.

Aquel hecho sería un golpe moral para los británicos en el mismo grado en que serviría de propaganda para los alemanes. El 17 de octubre por la mañana, cuando Prien y sus hombres llegaron a puerto en Wihelmshaven, Dönitz estaba esperando junto con Erich Raeder, Jefe Supremo de la Kriegsmarine. Pasaron revista a la tripulación del *U 47* y allí mismo se fue colocando a cada uno de ellos la Cruz de Hierro de 2ª clase que les había sido concedida por su incursión en Scapa Flow. Hubo una excepción, la Cruz de Hierro que se le otorgó a Prien fue de 1º clase, siendo entonces ya era un héroe y un ejemplo para el arma submarina, para la Kriegsmarine y para la propia Alemania nazi.

Tal es así que aquel mismo día la tripulación del *U 47* viajó a Berlín en avión, donde fue aclamada por la multitud en las calles. En la cancillería del Reich Prien, que había viajado en el avión personal de Hitler, recibió una nueva condecoración, la Cruz de Caballero, siendo el primer oficial de submarinos en obtener tal reconocimiento. Acabaron el día firmando autógrafos en un teatro y el capitán, conocido desde entonces como El Toro de Scapa Flow, pronunció un discurso que fue retransmitido por la radio alemana en directo. Engelbert Endrass, primer oficial de guardia del *U 47*, había pintado un toro bufando en la torreta del submarino antes de volver a la base, que sería el emblema de la nave desde entonces.

Prien, nacido en 1908, se había unido a la marina mercante con tal sólo 15 años, como forma de salir de la pobreza, y llegó a ser capitán en la vida civil. En 1932 se había alistado en la Reichsmarine, de nuevo para salir de una situación económica complicada, sin trabajo y sin ahorros. Así, a pesar de su juventud, en 1939 tenía una larga experiencia marinera y ello se alineó con su carácter, su imaginación y su serenidad, para llevar a buen puerto el ataque a Scapa Flow, unas de las acciones míticas del arma submarina de toda la Segunda Guerra Mundial.

Mientras los alemanes agasajaban a los hombres del *U 47*, los británicos tomaban medidas y evacuaban la base atacada para mejorar las defensas y los accesos de tal forma que no volviera a suceder un hecho similar. La acción de Prien no había estado libre de suerte, ya que semanas antes de la operación el Almirantazgo británico, tras estudiar las defensas de Scapa Flow, había determinado que eran insuficientes y había encargado la compra de un viejo barco para ayudar a cerrar los accesos. Las gestiones administrativas y económicas habían retardado la puesta en marcha y el mismo 13 de octubre había comenzado el barco a ser remolcado desde Londres.

El *U 48*

Los últimos meses de 1939 sirvieron para que los contendientes fueran midiéndose y comprobando si las expectativas de los tiempos de paz, las sospechas y los planes, aguantaban el contacto con la realidad. Los convoyes escoltados eran la baza principal de los británicos, pero el elevado tráfico de barcos hacía que los submarinos, los relativamente pocos que operaban en el Atlántico, encontraran objetivos casi de todo tipo, tanto protegidos como sin proteger. El 20 de noviembre de 1939 el *U 48* dejó su base en Kiel para comenzar la que sería su tercera patrulla en la guerra. En la primera, que había comenzado en agosto, antes de la declaración de guerra, y había finalizado a mediados de septiembre, había hundido tres barcos con casi quince mil toneladas en total. La segunda patrulla ocupó más de veinte días de octubre y tuvo mejores resultados, ya que la nave del teniente de navío Herbert Schultze hundió más de 37.000 toneladas repartidas en cinco barcos. En esta segunda patrulla casi todos los hundimientos fueron hechos mientras las naves navegaban en convoy, lo que denota que aquello en lo que los británicos ponían su principal baza de defensa en realidad se estaba mostrando vulnerable e insuficiente. El *U 48* apenas tuvo problemas en estas operaciones, como demuestra el buen humor del famoso mensaje que Schultze emitió sin codificar el 11 de septiembre tras haber hundido el mercante británico *Firby*: «Comunicar al señor Churchill. He hundido el mercante británico *Firby*. Posición 59.40 norte y 13.50 oeste. Salve a la tripulación, por favor. Submarino alemán».

Herbert Schultze comandaba el temible *U 48* que había causado estragos entre los convoyes británicos.

Como decíamos, a finales de noviembre Schultze volvió a sacar al mar al *U 48*, en su tercera patrulla en tres meses. Debido a una serie de sabotajes en algunos submarinos, los saboteadores habían vertido arena en los depósitos de lubricante, Dönitz únicamente pudo desplegar en las Western Approaches al *U 47* de Prien y el *U 48* de Schultze. Este último había sido construido pocos meses antes y era de clase VIIB, con poco más de cuarenta personas a bordo. En los primeros días de diciembre se encontró con el que OB-48, que por el número identificativo, con ese 48, casi parecía predestinado a ser presa del submarino de Schultze. Este comenzó a navegar a cota periscópica para situarse en la posición adecuada y preparar el ataque. Tras algo más de media hora de movimiento en inmersión y vigilando por el periscopio la situación, Schultze detectó un hueco entre los buques escolta y aprovechando que una nave se había quedado algo rezagada dio la orden: «Tubo uno, ¡fuego!». El disparo acabó con la tranquila navegación del convoy por las frías aguas atlánticas, a unos ciento treinta kilómetros al suroeste de Fastnet Rock, la conocida como lágrima de Irlanda por ser el extremo más meridional del país y el último punto de su patria que veían los emigrantes cuando navegaban hacia América. Como siempre tras un disparo, salvo que las circunstancias fueran de alarma y por lo tanto la actividad frenética, el submarino quedaba casi en suspenso esperando el resultado del mismo. Faltaban pocos minutos para las 12 del medio día cuando el sonido de una explosión puso de manifiesto que el lanzamiento del torpedo había sido un éxito. El *Brandon*, un mercante británico, había sido alcanzado y tardó pocos minutos en hundirse, provocando que nueve hombres perdieran la vida. En un primer momento Schultze pensó que su víctima había sido el *Navasota*, y así lo consignó, aunque más tarde se vio que había sido un error a la hora de identificar el barco. Curiosamente, y aunque el comandante no lo sabía, el *Navasota* ya había sido hundido unos días antes por el *U 47* de Prien.

Tras el hundimiento, Schultze ordenó inmersión para evitar el contraataque de los escoltas y permaneció quieto y a la expectativa a gran profundidad. No hubo novedades y el *U 48* volvió a profundidad de periscopio. Tras observar que todo estaba en calma emergió y antes de que los hombres de guardia subieran al puente, el comandante echó un vistazo al horizonte desde la superficie. Divisó unas columnas de humo a lo lejos, más barcos, y pensó que la suerte le sonreía ya que le traía a la puerta de casa nuevas presas. Calculó mentalmente el rumbo que seguía su objetivo y avisó a la guardia de puente de sus intenciones para que estuvieran atentos y prevenidos. Tras unas dos horas de persecución navegando en superficie, el capitán decidió bajar a profundidad de periscopio para preparar el ataque. Entonces lo que apareció en la puerta de su casa no fue la suerte, sino que se topó con el demonio. Un Sunderland, un avión utilizado habitualmente en labores antisubmarinas, volaba directo hacia ellos. La actividad de repente se volvió frenética. Schultze gritó la orden de inmersión mientras él mismo dejaba la cubierta y cerraba la escotilla. La alarma sonaba dentro de la nave machaconamente mientras en la cámara de mando se abrían a toda velocidad las ventilaciones de los lastres para inundarlos y que el submarino se hundiera lo antes posible. Los segundos que tardaba un sumergible en desaparecer de la superficie, en una situación de alarma, siempre eran muy largos para la tripulación del mismo y muy cortos para aquel que le estaba intentando dar caza, en este caso, un avión. Con el objetivo de acelerar la maniobra, la orden de «¡gente a proa!» retumbó por todo la nave y todos los hombres cuyo trabajo no era esencial en aquel momento para el funcionamiento del submarino corrieron por el pasillo central, cruzando por donde podían y evitando cualquier obstáculo, para situarse en el extremo delantero de submarino y así agudizar la inclinación y hacerlo bajar aún más rápido.

Cuando el indicador de profundidad marcaba quince metros, cuatro explosiones estremecieron al *U 48*. La propia maniobra y el movimiento de los hombres hacía difícil valorar si la nave había sufrido algún daño por el ataque, por lo que la tensión era máxima. Poco a poco la posición se fue estabilizando y cuando recobró el equilibrio se pudo por fin analizar la situación y comprobar que afortunadamente estaban a salvo, no había daños, al menos por el momento. Habían sido divisados y la principal ventaja del submarino, la sorpresa y la invisibilidad en inmersión, había sido anulada, por tanto. Poco después un ruido volvió a elevar al tensión de los submarinistas, el furioso girar de unas hélices sobre su cabeza les avisaba de que un destructor acechaba en la superficie, pacientemente, usando el ASDIC para intentar determinar su posición, como un animal que olisquea el aire para saber por dónde está tratando su presa de escapar y adelantarse a ella para darle caza.

No es complicado hacerse una idea de los nervios y probablemente del miedo de la tripulación sumergida, sabiendo que en cualquier momento la explosión de una carga de profundidad podría dañar irremediablemente el cascarón de acero en el que estaban encerrados y acabar con sus vidas. El sonido de las hélices se detuvo, aunque el siseo del ASDIC seguía martilleando. El destructor había parado sus máquinas para mejorar las posibilidades de que sus sistemas detectaran al *U 48*, que quieto y en silencio seguía a la espera. Si la situación era ya complicada para los alemanes en aquel momento, cuando los hidrófonos del submarino detectaron un segundo destructor en las proximidades se complicó aún más. Por un momento el mundo se detuvo allá abajo y entonces comenzó lo que todos esperaban y temían, el ataque con cargas de profundidad.

Las cargas, una vez arrojadas al agua, se hundían lentamente hasta una determinada profundidad y entonces explotaban. No era necesario que alcanzasen directamente al submarino o que explotasen muy cerca de la nave para dañarla, una nave que ya de por sí está sometida a la presión del agua en profundidad. Las primeras explosiones ocurrieron directamente en la vertical del submarino, haciendo que inconscientemente la tripulación bajara su cabeza metiéndola entre los hombros. La paciencia y el buen hacer de los destructores había puesto al *U 48* en una situación complicada. Nuevas explosiones, más cercanas, llevaron a Schultze a ordenar aumentar la profundidad suavemente, sin hacer ruido y aprovechó el movimiento para timonear y salir de la vertical de los destructores. Tras unos veinte minutos de espera, en los que el tiempo se hizo eterno, tres nuevas cargas de profundidad explotaron cerca del submarino, a su costado, inutilizando los indicadores de nivelación y generando problemas eléctricos, lo que complicaba el gobierno de la nave a esa profundidad. Una nueva orden del capitán indicó a todos lo extremo de la situación cuando supieron que iban a posarse en el fondo marino ante la situación de la nave, para complicar su detección y porque allá abajo las cargas de profundidad eran menos peligrosas. El mar en aquel punto no era muy profundo, pero el fondo estaba un poco más allá de la teórica máxima capacidad de inmersión del *U 48*. En cualquier caso, se llevaban pocas semanas de guerra y aún había cosas que aprender y comprobar, como la resistencia real de las naves a la presión de las profundidades. Una vez en el fondo se paró todo aquello que no era esencial en el submarino, especialmente los motores, para ahorrar energía.

En la superficie volvieron a ponerse en marcha las hélices de los destructores, pero no para alejarse, sino para cambiar de posición, y así poco después volvió el silencio tenso antes del estruendo de nuevas cargas de profundidad. El *U 48* fue sacudido y algunas lámparas estallaron, así como los lavabos y los retretes. En la mente de algunos hombres la desesperación comenzaba a hacer mella y pensaban que intentar huir, moverse o cualquier otra cosa era mejor que seguir allí quietos esperando el final. Pero el único que podía decidir el destino del *U 48* y por lo tanto de todos sus hombres era Schultze, y él sabía que la opción con más posibilidades de éxito residía en la paciencia, en esperar la noche e intentar escabullirse si el submarino llegaba a aquel momento en un estado tal que lo permitiera. Intentar huir con dos destructores sobre ellos, más rápidos y sin daños, era un desastre seguro. La oscuridad llegó en torno a las 18:00 y a esa hora la bitácora del submarino consignó: «despegamos del fondo y navegamos despacio a cota de sesenta metros; las hélices del enemigo se oyen cada vez más débilmente».

La suerte, a pesar de todo, acompañó a los alemanes y tras cuarenta y cinco minutos de navegación sosegada, temerosa y precavida, se habían alejado algo más de tres kilómetros del lugar donde habían estado agazapados. Subiendo a nivel de superficie, Schultze oteó los alrededores y se sorprendió del espectáculo, no eran dos sino varios más la cantidad de enemigos que estaban en la zona buscando al *U 48*. Buscaban con el ASDIC a su presa, seguros de que seguía agazapada allá abajo, pero precisamente tanta actividad no beneficiaba la detección. El capitán alemán ordenó seguir navegando con los motores eléctricos, más silenciosos que los diésel que hubiera usado en cualquier otro caso en superficie, y con buena visibilidad y a unos ochocientos metros del enemigo comenzó a alejarse. En el diario de operaciones se consignó «evasión en superficie, ¡les hemos dado esquinazo!», lo que muestra la alegría y la descarga de tensión al ver que casi contra todo pronóstico salían de allí con vida.

Tras el escape y la recuperación de la calma, la tripulación hizo un análisis del estado de la nave, que tenía daños por doquier, y comenzaron a reparar todo aquello que era esencial para seguir navegando y patrullando. Afortunadamente en el tiempo de entrenamiento se habían previsto situaciones similares y estaban preparados para trabajar en la nave con garantías de un trabajo bien hecho. No tardaron en divisar otro convoy, pero decidieron dejarlo machar sin más ya que aún no estaban recuperados, ni técnicamente ni moralmente, del anterior encuentro, que había acabado con el Brandon hundido. Pero Schultze sabía que una nueva victoria tras todo aquello, tras el miedo pasado, haría elevar la confianza de sus hombres en sí mismos hasta un nuevo máximo punto.

El 9 de diciembre, veinticuatro horas después del ataque al Brandon, con la lluvia punteando la superficie del océano, el *U 48* divisó un petrolero y sopesando los pros y los contras decidió esta vez atacar a pesar de que el estado no era ni mucho menos el mejor, y sabiendo que otro acoso por parte de destructores podría ser fatal. Pero nada mejor para retomar la senda del éxito que un nuevo hundimiento. Poco a poco se colocó en posición y a las 6:44 Schultze ordenó fuego, aún cuando la luz del día no había comenzado a dominar la superficie. Falló, probablemente por algún error de cálculo derivado del estado de los indicadores del submarino. El mar tampoco estaba en la mejor de la situaciones para el ataque, pero a pesar de todo el *U 48* perseveró y disparó un segundo torpedo, fallando de nuevo. El tercero, disparado a las 07:10 hizo blanco, por fin. El barco, un petrolero de nombre San Alberto y de más de siete mil trescientas toneladas, se partió en dos y se hundió. La nave de Schultze escapó sin mayores novedades y sus hombres se sentían de nuevo satisfechos del trabajo que habían llevado a cabo, comenzando a olvidar poco a poco la angustia que había pasado apenas veinticuatro horas antes. Unos días después, el 15 de diciembre, hundió su cuarta presa de aquella patrulla, un barco griego de cinco mil doscientas toneladas.

El día 20 el *U 48* volvió a puerto tras vivir algunos momentos críticos y tras combatir tanto en el lado del cazador como en el lado de la presa, tal y como hemos visto. Aquellos hechos no fueron importantes para el desarrollo de la guerra, fueron una patrulla más, pero sin duda suponen un gran ejemplo del tipo de acciones, situaciones y lucha al que se enfrentaban los submarinistas. Aquella fue la tercera patrulla del *U 48* de Schultze, que acabó su participación en la guerra con doce patrullas y más de trescientas mil toneladas hundidas, el único submarino que superó esa barrera. Su emblema, el dibujo pintado en la torreta, era un gato negro con el texto «3x» entre sus patas. Este emblema fue pintado posteriormente también en otras naves, a medida que la tripulación del *U 48* fue cambiando de destino.

Noruega

El despliegue de los submarinos alemanes desde sus bases en el Mar de Norte hasta el Atlántico no era fácil, ya que el Canal de La Mancha era una ruta peligrosa y por lo tanto debían invertir mucho tiempo y recursos en bordear las Islas Británicas por el norte. En septiembre de 1939 los ingleses determinaron que era necesario evitar las transacciones comerciales de Alemania con Suecia y Noruega y, en el otro lado, los alemanes se planteaban invadir Noruega para cumplir varios objetivos, entre los que estaba disponer de nuevos puertos y no correr el riesgo de ser encerrados en el Mar del Norte. Así lo constató el 10 de octubre en un informe Erich Raeder, almirante de la flota alemana y superior de Dönitz, que abogaba por una invasión para proteger el transporte de las materias primas que necesitaba el gobierno nazi y para disponer de bases en los fiordos para su flota. Hitler, con el pensamiento puesto en el oeste de Europa, dejó los planes de invasión hacia el norte en suspenso hasta que la certeza de una intervención aliada en la zona le llevó a convencerse de que dar el primer paso era lo mejor para evitar males mayores.

El 16 de febrero de 1940 el *Cossack*, un destructor de la Royal Navy, sorprendió en aguas de Noruega al buque alemán *Altmark*, que se refugió en un fiordo. En las bodegas de este viajaban unos tres cientos prisioneros aliados, británicos en su mayoría, lo que llevó a la tripulación del *Cossack* a poner en marcha una audaz maniobra para tomar la nave alemana y liberar a sus compatriotas. Aquella acción en aguas noruegas, teóricamente neutrales, y que costó la vida a siete alemanes, llevó a que el gobierno del país nórdico se quejara públicamente, quizás para que Alemania no se tomara la acción como un *casus belli* y no dar pie así a una escalada de acciones sobre su territorio. En cualquier caso, Hitler vio claramente el riesgo de que el gobierno de Churchill comenzara una campaña en el norte de Europa y desencadenó la invasión. El 21 de febrero el general alemán Nikolaus von Falkenhorst recibió la orden de preparar la operación y el 9 de abril, de madrugada, comenzó la operación Weserübung, la invasión alemana de Noruega y Dinamarca. Un día antes algunos aviones británicos habían minado las aguas noruegas, que seguían siendo neutrales en aquel momento, para entorpecer el tráfico marítimo alemán.

La campaña de Noruega fue la primera gran prueba real de la capacidad bélica de la marina alemana, lo que incluía la participación de los submarinos. Según el propio Dönitz, el objetivo de sus naves era triple en aquella batalla: proteger el movimiento de tropas alemanas por mar, atacar a los aliados y evitar sus movimientos y, en tercer lugar, impedir que la Royal Navy cortara las vía de comunicación marítimas usadas por los germanos. Para ello se movilizaron treinta y un submarinos, pero la realidad puso de manifiesto algunos problemas que llevaron a Dönitz y a la Kriegsmarine a plantearse si estaban suficientemente preparados para combatir con garantías. Desde el comienzo de las acciones los fallos en los torpedos alemanes habían estado presentes, y si bien en un primer momento se culpó a la falta de experiencia o al mal uso por parte de las tripulaciones, finalmente se admitieron errores técnicos y de diseño. Los antiguos torpedos con espoleta de contacto en la cabeza, que explotaban al contactar con el objetivo, habían sido sustituidos por los torpedos de espoleta magnética. Estos explotaban en la proximidad del barco contra el que eran lanzados, sin necesidad de contacto, y por lo tanto podían explotar al pasar bajo la quilla, lo que era a menudo más efectivo. Pero estas ventajas no fueron tales y los torpedos navegaban más bajo de la profundidad para la que se les había programado, lo que acababa provocando que fallaran reiteradamente.

Basta echar un ojo al informe alemán hecho a mediados de abril sobre las operaciones para comprobar que los fallos estaban siendo una barrera casi insalvable para los submarinistas. El informe de los hechos del día 10 de abril, por coger un día concreto, decía lo siguiente: *U 25*, dos destructores torpedeados, sin explosión observada; *U 48*, un torpedo llegó al final de su carrera y no explotó, otro torpedo explotó prematuramente; *U 51*, un torpedo explotó al final de su recorrido y otro explotó después de treinta segundos de carrera, unos noventa metros antes de alcanzar su objetivo; *U 48*, fallos en los torpedos atacando el *Warspite* y otros dos destructores; *U 65*, dos disparos contra un transporte, sin éxito.

Günther Prien apodado El Toro de Scapa Flow, a bordo del *U 47*.

Prien, El Toro de Scapa Flow, se encontró el 16 de abril ante un transporte de tropas que estaba desembarcando anclado y protegido por dos cruceros, una oportunidad de mostrar de nuevo sus destreza y de cumplir con los objetivos que se habían marcado para la U-Bootwaffe. A las 22:42 de la noche, momento propicio para los submarinos por la oscuridad, como ya hemos comentado, Prien ordenó disparar dos torpedos contra aquel barco de transporte, anclado y desde una posición favorable, y a pesar de todo ello el resultado fue nulo. En la bitácora del *U 47* se anotó que no se habían obtenido resultados y que el enemigo no se había percatado de haber sido atacado, lo que denota que no hubo explosión alguna. Recargó los tubos con nuevos torpedos y en torno a la media noche y en superficie comenzó un análisis detallado de los cálculos para el disparo, el propio Prien comprobó todos los datos y se aseguró personalmente, junto con otro oficial, de que los ajustes en todos los dispositivos fueran hechos con exactitud. Disparó cuatro torpedos tras todas aquellas comprobaciones y el resultado fue el mismo que en el primer ataque llevado a cabo unas horas antes: ninguno.

En realidad hubo una pequeña mejora en el resultado del lanzamiento, en esta ocasión sí explotó uno de los torpedos, al chocar contra un acantilado y por lo tanto puso a Prien en dificultades. Comenzaron a perseguirle y tuvo que huir, aunque no sin que algunas cargas de profundidad acabaran dañando el *U 47*.

En el resumen de las operaciones del 10 de abril que comentábamos anteriormente, se hacía referencia al ataque del *U 48* al Warspite, del que salió sin daños el acorazado británico. También Prien se encontró con él en aquellos días, cuando navegaba acompañado de dos destructores. El *U 47* se colocó en posición de ataque y a unos ochocientos metros de su objetivo disparó dos torpedos, sin éxito alguno de nuevo. Uno de ellos explotó al final de su recorrido y, de manera similar a lo que ya le había ocurrido tres días antes al submarino de Prien, aquello advirtió al enemigo de su presencia y comenzó una persecución contra él. El caso del *Warspite* es paradigmático de lo ocurrido con los torpedos y sus problemas con los sistemas de explosión al comienzo de la guerra. Hay documentados decenas de ataques en esos días en los que los fallos de los torpedos hicieron inútil cualquier esfuerzo de las tripulaciones de la U-Bootwaffe.

Finalmente se ordenó a los submarinos volver a puerto y se puso en marcha un análisis concienzudo de los problemas y de la fiabilidad de los torpedos. Las conclusiones fueron varias, entre otras, que en la batalla de Noruega la situación había llevado a los submarinos a estar mucho tiempo sumergidos, en algunos casos hasta veinticuatro horas, y que las elevadas presiones sobre los sistemas de navegación de los torpedos durante periodos tan prolongados habían hechos más comunes de lo habitual los fallos en los sistema de control de la profundidad de navegación de los torpedos. Ese problema con el control de la profundidad de los torpedos no se solucionó hasta mediados de 1942, aunque esto no impidió que los submarinos fueran efectivos en muchos casos hasta entonces, aprendiendo con el paso del tiempo y mejorando poco a poco en todos los sentidos: tripulación, táctica, sistemas...

El *Warspite* también se topó, aunque no directamente en este caso, con el submarino *U 64* el día 13 de abril de 1940, mientras la nave alemana estaba en la costa junto a Bjerkvik. Un hidroavión Swordfish del *Warspite* hundió el submarino alemán, que operaba bajo el mando del teniente de navío Georg-Wilhelm Schulz, acabando con la vida de doce de los hombres de la tripulación mientras otros treinta y seis lograban salir con vida del trance. Al estar junto a la costa pudieron recibir la ayuda de un regimiento de montaña alemán que estaba combatiendo allí mismo. No fueron los únicos hombres de mar rescatados por estas tropas de montaña, ya que también ayudaron a parte de la tripulación del destructor alemán *Hermann Kunne* en la misma zona y en los mismos días. Probablemente tanto las tropas del destructor como las del submarino combatieron junto a sus rescatadores, ya que está documentado para el caso de los marinos de superficie, y todo hace suponer que los hombres del *U 64* que estaban en condiciones de hacerlo también combatieron tierra adentro a pesar de ser submarinistas. En junio los hombres del *U 64* fueron enrolados en un nuevo submarino, el *U 124*, y en recuerdo y honor de aquel regimiento de montaña que les había socorrido semanas atrás, el emblema de este nuevo submarino fue una flor de edelweiss, que era el mismo emblema que lucían aquellas tropas de montaña.

Las bases en Francia

Sin solución de continuidad Alemania siguió expandiéndose por Europa y el 10 de mayo de 1940 comenzaba la conquista de los Países Bajos, que cayeron en manos alemanas en apenas unos días. El siguiente objetivo, Francia, no aguantó mucho más de lo que lo habían hecho los Países Bajos y así, cuando llegó el verano, la situación de la guerra había cambiado notablemente, también para el arma submarina, que ahora tenía a su disposición nuevas bases, tanto en el norte como en el oeste y tenía también un Canal de la Mancha mucho más seguro como puerta del Atlántico. La disminución de la distancia que debían recorrer los submarinos para entrar en acción elevaba virtualmente el número de ellos disponibles para el combate, ya que el tiempo de patrulla efectivo se elevó de repente con aquellas nuevas bases en Francia.

Bergen y Trondheim, en Noruega, y Brest, Lorient, St. Nazaire, La Pallice y Bordeaux en Francia, eran nuevos centros de la guerra submarina, pero su cercanía a los países del bando aliado también tenía una desventaja, eran mucho más accesibles para los aviones de la Fuerza Aérea británica y por lo tanto menos seguros para los submarinos que las bases alemanas originales. El problema tenía una solución ya conocida desde la Primera Guerra Mundial, convertir las bases en búnkers. Las lecciones aprendidas no tardaron mucho en aplicarse y poco tiempo después de la conquista de los nuevos territorios comenzaron a construirse búnkers para proteger a los submarinos.

Las bases protegidas mediante búnkers eran enormes construcciones de hormigón preparadas para resistir los bombardeos enemigos, por muy brutales que fueran estos y por muy potentes que fueran las bombas utilizadas. El techo, el principal protector, llegaba a tener siete metros de espesor y en algunos casos se construyeron con cámaras de aire para reducir el daño de las bombas enemigas. Aguantaban el impacto de proyectiles pesados, y hasta el uso de bombas de diez toneladas no fue definitivo contra los búnkeres de los submarinos. Bajo esa protección de hormigón que otorgaba el techo, las bases tenían zonas para que las naves fueran reparadas, incluso en forma de dique seco, zonas de comunicaciones, almacenes... casi eran pequeñas ciudades que vivían en torno a las naves de la U-Bootwaffe. Unas enormes puertas blindadas completaban la protección pasiva, ya que al ser objetivos lógicos de los ataques aéreos, la protección activa también tenía su lugar con las armas antiaéreas. Estas bases fueron uno de los aciertos del ejército alemán en lo que se refiere a guerra submarina y la construcción y mejora de las instalaciones fue progresiva a lo largo de la guerra y aún en 1942 se seguía trabajando en ellas.

Uno de los hombres más destacados de aquel trabajo de construcción de las bases alemanas para los submarinos en Francia fue Jacques Stosskopf, francés nacido en 1898 aunque gracias a su ascendencia hablaba alemán sin problemas. Experto en la construcción de este tipo de estructuras, comenzó poco tiempo después de la invasión nazi a trabajar para los alemanes, a convivir con ellos y mostrarse diligente con el invasor, lo que provocó que sus compatriotas lo tacharan de colaboracionista y traidor. Nada más lejos de la realidad, ya que Stosskopf era en realidad un infiltrado de la resistencia francesa y gracias a su trabajo y a su contacto permanente con los alemanes era testigo directo de los movimientos de los submarinos en las bases y de cómo se ponían en marcha algunos planes. Toda esa información era filtrada de manera continua a la resistencia francesa, que la hacía llegar a su vez a Inglaterra donde podía ser aprovechada. Lógicamente debía mantener su realidad en secreto y le obligó a aguantar con estoicismo el desprecio de sus compatriotas, con los que relacionaba todos los días. La captura de un miembro de la resistencia llevó al fin de Stosskopf, ya que fue delatado por el prisionero tras ser sometido a torturas. En febrero de 1944 la Gestapo detuvo a Stosskopf y nunca más se supo de él, ya que tras ser descubierto fue torturado y ejecutado en un campo de concentración, aunque algunos de los trabajadores franceses de la base seguían pensando que era un colaboracionista y que había sido trasladado a algún otro lugar. Tras la guerra su contribución al bando aliado, que pagó con su vida, fue reconocida con la Legión de Honor y con el cambio de nombre a la base de submarinos de Lorient, que a partir de entonces llevó el de Stosskopf.

La ocupación de Francia también puso sobre la mesa la posibilidad de que Alemania invadiera Inglaterra, la famosa operación León Marino que nunca fue puesta en marcha. Esto llevó a los británicos a destinar más fuerzas a la zona del Canal y por lo tanto a disponer de menos naves para proteger los convoyes. Y, sumando ventajas, las nuevas zonas geográficas a las que tenían acceso total los alemanes les permitían a la Kriegsmarine tener un mejor conocimiento, a través de su servicio de inteligencia y escucha de comunicaciones, de los movimientos aliados en el Atlántico, si bien el océano seguía siendo una zona inmensa sin capacidad de ser vigilada en gran medida. El departamento de la Inteligencia Naval alemana que se ocupaba de interceptar y descodificar las comunicaciones enemigas, el B-Dienst, llevaba tiempo trabajando en la ruptura de los sistemas británicos de criptografía y había alcanzado un cierto nivel de éxito. En la batalla de Noruega entre el treinta y el cincuenta por ciento de las señales navales enemigas fueron leídas y descodificadas por el B-Dienst y las nuevas posiciones alemanas en la costa francesa, que llegaban desde el Mar del Norte hasta el Golfo de Vizcaya, aumentaban la posibilidad de capturar mensajes, que generaban información, por un parte, pero que también servían para mejorar el conocimiento de los sistemas de cifrado británicos y facilitar su ruptura.

El 7 de julio de 1940 el primer submarino alemán, procedente del Atlántico, entró en la base francesa de Lorient para repostar y rearmarse, era el *U 30*. En agosto ya estaban operativas de manera general las bases para los submarinos en Lorient, Brest y La Pallice, y fue entonces, en el verano de 1940, con los combates aéreos de la batalla de Inglaterra en pleno auge, cuando comenzaron los buenos tiempos para los submarinos alemanes, los Tiempos Felices, como en ocasiones se les denomina. Una muestra más de la importancia de las posiciones en Francia es que Dönitz trasladará su centro de operaciones desde Wilhemshaven a París en agosto de 1940, y unos meses más tarde, en noviembre, se acercaría a la base de Lorient situándose en Kerneval.

Los submarinos alemanes enlazaron a partir de entonces una serie de éxitos que si bien causaron graves problemas a los aliados, también advirtieron a estos del peligro al que se enfrentaban, lo que acabó provocando que aceleraran el desarrolló de la tecnología antisubmarina. Uno de los más destacados ases alemanes del arma submarina de aquel momento fue Otto Kretschmer, que comenzó pronto a forjar su leyenda, aumentada lógicamente por la propaganda alemana. Conocido con el sobrenombre de Otto El Silencioso, tenía de fama de calmado, de tener una gran confianza en sí mismo y de ser muy efectivo en su trabajo. Nacido en 1912, con tan sólo veintiocho años ya había dado muestras de su capacidad en los primeros meses de conflicto. En abril de 1940 había sido asignado como mando al *U 99* y durante unas semanas estuvo en el Mar Báltico practicando con su tripulación para conseguir sumergir la nave en menos de treinta segundos, practicó ataques en inmersión, en superficie, trabajó sobre la maquinaria, los dispositivos... todo ello para conseguir que todo los hombres de *U 99* funcionaran por instinto y entonces, en junio de 1940, salió en su primera patrulla. Poco después de partir, aún en el Mar del Norte, uno de los hombres de la tripulación se puso gravemente enfermo y Kretschmer tomó la decisión de dirigirse a Bergen, en Noruega, para bajarlo a tierra y que fuera tratado. Después de hacerlo, un avión alemán que sobre volaba la zona lo tomó por un enemigo y lo atacó, dañando el *U 99* y obligando a sus hombres a suspender la patrulla y volver a su puerto. No era un buen estreno para Kretschmer como mando del *U 99*, pero su carrera en esa nave no había aún empezado. Poco después se sacaría la espina con creces en sus salidas al mar aquel verano de 1940, que tendrían ya Lorient como base de referencia.

El verano de Kretschmer

Comenzaremos por el final avanzando ya que Otto Kretschmer acabó la guerra siendo el hombre con más toneladas hundidas en su haber, a bordo de dos submarinos, el *U 23*, una nave relativamente pequeña de tipo IIB, y el *U 99*, de tipo VIIB. En números redondos, doscientas setenta y cinco mil toneladas de barcos enemigos fueron hundidas por este as de la U-Bootwaffe que en su primera patrulla, como ya hemos visto, tuvo la mala suerte a bordo de su submarino y hasta fue atacado por uno de los suyos.

El 27 de junio, tras reparar la nave, se volvía a hacer a la mar y ascendía por el Mar del Norte para bordear las Islas Británicas y descender por el oeste de Irlanda, donde se encontró con el convoy HX-52. El 5 de julio llegaba la primera víctima de Kretschmer desde que este estaba al mando del *U 99*, el mercante canadiense *Magog*. Pasado el mediodía, los alemanes torpedearon el buque enemigo, pero un fallo, de nuevo, en el sistema de detonación hizo que la explosión ocurriera antes de lo previsto y por lo tanto no fuera todo lo efectiva que se esperaba, aunque sí causó ciertos daños. Tras veinte minutos de espera paciente Kretschmer ordenó a su tripulación que subiera la nave a la superficie y comenzó a disparar con la artillería de cubierta. Aquel argumento fue suficiente para que toda la tripulación del *Magog* escapara en botes y entonces el *U 99* lanzó un segundo torpedo contra el barco, que impactó en él de pleno y lo partió casi en dos, aunque aún hicieron falta aún algunos disparos más de la artillería para hacerlo desaparecer definitivamente. Eran sólo dos mil toneladas, pero abrían camino y daban a la tripulación ánimos para continuar.

Dos días después hundió otras dos mil toneladas al atacar al *Sea Glory,* un mercante que viajaba sólo y sin escolta. En esta ocasión veintinueve hombres murieron. De esta forma comenzó aquel 7 de julio, que finalizó de modo similar, con el ataque a un mercante sueco que navegaba sin compañía. Un sólo torpedo dejó a la nave en serios problemas mientras que la aparición de un destructor llevaba al *U 99* a escapar de manera urgente. Antes de que volviera a hacerse de día Kretschmer hizo mella de nuevo en un convoy británico, el HX-53. Una vez más un único disparo del *U 99* bastó para que el *Humber Arm*, de casi cinco mil ochocientas toneladas se fuera al fondo. Atacar un convoy tenía sus peligros, como es lógico, y tras ese ataque el *U 99* se vio asediado por los buques encargados de proteger a los mercantes, que durante catorce horas sometieron a los alemanes a un duro ataque, obligándoles a resistir en inmersión una lluvia de más de cien cargas de profundidad que pacientemente caían del barco al agua y comenzaban a hundirse hasta la profundidad a la que se esperaba que hicieran mayor daño y para la que habían sido programadas. Entonces explotaban y el submarino se zarandeaba, perdía energía, fallaban los sistemas... y los hombres se miraban en silencio, pendientes de una explosión final o, con suerte, de la orden por parte de los oficiales de salir de allí porque veían una posibilidad de escabullirse sin ser detectados.

Los siguientes tres días fueron infructuosos desde el punto de vista de los hundimientos, pero al cuarto, el 12 de julio, un solitario mercante británico fue atacado en mitad de la noche. Estaba en la zona de bloqueo en torno a las Islas Británicas y aquello convertía a cualquier barco, tuviera la bandera que tuviera, en enemigo. El barco necesitó un segundo torpedo para acabar de hundirse, cuando la mayoría de la tripulación ya había salvado su vida arriando unos botes y escapando en ellos. Pasadas las horas de luz, en las que con suerte la tripulación pudo salir a fumar y respirar aire puro, a tomar el sol de verano, a ducharse en cubierta y quizás hasta a hacer sus necesidades directamente en el océano, llegó de nuevo la noche. Y casi no había comenzado cuando Kretschmer divisó una nueva presa. En un primer momento el *Merisaar*, un barco estonio, escapó de su perseguidor gracias a que el estado del mar evitó que fuera alcanzado por un torpedo, pero finalmente, en superficie, el *U 99* le dio caza y obligó al mercante a parar disparando con la artillería de cubierta. Los alemanes lanzaron otro torpedo, una vez más sin éxito y, pensando que no había mejor opción por el estado del mar, finalmente el *Merisaar* fue capturado para ser conducido a Burdeos, en el sudeste de Francia y bajo control alemán. El día 18, tres antes de acabar aquella patrulla, el *U 99* se cobró una última víctima, en este caso, una víctima británica de cuatro mil cuatrocientas treinta y cuatro toneladas.

En total Kretscher y sus hombres habían conseguido apuntar más de veintidós mil setecientas toneladas en su tabla durante aquella patrulla. No fue su mejor momento, como veremos pronto, pero en cualquier caso era una prueba de que la guerra submarina avanzaba con un mejor manejo de las naves por partes de los submarinistas y con un aumento de la eficiencia de sus tácticas para localizar y hundir al enemigo. La Royal Navy británica estaba sufriendo de manera similar a como ya lo había hecho en la Primera Guerra Mundial, sin haber incorporado las lecciones aprendidas desde entonces. Los submarinos alemanes aprovechaban su velocidad en superficie para perseguir los convoyes y se beneficiaban de la noche para moverse sin ser vistos y atacar. Su capacidad para navegar en inmersión, aún con limitaciones, les permitía escapar tras el ataque. Esta combinación, como demostraron Kretschmer, Topp, Lüth, Prien y otros comandantes de la U-Bootwaffe, podía ser letal, teniendo en cuenta además que algunos de ellos manejaban naves costeras y que a pesar de hablar de submarinos, en realidad todos ellos manejaban naves sumergibles más que submarinos.

Ataques conjuntos

El 25 de agosto de 1940 había partido desde Nueva Escocia, en Canadá, el convoy SC-2, compuesto por nada menos que cincuenta y cuatro mercantes y acompañado por dos escoltas a los que se unirían siete más a medida que el viaje atlántico comenzara a adentrarse en su tramo final y por lo tanto en las aguas peligrosas en las que acechaban los submarinos alemanes. El B-Dienst interceptó una señal dirigida al SC-2 el 28 de agosto en la que el almirantazgo británico le indicaba el lugar en el que debían encontrarse con esos buques de escolta adicionales. La señal no sólo fue interceptada, sino que fue también descodificada con la suficiente rapidez como para que fuera operativamente útil.

Dönitz envió aquella información a cuatro de sus submarinos para que localizaran el convoy, indicando que uno de ellos debía situarse en torno al punto exacto de encuentro planeado por los británicos mientras que los otros tres debían colocarse en posiciones al sureste de esta para cubrir unos sesenta y cinco kilómetros de línea y así disminuir las posibilidades de que el convoy pasara por la zona sin ser detectado. Todos ellos debían mantener silencio de radio, es decir, no emitir señales para aumentar así su seguridad y evitar ser descubiertos por el enemigo, al menos hasta que hubieran localizado el convoy. Este silencio en los submarinos antes del contacto era habitual, pero no así otra de las medidas que se tomaron entonces, ya que a diferencia de lo esperado, no se designó a ningún submarino como mando táctico de la operación. La existencia de dicho mando suponía que una de las naves debía mantenerse en cierta medida al margen de la acción directa y también suponía un mayor número de señales de comunicación entre el mando y el resto de naves. El comandante de cada nave quedaba por lo tanto libre para actuar y ejecutar el combate de la manera que creyera más adecuada.

El primero en encontrar al convoy SC-2 fue el *U 65* de Hans-Gerrit von Stockhausen, algo más al este del punto de encuentro prefijado y después de que la escolta se hubiera incorporado al grupo. Comunicó la posición a sus tres compañeros dando lugar a la reunión de todos ellos en torno a la zona por la que navegaba el enemigo. El *U 47* de Prien fue el primero en contactar con el convoy tras el aviso y unirse al *U 65*, y poco después, antes del amanecer del día 7, El Toro de Scapa Flow tomó la iniciativa.

Aprovechando la noche y entre la fuerte tormenta que estaba teniendo lugar en la zona, hundió tres de las naves del convoy. Poco después aparecieron en el cielo aparatos de la RAF que iluminaron las aguas con sus focos y obligaron a Prien y a Von Stockhausen a sumergirse, lo que les llevó a ver su velocidad reducida y a acabar perdiendo el convoy. Pero la angustia del SC-2 no había llegado a su fin y sus perseguidores volverían a hacer acto de aparición, mostrando de nuevo que la noche ayudaba al ataque de los U-Boote, los submarinos alemanes, tal y como se indicaba en la teoría expuesta por Dönitz en sus escritos sobre el combate submarino. Cuando volvieron a la superficie el *U 47* y el *U 65*, una vez que se recuperó la tranquilidad en torno a ellos y habían desaparecido los aviones, desarrollaron la máxima velocidad posible buscando al convoy en la ruta que debía seguir. El esfuerzo mereció la pena y establecieron contacto de nuevo con el mismo, tras lo cual los perseguidores emitieron una señal comunicando su posición y dos nuevos submarinos se unieron a ellos, dos nuevos submarinos diferentes a los que habían sido avisados por el mando en tierra al comienzo de la persecución.

El *U 99* de Kretschmer y el *U 28* de Kuhnke eran los nuevos miembros del grupo de combate alemán y si bien el primero no cumplió con lo esperado y no consiguió ningún hundimiento, el segundo se apuntó una baja la noche del 8 al 9, que se sumó a las cuatro que llevaba ya Prien contra aquel convoy. Todo ello en unas condiciones meteorológicas duras y con el océano complicando la navegación y el ataque. No hubo más hundimientos y el número total de buques hundidos del convoy SC-2 antes de llegar a su destino en Liverpool fue de cinco barcos, sumando casi veintiuna mil toneladas, lo que en realidad no supone un gran éxito si tenemos en cuenta el tamaño del convoy y que fueron varios los submarinos que participaron. Lo que hace significativo el ataque al SC-2 es que fue uno de los primeros casos en los que aparece una reunión de submarinos para hacer un ataque conjunto y en los que funcionó la coordinación entre distintas partes de la Kriegsmarine para localizar un convoy en el Atlántico, que era uno de los principales problemas de los alemanes, y actuar tras esa localización. A pesar de conocer las rutas usadas comúnmente por los convoyes, para los submarinos era complicado averiguar el punto exacto en el que se encontraba un convoy en un determinado momento, ya que además de las velocidades estaban las variaciones de la derrota con respecto a la ruta teórica. Sin una localización adecuada que permitiera a los submarinos darles alcance, los convoyes estaban a salvo. Teniendo en cuenta además que el número de naves disponibles en el U-Bootwaffe siempre fue sensiblemente menor del deseado por sus responsables y que la ayuda que debían recibir de la Luftwaffe, el ejército del aire, para localizar al enemigo en el mar no existía apenas, la mayoría de los convoyes cruzaban el Atlántico sin problemas y cualquier mejora para darles caza era un éxito para Alemania.

La forma de ataque conjunta de la U-Bootwaffe a los convoyes se suele conocer como ataques de la manada de lobos, de hecho, los grupos de submarinos se organizaban en flotillas, en manadas. Karl Dönitz usó el término *Rudeltaktik* para referirse al ataque en grupo a los convoyes, y aunque una traducción literal del término no hace referencia alguna a los lobos y sólo se refiere al ataque organizado y en grupo de los animales, la realidad es que finalmente se han asociado los submarinos alemanes con los lobos, con la palabra *Wolfsrudel* en su idioma, y su forma de acechar y atacar a los convoyes formando grupos acaba de completar el símil con los ataques en manada de los lobos.

Los primeros éxitos animaron a las tripulaciones de los submarinos y, al igual que pasaba en el caso de los aviadores, se tomaban sus combates como una auténtica diversión, casi como un deporte en el que competían por hundir el mayor número de toneladas posibles, en acabar con más barcos que el resto de los submarinos de su mismo ejército. El único superviviente del *U 224*, hundido en el Mediterráneo en enero de 1943, hablaba de la guerra submarina como algo divertido: «Cada vez que íbamos contra un convoy se me ocurría la idea de que éramos como un lobo en un rebaño de ovejas, al que unos pocos perros vigilan estrechamente. Los perros son las corbetas y las ovejas son los barcos, y nosotros, como los lobos, siempre alrededor, hasta que encontrábamos un agujero por el que colarnos, atacábamos, disparábamos y fuera otra vez. Lo más bonito que hay es cazar en solitario».

Tras el combate con el SC-2 Prien no volvió a su base a pesar de que sólo le quedaba un torpedo a bordo. El mando de la U-Bootwaffe le solicitó colocarse en una determinada zona al oeste de las Islas Británicas y enviar dos veces al día un informe meteorológico que se remitía a su vez a Berlín y que era usado para planificar las operaciones de la Luftwaffe contra Inglaterra. Una muestra más de las tareas que desarrollaron los submarinos durante la guerra, más allá del puro combate. No era la que más atraía a las tripulaciones, e incluso Dönitz llegó a quejarse por tener que hacer ese tipo de funciones, que anulaban en cierto modo su capacidad de maniobra, pero Göring, jefe de Luftwaffe, tenía el respaldo total de Hitler y no había nada que hacer contra esa decisión. El 20 de septiembre, más de diez días después de sus ataques con éxito a los buques del convoy SC-2, Prien seguía en labores meteorológicas cuando pasó ante él el HX-72, un nuevo convoy con más de cuarenta barcos. El *U 47* seguía con un único torpedo a bordo, por lo que no pudo hacer mucho más que comunicar el encuentro y esconderse.

1940 – 1941

Las manadas de lobos cazan en el Atlántico

El convoy HX-72

Tras conocer la existencia y la posición del HX-72, el mando de submarinos lanzó de nuevo un ataque conjunto. El convoy había partido de Nueva Escocia el 20 de septiembre y lo componían más de cuarenta naves que viajaban en nueve columnas, con una escolta reducida al comienzo, como era habitual en aquel momento del conflicto, que sería reforzada en el último tramo del viaje, en los Western Approaches, que era donde existía mayor peligro de ataque tanto de submarinos como aéreo. Es probable que los británicos conocieran la posición del *U 47* de Prien, ya que enviaba señales de manera periódica con la información meteorológica, pero en cualquier caso el HX-72 no fue avisado de que corriera ningún peligro especial y continuó su camino habitual. A unos ochocientos kilómetros al oeste de Irlanda una de las naves armadas del convoy, el *Jervis Bay*, abandonó el convoy, que quedaba entonces aún más de debilitado a la espera de que llegara la escolta para el tramo final. Tenía aún por delante unas veinte horas en las que el riesgo era elevado, con unas condiciones del mar, climatológicas y de visibilidad que jugaban a favor de los submarinos, dispuestos a atacar a la menor oportunidad.

Fueron varios los submarinos que tomaron posiciones en la ruta del convoy HX-72 una vez recibida la información de Prien. El convoy navegaba en zigzag, como mandaban las instrucciones de protección del Almirantazgo británico, conteniendo la respiración y esperando avanzar sin incidentes, sabiendo que en cualquier momento la calma relativa podía tornarse en pánico o incluso en un desastre. Y ese desastre para el HX-72 llegó en las primeras horas del día 21 de septiembre. Entre los submarinos que rondaban a la enorme presa estaba el *U 99* de Kretschmer, que a las 02:12, hora del submarino alemán, decidió que había llegado el momento de comenzar el ataque. Según el diario de a bordo del submarino, lanzaron un torpedo a unos mil trescientos cincuenta metros contra el *Invershannon* y consiguieron blanco, haciendo que el buque virara fuera del convoy y se detuviera. La tripulación abandonó la nave, que ya era la primera baja del HX-72 con sus más de nueve mil toneladas.

El convoy HX-72 reunido en las aguas de Canadá poco antes de zarpar.

Tras lanzar la alerta de ataque de submarinos en el convoy, el mando del mismo ordenó cambiar la dirección y abandonar la navegación en zigzag para aumentar la velocidad. De poco sirvió, ya que una hora después Kretschmer volvía a cortar el agua con un torpedo que acertó contra el *Baron Blythswood*, un mercante de unas tres mil seiscientas toneladas. El disparo había sido hecho a menos de seiscientos metros y partió el barco en dos, haciendo que se fuera al fondo en menos de un minuto. Treinta y cuatro hombres perdieron la vida en este segundo ataque de la noche, que se sumaban a los quince que habían perecido en el primero. Krestchmer estaba exultante y su tripulación celebraba los éxitos mientras que las naves restantes del convoy, en mitad de la noche, temían ser el siguiente objetivo de los alemanes. No tuvieron que esperar mucho para saber cuál de ellos se convertía en realidad en la siguiente víctima. No eran aún las 04:00, de nuevo según la hora del submarino alemán, cuando un único torpedo dejó el *U 99* para ir a buscar el centro del *Elmbank*. La tripulación de Kretschmer volvió a demostrar su efectividad, ya que logró impactar con el torpedo en el centro del *Elmbank*, de más de cinco mil toneladas. Con el barco parado tras girar bruscamente, el *U 99* hizo uso de la artillería de cubierta para intentar hundirlo definitivamente, aunque no lo consiguió y tuvo que utilizar un torpedo más para enviarlo al fondo del mar. El *U 47* de Prien, a pesar de tener sólo un torpedo y estar cumpliendo con su misión de información meteorológica, ayudó en la labores de hundimiento que se llevaron a cabo contra el *Elmbank*, usando su artillería de cubierta. Kretschmer puso entonces proa a casa ya que se había quedado sin torpedos a bordo. En unas pocas horas había causado varias bajas y sembrado el pánico entre las naves del convoy HX-72, que seguía seriamente amenazado.

Otto Kretschmer a bordo de su nave sumergible.

El *U 48* era otro de los submarinos que habían sido lanzados a la captura y hundimiento del convoy, y ese mismo 21 de septiembre cuyas primeras horas de oscuridad permitieron a Kretschmer hundir varias naves, fue testigo, ya a la luz del día, cómo el *U 48* de Heinrich Bleichrodt hundía el *Blairangus*, un mercante británico de cuatro mil cuatrocientas toneladas. Al final del día ese mismo submarino también dañó el *Broompark*, cuando faltaban unos veinte minutos para la media noche. No llegó a hundirlo, pero el torpedo que disparó el submarino alemán causó que el pánico, como es lógico, hiciera presa en gran parte de la tripulación y que esta decidiera abandonar la nave. Había muerto un hombre durante el ataque y quizás no le faltaran razones a los marineros para pensar que lo más seguro era salir del barco cuanto antes. En contra de esta huida se mostraron el capitán y algunos valientes, que convencieron al final al resto de la tripulación de volver y trabajar en la nave. Triunfaron y de nuevo a bordo del barco trabajaron para que el *Broompark*, a pesar de estar torpedeado, llegara a puerto. Esa acción de valentía y coraje del capitán fue merecedora de una condecoración.

Al mando del *U 100* estaba entonces el teniente de navío Joachim Schepke, un hombre con experiencia y que ya había dejado muestra de su capacidad de combate junto con su tripulación. Pero su ataque contra el HX-72 le convirtió en uno de los ases de aquellos primeros meses de la guerra, un estandarte de aquellos Tiempos Felices para la U-Bootwaffe. Se había unido la tarde del día 21 a la manada de lobos que rondaba el convoy y que ya había dado varias dentelladas. Tan pronto como se hizo una rápida composición de lugar analizando las siluetas de las naves en el horizonte, Schepke ordenó a sus hombres que se preparasen para el ataque. Se posicionó dentro del propio convoy y en tan sólo unos minutos, entre las 23:10 y las 23:15 El *U 100* escupió cuatro torpedos contra varias naves a medida que estas iban pasando por delante de su proa, haciendo blanco con tres de los disparos. Tres barcos de la segunda fila del convoy fueron alcanzados sucesivamente, el *Dalcairn*, el *Canonesa* y el *Torinia*, dos mercantes y un petrolero, el último de ellos, que juntos sobrepasaban la nada desdeñable cantidad de veintitrés mil toneladas. El convoy había sido terriblemente azotado por el *U 100* en diez minutos desde una distancia de tres mil trescientos metros, a pesar de la cual el cuaderno de bitácora del submarino dejó constancia de cómo las explosiones fueron perfectamente vistas y oídas. Por supuesto, aquellas no pasaron desapercibidas tampoco para las tripulaciones del resto del convoy y en algunos casos los barcos que estaban más próximos al ataque fueron sacudidos. Grupos de hombres de las tripulaciones de los mercantes comenzaron a arriar botes para escapar con vida del infierno que estaba presenciando a su alrededor, y según varios testigos aquellas naves ardiendo en mitad de la noche eran un espectáculo extraño, inesperado, como irreal. El pánico se apoderó de algunos artilleros aliados que comenzaron a disparar al agua sin objetivo alguno, sin saber dónde estaban aquellos submarinos que habían merodeado con paciencia y que tras hundir varias naves en la oscuridad de la primeras horas del día, volvían a hacer presa en el HX-72 con la nueva noche. Las armas de los barcos eran disparadas contra el agua sin un objetivo, con pura desesperación e impotencia. La escolta del convoy estaba sobrepasada, pero aún así los destructores se movieron rápidamente y lanzaron varias cargas de profundidad mientras las bengalas iluminaban el cielo y las sirenas alertaban del ataque, como si no fuera ya obvio. La realidad era que todas esas tareas no parecían servir para nada. El convoy recibió entonces la orden de dispersarse, como última opción. Acababa el día 21 de septiembre, pero no aquella noche.

Schepke estaba dispuesto a continuar con su racha y hundir tres barcos enemigos en unos minutos no iba a ser suficiente. Poco después de la medianoche, el mercante *Empire Airman*, de casi seis mil quinientas toneladas, era el objetivo de los técnicos torpederos de la tripulación alemana. La dotación del *Empire Airman* estaba compuesta por treinta y siete hombres, de los cuales treinta y dos murieron. En el otro lado la tripulación de *U 100* no tuvo mucho tiempo para contemplar el espectáculo, ni siquiera para descansar un momento, ya que menos de media hora después volvió a hacer fuego contra otro mercante del convoy, condenándolo también a desaparecer bajo el agua después de la consabida explosión. Era el *Scholar*, un barco de cuatro mil toneladas que acabó hundiéndose en el océano cuarenta y ocho horas después. Volver a cagar torpedos en los tubos, moverse para buscar la mejor posición para el nuevo ataque, tomar datos, hacer cálculos... todo esto ocurría en el *U 100* entre ataque y ataque, en un combate que ya duraba horas, desde que al atardecer del día anterior se uniera al grupo de submarinos que asediaban en movimiento al HX-72. Al filo de las 2 de la madrugada Schepke volvió a dar la orden de fuego a sus hombres, en este caso contra el *Frederick S. Fales*, el más pesado de todos los buques del convoy HX-72 que fueron hundidos, una mole que movía más de diez mil quinientas toneladas. Dos torpedos del *U 100* hicieron blanco y en cinco minutos el agua se lo fue tragando, comenzando por la popa. Murieron veinte hombres de su tripulación, la mayoría cuando el buque volcó y cayó sobre uno de los botes salvavidas. La bitácora de Schepke dejó constancia de que tras sesenta y cinco segundos de navegación, los torpedos habían hecho blanco y que dos explosiones muy violentas habían tenido lugar, dejando a la nave presa del fuego. El propio Schepke aseguraba que hasta aquel momento no había visto nunca una explosión como aquella.

La actividad seguía siendo frenética y menos de veinte minutos después de hundir el enorme petrolero cuya explosión había asombrado al propio jefe alemán, volvió su submarino a hacer fuego, un único torpedo, y no necesitó más. El *Simla* y sus seis mil toneladas se hundieron rápidamente, tanto, que la tripulación no tuvo tiempo de arriar los botes salvavidas y tuvieron que saltar por la borda directamente al agua. Cinco hombres murieron, entre ellos, el capitán.

En torno a las 3 de la madrugada el *U 100* quemaba su último cartucho. Del tubo uno del submarino salió el único torpedo que había ya a bordo, cortando la racha de aciertos que llevaba hasta aquel momento la tripulación alemana, ya que el proyectil pasó unos treinta metros por delante del objetivo, el *Harlingen*, que al verse atacado comenzó a disparar sus armas de cubierta contra los alemanes. El *U 100* estaba a seiscientos metros y los disparos pasaron por encima de la vela del submarino, que giró y se movió rápidamente, lo que hizo que los disparos contra él fueran cada vez menos peligrosos y finalmente cesaran. El *U 100* cerraba así su golpe al convoy HX-72 con más de cincuenta mil toneladas hundidas, una cantidad que ningún otro submarino en toda la Segunda Guerra Mundial fue capaz de alcanzar en el ataque a un único convoy.

Quedaba aún un susto para el HX-72. Poco antes del alba, cuando ya se creían a salvo por la llegada del día, el *Collegian*, un mercante británico, fue torpedeado por el *U 32*, otro de los submarinos alemanes, bajo el mando de Hans Jenisch. No fue suficiente para hundirlo y desde la distancia y en superficie, los alemanes dispararon contra él las armas de cubierta, pero a pesar de acertar en el blanco en tres ocasiones, finalmente hubieron de huir ya que el fuego era devuelto con acierto desde el convoy. Aquello fue el final de la noche y del asedio al convoy HX-72. En la mañana del día 22 de septiembre por fin llegó la escolta adicional para el convoy, lo que llevó a los submarinos a abandonar la caza del HX-72, que había sido fructífera. En unas pocas horas los germanos habían hundido once barcos y dañado otros tres, consiguiendo apuntarse más de noventa mil toneladas perdidas para el enemigo. Era un indicador más de la estrategia a seguir por parte de la U-Bootwaffe, cinco submarinos que en algún caso estaban a más de seis cientos kilómetros del punto del primer avistamiento, se habían reunido en un ataque común que había tenido importantes consecuencias materiales, pero que además aumentaba el temor británico al arma submarina nazi.

Debe ser una experiencia poco tranquilizadora saberse en mitad del océano y perseguido por un enemigo letal y casi invisible, desconocer qué barco será el próximo objetivo y en qué momento. En esa situación avanzaban los hombres que se repartían entre los barcos del convoy HX-72, y en otros muchos convoyes. Según los propios testimonios de los marineros, en la cubierta de los barcos todos se esforzaban por afinar sus sentidos, por intentar escuchar y ver en la oscuridad algo que les permitiera defenderse, que les permitiera dar por una vez el primer paso. Fumar hubiera relajado los nervios, pero fumar en cubierta estaba prohibido por seguridad, como si hubieran servido de algo hasta el momento esas precauciones. Cuando una nave era atacada, las tripulaciones del resto sabían que su vida estaba en manos del comandante del submarino, que podrían haber sido ellos los atacados y sentían hasta cierto alivio al ver que eran otros los condenados. Los marineros reconocían la culpa y la vergüenza de ese sentimiento agachando la cabeza y no mirando lo que ocurría a su alrededor, poco más allá de la borda de su nave, todos callaban y en ese momento se juraban que aquel sería su último viaje, que no volverían a navegar, promesa que luego rompían, con la perspectiva que da el tiempo.

Kretschmer, que había sido severo en sus golpes contra el HX-72 en la primera noche, dejó también muestras de su humanidad en aquellos días. Su submarino encontró en medio del océano a un hombre solo, a la deriva en una pequeña balsa que tenía el único remo a bordo como mástil y allí hondeaba la camiseta blanca del náufrago, que soportaba el día y la noche en ropa interior. El *U 99* se acercó y subió a bordo al náufrago, proporcionándole ropa seca y una copa de brandy para que entrara en calor. Más tarde se acercaron a uno de los botes con supervivientes de los ataques alemanes que había en su camino y el náufrago se reunió con sus compatriotas, llevando además comida y agua fresca del *U 99*. Kretschmer se encargó de indicarles a los hombres del bote la dirección que debían seguir para alcanzar la costa irlandesa. No es este un comportamiento único en ese momento de la guerra y no es extraño que las tripulaciones de los submarinos, una vez hundida una nave, entregaran mantas, brandy y agua a los botes con los supervivientes, indicándoles también la dirección que debían tomar hacia la costa más cercana. El *U 110* torpedeó una noche un barco a unos trescientos veinte kilómetros de la costa inglesa, causando la muerte de la mayoría de la tripulación. Era el británico *Henri Mory* y sólo tres hombres sobrevivieron, que acabaron en un bote salvavidas y a los que el submarino alemán, después de hablar brevemente con ellos, les dio comida y cigarrillos.

Noches de caza

La experiencia del ataque al HX-72 fue un punto de inflexión, un hito importante, pero aún así queda relegada en los libros de historia por lo que ocurrió en las noches del 18, 19 y 20 de octubre de 1940. Las manadas de lobos de submarinos alemanes alcanzaron entonces el momento más feliz de aquellos primeros Tiempos Felices del verano y otoño de 1940. Winston Churchill dejó escrito en su libro sobre la Segunda Guerra Mundial que la única cosa que realmente le asustó durante la guerra fue el peligro de los U-Boote, y de ser eso cierto, es casi seguro que octubre de 1940 fue el momento en que más dudas tuvo sobre hasta dónde llegarían los alemanes con su plan de cortar el aprovisionamiento británico. Las mercancías y materias primas que llegaban a las Islas Británicas eran esenciales para la población y para que la maquinaria de guerra pudiera seguir funcionando, por lo que del mantenimiento de las rutas marítimas dependía seguir respirando o que el país de Churchill se viera abocado a la catástrofe final.

El convoy SC-7 partió de Sydney, en Nueva Escocia, el 5 de octubre de 1940, como indica el prefijo SC, código con el que se identificaba a los convoyes que partían de aquel lugar con destino a Inglaterra siguiendo la ruta del Atlántico Norte. Lo componían treinta y cinco naves no armadas y durante los primeros días de viaje, entre el día 7 y el 18, un único buque de escolta les acompañaba, el *Scarborough* de la Armada británica. La primera parte de la ruta, alejada de Europa, se daba por segura ya que los alemanes no tenían autonomía para combatir allí y así además se optimizaban los buques de escolta de los convoyes, que tampoco sobraban. Ese único escolta era un buque lento, cuyos catorce nudos de velocidad máxima no eran suficientes contra los submarinos alemanes. Cuando el convoy estaba en mitad del Atlántico el tiempo empeoró y las tormentas hicieron perder contacto a varias naves con el convoy, quedando el núcleo principal roto en su formación y obligando al convoy a reducir su velocidad hasta los seis nudos, aunque a medida que avanzaban hacia Europa el temporal se fue calmando y las tripulaciones que formaban el SC-7 respiraron de alivio cuando se unieron al convoy el resto de escoltas, que les acompañarían y protegerían en el tramo final del viaje, el más peligroso.

No era en cualquier caso una defensa suficiente para un convoy del tamaño del SC-7, y los buques armados que debían protegerlo no habían navegado juntos, no habían preparado un plan conjunto de actuación en caso de ataque, sus posiciones hacían imposible la comunicación visual entre ellos y el enlace de radio no era del todo bueno, con cortes y fallos en la comunicación. Posiblemente no haber tenido estos problemas no hubiera evitado del todo la catástrofe que se avecinaba, pero al menos la hubiera aminorado.

El primer submarino en avistar el convoy fue el *U 48* del teniente de navío Heinrich Bleichrodt, que contempló cómo se iban recortando las siluetas en el horizonte, a la luz de la luna. Envío al centro de mando de submarinos la posición, la ruta y la velocidad del convoy y la manada de lobos comenzó a formarse, como si el aullido del *U 48* hubiera sido escuchado a centenares de kilómetros por sus compañeros y acudieran a la caza. En realidad fue el mando de submarinos el que dio la orden y los detalles al resto del grupo. Además del *U 48* el grupo de submarinos que combatió contra el convoy estaba compuesto por el *U 101* de Frauenheim, el *U 46* de Engelbert Endrass, el *U 123* de Karl-Heinz Moehle, el *U 99* de Otto Kretschmer, el *U 100* de Joachim Schepke y el *U 38* de Heinrich Liebe.

El día 17 de octubre, el *U 48* comenzó sus ataques, tras avisar del avistamiento del convoy y antes de la llegada del resto de submarinos, hundiendo dos naves en las primeras horas de ese día, con la luna aún en el cielo. El comodoro del convoy, el vicealmirante L.D. Mackinnon, ordenó inmediatamente girar 45° a estribor y mientras se recogían a los supervivientes del ataque la escolta trataba de dar caza al *U 48*, sin éxito. La llegada del día abortó las posibilidades de más ataques y el *U 48*, obligado a navegar sumergido, perdió el contacto con el convoy, aunque incluso esto no fue en vano ya que el Scarborough, el buque que había escoltado al SC-7 desde su partida, abandonó el mismo en busca del *U 48*, que nunca divisó, como tampoco volvió ya a divisar al convoy que debía escoltar. Este fue un error habitual durante los primeros meses de la Batalla del Atlántico que se corrigió con la experiencia, los buques de escolta perdían el contacto con las naves que debían proteger porque se empeñaban en su labor antisubmarina antes que en su labor de protección, y abandonaban los convoyes en busca de submarinos. Y distraídos en una persecución a menudo sin resultados dejaban desprotegidos y a merced de otros submarinos a los mercantes.

El primer submarino en llegar hasta el convoy tras el aviso del *U 48* fue el *U 38* de Liebe, que no esperó mucho antes de hacerse notar. Minutos antes de las 10 de la mañana lanzó un torpedo contra el *Aenos*, que se había quedado rezagado con respecto al bloque del convoy. No fue suficiente para hundirlo y los alemanes acabaron la tarea con la artillería de cubierta. El *Aenos* pagaba caro haber perdido el contacto con el resto de mercantes y no tener ninguna protección, una hora después del ataque, se hundió. Lo que quedaba del día pasó sin novedades para el SC-7, que avanzaba trabajosamente hacia su destino sin saber que el destino cierto que les esperaba a muchos de sus buques era sólo el océano. Le quedaban aún unas horas de calma antes de que el grupo de submarinos estuviera en disposición de atacar y así la noche del 17 al 18 pasó sin mayores consecuencias, con un pequeño ataque del *U 38* al *Carsbreck*, que no fue hundido.

Tras el atardecer del día 18, en torno las 21:00, el *U 46* desató el infierno disparando cuatro torpedos de manera consecutiva, que supu-

La «manada de lobos» se dispone a atacar el convoy SC-7.

sieron el hundimiento de dos naves y dejaron a una tercera dañada. Al mismo tiempo el *U 101* de Frauenheim hundía otro buque. El *U 99* de Kretschmer había tomado contacto con el convoy justo cuando se producían aquellos primeros ataques del *U 46* y el *U 101* y fue buscando su posición de ataque en el flanco derecho de la formación de naves aliada. Según su cuaderno de bitácora, a las 22:02, hora alemana, la visibilidad era moderada, la luz de luna brillaba y el primer torpedo salía de su tubo para perderse en el océano sin consecuencias. Minutos después volvió a disparar y esta vez no hubo fallo, el *Empire Miniver* se iba al fondo en 20 segundos. El alemán estimó que había acabado con seis mil toneladas, aunque en realidad eran unas quinientas menos. Se internó entonces dentro del propio convoy y desde esa nueva posición volvió a disparar. Cuando acabó la carrera del torpedo sin consecuencias, los propios oficiales del *U 99* se dieron cuenta de que podían haber fallado en los cálculos hechos para hacer el lanzamiento, pero a pesar de ello Kretschmer determinó que el sistema de dirección de los torpedos estaba fallando y tomó la decisión de no usarlo más. Estaba escribiendo en la bitácora sobre ese sistema y el Departamento de Pruebas de Torpedos alemán cuando el *U 99* fue atacado por la escolta del convoy, aunque sin consecuencias. Una hora después, tras escabullirse de sus perseguidores, volvía al ataque y disparaba contra una nave que tuvo la suerte de girar lo suficiente como para que el torpedo pasara justo por delante de su proa, aunque la suerte de unos fue la desgracia de otros, ya que la anguila alemana, como llamaban coloquialmente los submarinistas a los torpedos, siguió su navegación y acabó impactando contra otra víctima, que sí se hundió. Era el *Niritos,* un mercante griego. Después de veinte minutos de preparación, al filo de la medianoche, una nueva orden de fuego recorrió el *U 99* y un torpedo escapó buscando su objetivo, que en este caso era el *Fiscos*, de casi cinco mil toneladas. A la explosión del impacto le siguió otra aún mayor en la propia nave que la dejó envuelta en llamas verdes, según los testigos.

Tres destructores pusieron a Kretschmer bajo su objetivo y este se vio obligado de nuevo a huir a toda máquina, pero consiguió volver a salir del contraataque sin muchos problemas. La realidad es que era tal la secuencia de explosiones y de ataques que los buques de escolta no sabían bien cómo defender el convoy ni de dónde venían los gol-

Hundimiento de uno de los mercantes que formaban parte del convoy SC-7 visto a través del periscopio de su atacante.

pes. Los hombres de los submarinos observaban y atendían a sus propias explosiones, pero mientras trabajaban en su próximo disparo, escuchaban las explosiones causadas por los torpedos de sus compañeros, como escribió el propio Kretschmer en su bitácora. Una sensación extraña debía dominar a los submarinistas, una mezcla de estrés por el combate y de felicidad por el significado de las explosiones. Cada submarino sabía a ciencia cierta que otros como él estaban haciendo su trabajo. Todos en una actividad frenética, en una extraña competición por el número de toneladas hundidas. Es cierto que cada hombre en la nave tenía su cometido y mientras unos hacían cálculos, otros preparaban los disparos y otros se encargaban de mover la nave hasta dentro de la formación del convoy, pero que todo eso ocurriera a la vez, sin descanso y en un momento de tensión, complicaba las tareas. Por esa razón unos meses antes Kretschmer había tenido a sus hombres entrenando en el Báltico durante semanas, porque sabía que habría un momento en el que hacer las cosas automáticamente y con la máxima destreza posible era la diferencia entre el éxito y el fracaso, e incluso entre la vida y la muerte. Así operaban aquella noche en el Atlántico, el momento de la verdad había llegado.

Los hombres dentro de los submarinos escuchaban las explosiones, pero los tripulantes de las naves del convoy oían y además contemplaban de cerca la otra parte de la moneda. Vivían también la explosiones, pero de manera más directa, eran testigos en toda su dimensión del caos, de los movimientos de naves para huir o para ayudar en algún lugar, oían las quejas y gritos de los marineros que estaban en el agua o en los botes.

Las explosiones de otros submarinos a las que hizo referencia Kretschmer en su bitácora se debían al ataque del resto de la manada de lobos que se había reunido, que no estaba esperando sino que estaba atacando en el mismo momento que el *U 99*. Desde las 21:00 del 18 de octubre, durante toda esa noche y durante el día 19, los alemanes hundieron diecinueve naves del convoy SC-7. En realidad la concentración de ataques fue aún mayor y en el espacio de cinco horas más de quince presas fueron cazadas y hundidas. En varios casos los hundimientos fueron compartidos por varios submarinos, ya que el ataque de un U-Boot dañó un buque que más tarde fue rematado por otra nave alemana.

El *U 99* no alcanzó por poco las treinta mil toneladas hundidas en aquella noche, que sumadas al trabajo de los otros cinco submarinos sobrepasan las ochenta mil toneladas perdidas por el SC-7, y lo más impresionante es que la inmensa mayoría de esas pérdidas tuvieron lugar en unas pocas horas de actividad incesante en las que los ataques y los hundimientos se sucedían como en un espectáculo preparado de fuegos artificiales. Los restos del SC-7, reducido casi a la mitad, estaban desperdigados por el océano, moviéndose entre la búsqueda de aguas más tranquilas y la necesidad humanitaria de rescatar a sus compañeros, que en la mayoría de los casos rondaban en botes por lo que antes había sido su ruta. Los buques de escolta que debían haber evitado un desastre ya consumando seguían desconcertados. En palabras de Donald Macintyre, un destacado oficial de la Royal Navy que fue clave en esas labores de escolta, fue una noche de vergüenza y frustración para ellos. El capitán de corbeta Robert Sherwood, que formaba parte de la escolta, aseguró no había ninguna coordinación y que aunque el ataque comenzó de la misma manera que otros ataques anteriores, con el torpedeo de un buque, muy pronto quedó claro que estaban ante otra cosa debido al número de ataque consecutivos. Sherwood narraba cómo parecía de día aún siendo de noche por la cantidad de incendios que había en los barcos y que la nueva forma de atacar, con varios submarinos actuando de manera simultánea, les resultó algo nuevo.

En el otro lado, Kretschmer comentó sobre aquella noche que «era la primera vez que poníamos en práctica esa táctica [atacar de manera conjunta], incluido Dönitz, que por supuesto sólo la había practicado en maniobras en tiempos de paz. La noche fue un éxito y la llamamos La noche de los cuchillos largos, por la gran cantidad de buques que se hundieron».

Varios de los submarinos habían agotado sus torpedos a bordo y volvieron a sus bases en Francia. El resto continuaron en la zona y no tuvieron que esperar mucho para darse otro atracón de naves enemigas gracias al convoy HX-79, que venía hacia ellos sin saber lo que le esperaba. La U-Bootwaffe estaba a punto de dar otro enorme martillazo que resonaría por toda Europa, aumentando la confianza de los alemanes en sus acciones de submarinos y aumentando igualmente el miedo en el Almirantazgo británico. El HX-79, la nueva presa, a diferencia del convoy SC-7, sí tenía una importante escolta, aunque con los problemas habituales de aquel momento: falta de entrenamiento y experiencia, falta de comunicación previa para trazar unas líneas generales de actuación en caso de ataque...

El HX-79

El HX-79 estaba formado por cuarenta y nueve naves, que habían dejado Halifax, de ahí el prefijo HX, unos días después de la partida del SC-7 y que en la noche en que este último fue diezmado estaba a tan sólo dos días de alcanzar aquel cementerio de barcos en el que los submarinos habían convertido el lugar donde se habían topado con el convoy SC-7. De nuevo fue Prien, El Toro de Scapa Flow, el que dio aviso al centro del mando de submarinos tras el avistamiento del convoy, indicando posición, velocidad y ruta, lo que acabó convocando a otros cuatro submarinos. En realidad Prien iba a la búsqueda del SC-7 para unirse al ataque de sus compañeros, pero llegó tarde y se encontró con su propia presa, que en el atardecer del 19 de octubre ya estaba comenzando a ser asediada.

El mar estaba en calma, la luna brillaba a pesar de algunas nubes y por lo tanto las siluetas de las naves se veían perfectamente. Como ya hemos adelantado, el convoy tenía una protección considerable, entre la que había algún destructor y hasta un submarino holandés, el *O-14*. Lo que ocurrió a partir del momento en que la oscuridad llegó fue una copia de lo que ya había sucedido la noche anterior con el convoy SC-7.

En torno a las 22:00 el *U 38* disparó un torpedo y falló, pero acabó impactando contra la nave que viajaba en paralelo y por detrás del objetivo inicial. Liebe, al mando del submarino, ordenó disparar de nuevo y otro barco fue alcanzado. En el mismo momento y en la misma parte del convoy el *U 47* de Prien comenzaba también a atacar. En una hora y media el Toro acabó con seis naves enemigas, siendo el que mayor número de toneladas mandó al fondo en aquel combate, aunque el *U 38* y el *U 46* no se quedaron atrás. En cuatro horas el convoy perdió doce naves y más de setenta y cinco mil toneladas.

Explosiones aquí y allá de manera sucesiva, barcos hundiéndose, fuego, botes salvavidas llenos de gente, hombres con chalecos salvavidas que chapoteaban entre los restos de barcos y las manchas de combustible... Y todo ello en apenas unas horas. Y quizás lo más importante era que frente a las enormes pérdidas en materiales y a la muerte de algunas decenas de personas para los aliados, de nuevo los submarinos alemanes salían sin un sólo daño, sin haber sido puestos en peligro de manera seria y soplaban triunfantes en el Atlántico. De hecho, ningún submarino alemán había sido hundido desde agosto de aquel año. Dönitz se mostró lleno de alegría tras aquellas victorias y lo dejaba claro al asegurar por escrito que «los ataques de las últimas noches, con sólo trescientos hombres implicados [por su bando], que habían hundido cuarenta y siete barcos y más de trescientas mil toneladas, eran un éxito colosal». El tonelaje hundido estaba sobreestimado porque los reportes que enviaron los submarinos, tanto el en caso del ataque al SC-7 como en el ataque al HX-79, mostraron una exageración de toneladas muy por encima de lo conseguido, aunque eso no resta valor a los combates. Aquella situación tan favorable para la U-Bootwaffe debía haber permitido a Dönitz disponer de mayores recursos para acelerar la construcción de más naves y para recibir apoyo de la Luftwaffe en sus operaciones, pero no fue así.

La exageración de las toneladas hundidas fue una práctica relativamente común durante la guerra, y en algunos casos las exageraciones se aprovecharon por la propia propaganda de guerra alemana para aumentar así el valor de sus acciones y el daño infringido al enemigo. Incluso algunas condecoraciones fueron otorgadas en base a la narración exagerada y sin contrastar del propio comandante. El caso más extraordinario de este tipo de actitud es el del submarinista italiano Enzo Grossi, que en 1942 anunció que había hundido dos acorazados estadounidenses en el Atlántico sur. Por esa proeza recibió la Medalla de Oro al Valor de manos de Mussolini y la Cruz de Caballero por parte de Alemania. Grossi protagonizó espacios en las noticias y posó junto a su periscopio, en una imagen típica de comandante de submarino, para que su proeza fuera hecha pública y aireada como la de un gran héroe. Tras la guerra se supo que en su caso la exageración había sido tan extrema que de hecho no había hundido ningún barco y todo era una invención. Aunque a título póstumo, finalmente le fueron retiradas las condecoraciones.

En cualquier momento de la batalla de Atlántico, centenares de naves aliadas estaban navegando en formación, constituyendo más de una docena de convoyes y cada una de ellas recibía órdenes en el último minuto antes de la partida, debía conocer la escolta que les acompañaba desde el comienzo y dónde encontrarse con el resto de ella, a la que se uniría ya en alta mar. Todo ese sistema debía funcionar como un reloj, aunque las líneas de barcos unieran dos continentes separados por todo un océano. Se cargaban los barcos en el momento exacto, las mercancías llegaban al puerto con precisión, todo estaba listo para la llegada de los convoyes a su destino... Esa organización casi relojera volaba por los aires cuando los alemanes destrozaban un convoy, lo retrasaban o lo hacían cambiar de rumbo. De igual modo, si un avión bombardeaba unos barcos en puerto es posible que el convoy planeado ya no tuviera sentido al no reunir el número suficiente de efectivos que lo justificaran, por lo que los aliados tenían que modificar los planes y ello también influía en la guerra, también tenía consecuencias en los combates en el resto de escenarios y por lo tanto ayudaba a Alemania.

Por supuesto, cuando uno asesta un golpe fuerte al enemigo en uno de sus puntos débiles, el propio golpe concentra la atención sobre el mismo y puede ser hasta contraproducente. Los submarinos alemanes se habían aprovechado de la falta de planificación y experiencia de los aliados en la gestión y defensa de los convoyes, pero el problema se había mostrada de tal magnitud que inmediatamente los británicos se pusieron manos a la obra para solucionarlo y revertir la situación. El capitán de fragata Peter Gretton, jefe de grupo de escolta naval, puso de manifiesto tras la guerra cómo los analistas aliados comenzaron a estudiar los ataques, las estadísticas de movimientos y hundimientos de barcos y cómo no tardaron en diseñar estrategias que permitieran disminuir los daños que causaban los submarinos en los convoyes que atacaban. Por ejemplo, concluyeron que la misma seguridad relativa tenía un convoy si se duplicaba el número de barcos que lo componían, y eso permitía tener más escoltas disponibles para los convoyes, al ser estos más numeroso. Los científicos, continuaba Gretton, eran miembros de pleno derecho del equipo operativo y se les tenía muy en cuenta. Todo ello hizo que paso a paso la ventaja de los alemanes se fuera reduciendo.

El primer Tiempo Feliz de los submarinos de la U-Bootwaffe, su enorme supremacía, comenzaría a languidecer poco después de aquellos primeros éxitos. Los aviones que debían proteger los convoyes pronto se dieron cuenta de que su labor era proteger el convoy y volar junto a este, en lugar de hacer largos barridos sobre el agua en busca de submarinos. Los pilotos preferían esta segunda táctica de vuelo, ya que les daba la sensación de que tomaban una actitud más ofensiva, pero era como buscar una aguja en un pajar y dejaban a los convoyes sin protección. Cuando la RAF aceptó este hecho, los aviones comenzaron a escoltar de verdad a los convoyes y su protección efectiva aumentó. El capitán Gilbert Roberts, director de la Unidad Táctica para el Frente Occidental, se reunió en Liverpool con varios jefes de escolta y les preguntó sobre su forma de actuar cuando un submarino atacaba en mitad de la noche. Algunas de las respuestas eran pura resignación, asegurando que no podían verlos y que poco se podía hacer. Por aquel entonces el radar aún era muy elemental y además se disponía de pocos de ellos. Evitar esa sensación y por lo tanto ofrecer a las escoltas sistemas y dispositivos que detectaran los submarinos era vital. Entonces, en la reunión, uno de los jefes tuvo una idea muy pertinente. Cuando un ataque se produce y pilla la escolta por sorpresa, debe haber un plan coordinado para que todos actúen con un mismo objetivo y de una misma forma, lo que aumentará la eficacia. Aunque fueran pequeñas piedrecitas en la balanza todas estas ideas y decisiones, algunas más grandes que otras, estas cuestiones fueron equilibrando dicha balanza y acabarían por revertirla.

Un avión aliado protegiendo un convoy en su viaje por el Atlántico.

Tripulaciones

El mejor comandante de submarino alemán fue Otto Kretschmer, el único en rondar las doscientas setenta y cinco mil toneladas, que durante la guerra sirvió en dos naves, el *U 23* y el *U 99*. Pero el mejor submarino fue el *U 48*, de tipo VIIB, tenía sesenta y seis metros y medio de eslora y su tripulación constaba de unos cuarenta y cinco hombres. Las naves de tipo VII fueron las más comunes en la U-Bootwaffe, siendo naves de alcance medio y las que llevaron el peso de la guerra submarina por parte de Alemania.

Otto Kretschmer dirigió dos naves durante la guerra, la *U 23* y la *U 99*, con las que obtuvo notables victorias

El *U 48* tuvo tres comandantes distintos antes de julio de 1941, cuando fue destinado a servir como nave de entrenamiento y uno de ellos, Herbert Schultze, sirvió en dos periodos distintos. A pesar de los cambios y de haber sido retirado relativamente pronto, en las doce patrullas que llevó a cabo su tripulación consiguió enlazar hundimientos, tanto de barcos navegando en solitario como de barcos que formaban parte de algún convoy. Fue la única nave en superar las trescientas mil toneladas hundidas y de la singularidad de ese número da muestra el hecho de que el segundo mejor submarino, el *U 103*, que hundió unas setenta mil toneladas menos, casi un veinticinco por ciento por debajo.

Emblema del *U 48* pintado en el casco del buque.

Solemos hablar del comandante del submarino casi como si fuera él el propio submarino, asignándole todo lo bueno y todo lo malo que se conseguía en las misiones y en los combates, pero la realidad es que cada miembro de la tripulación tenía sus obligaciones, su lugar y su responsabilidad en el resultado final de la patrullas. Es cierto que el comandante era el hombre con más información, a menudo sólo él manejaba algunos datos y especialmente la información sobre lo que estaba ocurriendo en la superficie cuando la nave estaba sumergida. Por supuesto, era el máximo responsable y de él salían las decisiones y las órdenes, que nunca se cuestionaban y mucho menos en momentos delicados o en pleno combate. No hay que olvidar que a menudo estos hombres se veían solos en mitad del océano, sin capacidad para contrastar sus decisiones con sus propios mandos y con unas instrucciones muy genéricas sobre lo que se esperaba de ellos. La personalidad de los comandantes y la forma de afrontar cada momento marcaba a toda la tripulación, que lógicamente tenía que tener casi fe ciega en él para confiar en que había evaluado correctamente la situación que tan sólo él conocía en detalle en cada momento. A menudo fueron tratados como héroes y hay que reconocer que era necesaria sangre fría, conocimientos técnicos, audacia, conocimientos de combate, coraje... para llevar a una nave al éxito en sus operaciones.

Por debajo del comandante se encontraban el primer y segundo oficial de la nave, el jefe de máquinas, y en ocasiones algún otro oficial, a menudo en periodo de formación. El primer oficial era responsable del armamento de la nave y dirigía el disparo de los torpedos. El segundo oficial, por lo general, se responsabilizaba de las guardias y de las armas en cubierta. El jefe de máquinas era uno de los puntales de la nave ya que debía decidir el modo de llevar a cabo las órdenes del comandante, conocía perfectamente cómo manejar la nave y sus sistemas, aunque a su lado hubiera expertos en algunos de los aparatos y dispositivos más concretos y complejos. En caso de tener que hundir la nave para que no cayera en manos enemigas, él debía llevarlo a cabo inundándola o incluso colocando cargas explosivas.

A medida que avanzó la guerra, algunos submarinos tuvieron la suerte de llevar a bordo un médico, cuya posición en el mando estaba también justo debajo del comandante. Bajo este cuadro superior el resto de la tripulación se dividía en marineros y técnicos. No hay que pasar por alto que un submarino era una nave repleta de tecnología y aparatos, a menudo nada fáciles de usar, pero vitales para el buen funcionamiento de la misma. Los técnicos eran expertos en distintas áreas y así había operadores de radio, operadores de torpedo, maquinistas, engrasadores, operadoras de hidrófono... y en general cualquier nueva tecnología suponía hombres formados en su uso y en su mantenimiento. Cada hombre era responsable de su misión dentro de la nave y tenía prohibido inmiscuirse en las tareas de otros. Todos los técnicos estaban bajo el mando del maquinista jefe.

Entre los marineros había suboficiales, que eran la segunda línea de mando, y tropa. Cada suboficial era responsable y experto en su respectiva misión. Un oficial tenía el control y el mando sobre los torpedos y otro sobre la artillería, como hemos comentado. Había hombres responsables de la vigilancia y observación del horizonte, serviolas, cuando la nave navegaba en superficie buscando presas, que era la mayor parte del tiempo. Estos hombres debían tener una buena vista que unir a sus prismáticos, ya que de ellos dependía no sólo el éxito de la misión sino a menudo también la supervivencia de todos. Si un avión aparecía en el cielo y no era divisado a tiempo, por ejemplo, los segundos que tardaba el submarino en sumergirse eran suficientes para poner en grave riesgo la nave. Solía haber cuatro hombres en esa labor de vigilancia, repartiéndose los puntos cardinales del horizonte, y además uno de ellos era capaz de manejar la pieza antiaérea en caso de peligro.

Sala de torpedos de un submarino alemán.

La importancia del cocinero va más allá de la simple tarea de alimentar a la tripulación. Controlar y aprovechar de manera inteligente los víveres era una capacidad con un valor altísimo y el cocinero debía saber la existencias que quedaban de cada alimento y sustancia a su alcance, además de conocer el estado de las mismas, para utilizarlas y consumirlas antes de que se estropearan. Por supuesto, también estaba en su mano hacer más agradable la estancia a bordo en función de su capacidad para crear y cocinar en un entorno con las máximas restricciones y con muy poca variedad de productos. De forma habitual, tras los primeros días de patrulla los alimentos frescos habían sido consumidos y comenzaba a girar la rueda de alimentación basada en las conservas.

El submarino nunca paraba, por lo que siempre tenía que haber una dotación en sus puestos. Debido a la lógica escasez de espacio y a esa necesidad de servicio constante, sólo había camas para la mitad de los hombres, más allá de oficiales y suboficiales, porque nunca se necesitaba más y por lo tanto hubiera sido desaprovechar un espacio precioso.

Dicho todo esto, quizás nos hagamos una mejor idea de lo que suponen las patrullas de semanas sin salir del cascarón de acero del submarino y las tareas que todos los días, sin fines de semana o descanso, tenían que llevar a cabo los submarinistas.

Submarinos italianos en el Atlántico

El 10 de junio de 1940 Italia se unía a Alemania declarando la guerra a los enemigos de esta y entraba oficialmente en la Segunda Guerra Mundial. Italia sumaba en principio ciento cinco submarinos a las fuerzas submarinas contra Inglaterra, lo que suponía para los británicos un aumento del problema relacionado con el tráfico marítimo. Al día siguiente Churchill enviaba una carta a Roosevelt en la que ponía de manifiesto este aspecto y aseguraba que el riesgo de que los italianos usaran los puertos españoles suponía un riesgo adicional que debía ser tenido en cuenta y que por lo tanto era necesario que Estados Unidos enviara los treinta o cuarenta destructores que había acondicionado para labores antisubmarinas. Aseguraba también el Primer Ministro británico que en su país colocarían un ASDIC en cada uno de los buques y que con esas fuerzas serían capaces de resistir seis meses, hasta que fueran capaces de poner a pleno rendimiento su capacidad de producción de buques. Esta petición se repitió en las siguientes semanas.

A finales del verano se dispuso una base en Francia para la conocida como Flotilla Italiana de Atlántico y en los primeros días de septiembre llegaron las tres primeras naves, a las que poco después siguieron otras diez. El paso del Estrecho de Gibraltar para abandonar el Mediterráneo era un punto complicado del viaje, y como veremos en el futuro, quedó de manifiesto repetidas veces. A pesar de ello no tuvieron problemas y con el correr de los días se compuso una dotación de submarinos italianos listos para operar fuera del Mediterráneo y junto a sus aliados alemanes. El comodoro de la flotilla era el contraalmirante Angelo Perona, sin bien sus responsabilidad se restringían únicamente a la disciplina y a la administración de las naves, ya que la dirección operativa de las naves, aunque fueran italianas, estaba en el mando de submarinos alemán. Este, temiendo que la falta de experiencia de sus aliados en el combate real fuera un problema serio, destinó a los italianos para sus primeras misiones en el entorno de las Islas Azores, donde la actividad antisubmarina era menor y donde tanto la condiciones del océano como la meteorología eran más favorables a su labor. Los resultados no fueron espectaculares, pero a mediados de octubre los italianos habían conseguido hundir nueve barcos, lo que unido a la necesidad cada vez mayor de los alemanes de disponer de ojos en las Western Approaches capaces de detectar presas que permitieran los ataques conjuntos, llevaron a las naves italianas a un nuevo destino allí. El 1 de noviembre seis submarinos italianos y cuatro alemanes patrullaban el Atlántico Norte, y el número de naves italianas fue creciendo.

El más exitoso de los submarinos italianos fue el *Leonardo da Vinci*, que tras cruzar el Estrecho de Gibraltar el 27 de septiembre de 1940, hundió 16 naves enemigas a lo largo de las varias patrullas en las que tomó parte. Los primeros meses no tuvieron resultados, pero a partir de junio de 1941 su eficacia aumentó sensiblemente. Los submarinos italianos estaban bien artillados y por lo tanto su punto fuerte era el ataque en superficie con dicha artillería, pero por contra eran muy vulnerables a los ataques aéreos. El *Leonardo da Vinci*, bajo el mando del teniente Gianfranco Gazzana-Priaroggia, se encontró el 13 de marzo de 1943 frente al *Empress of Canada*, un transatlántico canadiense que había sido reconvertido en transporte de tropas durante la guerra. Estaba al oeste de la costa africana de Liberia y a bordo de él viajaban prisioneros de guerra italianos y refugiados polacos y griegos. Todos esperaban hacerse al mar cuanto antes porque los mosquitos eran un auténtico martirio en el puerto hasta el punto de obligarles a vestir con ropa de manga larga y pantalones largos para evitar las picaduras y protegerse así contra el contagio de la malaria.

La tarde del día 13 pasó sin novedades en el buque, pero poco después de las 23:00 un leve ruido se oyó a lo lejos y al momento todos sospecharon que habían sido atacados por un submarino y que un torpedo se dirigía hacia ellos. Pocos minutos después la sospecha se convirtió en realidad y el *Empress of Canada* se quedó parado. Había sido alcanzado en la sala de máquinas y todos los sistemas de emergencia fallaron, no sonó ninguna alarma a bordo y se apagaron las luces. Tras un segundo en el que el silencio reinó, la actividad frenética se disparó a bordo, con gente corriendo por las escaleras y por los pasillos, tratando de ponerse sus abrigos y sus chalecos salvavidas mientras intentaban alcanzar la cubierta de camino a los botes salvavidas. Como suele ocurrir en muchas ocasiones cuando los buques se escoran mucho, los botes del lado que sube no pueden ser arriados fácilmente, ya que no quedan sobre el agua sino sobre el propio barco. Esto ocurrió, como era de esperar, también en este caso, por lo que el número de botes disponibles se redujo a la mitad. La locura y el pánico se desataron en el *Empress of Canada* y muchos saltaron al agua sin pensar en cómo mantenerse allí, mientras que otros usaban los salvavidas para nadar y alejarse del buque lo más rápido posible.

El teniente Gazzana respetó las normas internacionales de actuación en estos casos y esperó en la distancia el tiempo necesario para que la nave fuera evacuada completamente y para que los supervivientes, tanto los que habían subido a los botes salvavidas como los que nadaban en el agua, se alejaran del barco. Entonces lanzó un nuevo torpedo como golpe de gracia y poco después el *Leonardo da Vinci* emergió como un gran monstruo marino, oscuro y chorreante, entre los supervivientes, para alejarse al momento del lugar. Permanecer allí era demasiado arriesgado.

Unas dos horas después del ataque comenzó a oírse un agudo chirrido y al momento el *Empress of Canada* desapareció por fin de la superficie. Las primeras horas del 14 de marzo, en la oscuridad de la noche, fueron muy duras para los hombres y mujeres que se mecían al capricho de las olas. Los llantos, las quejas y las peticiones de ayuda se podían oír de manera clara y constante. Dos días después del ataque un avión Sunderland que sobrevolaba la zona localizó los restos y a los supervivientes y por fin los barcos de rescate se pusieron en camino. Aún pasaron muchas horas antes de que el *Bóreas* apareciera en el horizonte y comenzara a recoger a los dispersos supervivientes, que esperaban su turno con ansiedad.

De las aproximadamente mil ochocientas personas que iban a bordo de barco, casi cuatrocientas fallecieron en el ataque y en las horas siguientes en el agua, y quiso el destino que la mitad de los fallecidos fueran precisamente prisioneros italianos.

Uno de los submarinos italianos que más se significaron en el mar fue el *Leonardo da Vinci.*

Dos meses después, el 22 de mayo de 1943, el volvía a la base en Burdeos y envío un mensaje al centro de mando comunicando su intención, mensaje que fue interceptado y que permitió poner en alerta a los convoyes y barcos en la zona. El submarino se cruzó en el camino a casa con el convoy KMF-15 y decidió hacer un último ataque antes de llegar a su destino, pero el cazador se convirtió pronto en presa, ya que el destructor *Active* y la fragata *Ness*, que protegía a los convoyes KMF-15 y WS-30, detectaron a la nave italiana. Comenzaron un duro castigo con cargas de profundidad que fueron suficiente para que el submarino no volviera a salir a la superficie nunca más, ni tampoco ninguno de sus tripulantes. A unos quinientos kilómetros al oeste de la costa española de Vigo reposa el pecio del *Leonardo da Vinci*.

Los submarinos italianos consiguieron al final hundir ciento un barcos mercantes enemigos y otros pocos barcos de guerra menores, superando de largo el medio millón de toneladas, aunque el precio que pagaron no fue bajo. Aproximadamente la mitad de los submarinos que participaron en las misiones, dieciséis naves, acabaron perdidas.

La pérdida del *U 32*

Hans Jenisch entró a formar parte de la Kriegsmarine en abril de 1933 y cuatro años después fue transferido al arma submarina, donde fue destinado al *U 32* como primer oficial de observación, siendo finalmente en febrero de 1940 nombrado su comandante. En su primera misión como mando del *U 32*, que en realidad era la cuarta patrulla de la nave en la guerra, Jenish se ocupó de minar en el entorno de Liverpool, pero también tuvo enfrentamientos con algunas naves, hundiendo con artillería una nave sueca de casi tres mil toneladas. De todas formas cumplió con su trabajo y minó la zona, siendo precisamente una de las minas que había colocado la que acabó con el *Councillor,* nave británica de cinco mil toneladas.

En esta patrulla de primeros de 1940 también pasó de cazador a cazado, ya que tuvo que enfrentarse varias veces a los ataques de la aviación británica tras ser divisado desde el aire, si bien al final se las apañó para volver a puerto sin mayores problemas. Lo mismo le pasó en los meses sucesivos, donde sus distintas misiones le llevaron a escapar de las cargas de profundidad de los destructores en varias ocasiones, que acabaron dañando la nave en algún caso pero no tanto como para impedirle volver a casa y prepararse para nuevas salidas al océano. Combatió en el Atlántico en el verano de 1940 hundiendo varias naves y participó entre otras muchas acciones en la caza del convoy HX-72, como ya hemos visto. El 7 de octubre de 1940 Jenish fue condecorado con la Cruz de Caballero y a final de ese mes él y sus hombres zarparon desde Lorient para realizar una misión de información meteorológica.

El *U 32* comandado por Hans Jenisch, uno de los más brillantes marinos de la Kriegsmarine.

El día 26 de octubre un avión alemán divisó y bombardeó el buque de línea canadiense *Empress of Britain,* de nada más y nada menos que cuarenta y dos mil trescientas toneladas. Pertenecía a la compañía Canadian Pacific Steamship y en su tiempo llegó a ser el barco más largo, rápido y lujoso de todos los que hacían la ruta entre Inglaterra y Canadá. Tras el estallido de la guerra había sido puesto al servicio del ejército para el transporte de tropas, como otros muchos de los transatlánticos que cruzaban el Atlántico. La velocidad de estas naves eran un seguro frente a los submarinos, que no podían competir con sus más de veinticinco nudos, y por ese motivo viajaban habitualmente sin más protección. Todo se truncó pasadas las 9 de la mañana de aquel día de octubre a unos ciento diez kilómetros al noroeste de Irlanda, cuando un bombardero de largo alcance alemán, un Focke-Wulf C 200 Condor, lanzó tres bombas contra el barco. La primera de ellas arrancó un incendio a bordo, la segunda no tuvo mayores efectos pero la tercera dio lugar a un incendio aún más intenso, que además alcanzó parte de la munición que transportaba el buque. El avión volvió a su base en el norte de Francia convencido, por los incendios y el humo que veía, de que la nave estaba condenada. Cuando los alemanes fueron conscientes de que su objetivo había sido el *Empress of Britain,* todo un símbolo de la navegación en aquel momento, la noticia se extendió como una mancha de aceite, convenientemente aireada por la propaganda alemana.

Un Focke-Wulf C 200 Condor volando sobre el Atlántico

Mientras las noticias volaban en el continente, el fuego iba haciéndose con el barco bombardeado y poco antes de las 10 de la mañana el capitán ordenó abandonar la nave con orden, usando los botes salvavidas. Las bombas habían causado pocos muertos y salvo una pequeña dotación de la tripulación que quedó a bordo, el resto de las personas fueron recogidas por otras naves. El fuego dejó inútil al *Empress of Britain* para navegar por sí mismo, pero a pesar de ello no se hundió, lo que contradecía la propaganda y las noticias que ya se habían extendido por Alemania. A la mañana siguiente, el 27 de octubre, se estaba ya trabajando en el remolcado del buque hasta la costa, que comenzó a llevarse a cabo, como es lógico, de manera lenta y trabajosa. Además de los remolcadores, en la operación intervinieron varios destructores y se dispuso de una cierta protección aérea.

Dönitz fue informado del ataque del bombardero y el B-Dienst le entregó un informe en el que se aseguraba que el *Empress of Britain* seguía a flote, por lo que decidió enviar al *U 32* para acabar definitivamente el trabajo. Cuando Jenisch llegó con el submarino a la zona indicada, supo gracias a los hidrófonos que estaba cerca de su objetivo y también que este no estaba sólo. Además, los aviones de la RAF le obligaron a permanecer sumergido la mayor parte del día. Pacientemente esperó a la oscuridad de la noche y entonces Jenish comenzó a preparar al *U 32* para el ataque junto con su tripulación, hombres que ya habían huido de aviones y de destructores, que habían soportado la letal lluvia de cargas de profundidad agazapados en la profundidad y que por lo tanto sabían lo que les esperaba. También eran hombres que habían hundido ya muchos barcos enemigos, por lo que conocían bien esa parte de su trabajo. Unas dos horas después de la

El Empress of Britain, de cuarenta y dos mil toneladas, todo un símbolo de la navegación en aquel momento.

medianoche, ya en el día 28 de octubre, Jenisch ordenó fuego y dos torpedos salieron de sus tubos. Tras unos segundos de navegación el primero explotó prematuramente, una vez más, pero el segundo hizo blanco y causó una explosión en el ya maltrecho barco canadiense. El

U 32 maniobró y lanzó un tercer torpedo, aunque el segundo ya había condenado al buque, había sido el golpe de gracia y diez minutos después la mole de más de cuarenta y dos mil toneladas se hundía sin remedio en el océano a las 02:05 del 28 de octubre de 1940, siendo el buque de mayor tonelaje hundido por un submarino en toda la guerra. Afortunadamente para el *U 32* parece que la escolta del *Empress of Britain* tomó la explosión como un accidente causado por los fuegos que aún estaban activos y no hubo reacción.

Por fin los hechos daban la razón a la propaganda alemana y los diarios hicieron del hecho todo un hito, con grandes titulares en los que se decía que los grandes buques de línea ya no estaban a salvo, ya no podían evitar a los submarinos sin más. El piloto del Cóndor alemán fue condecorado con la Cruz de Caballero por su acción y Dönitz tuvo un nuevo argumento de peso para asegurar que la colaboración entre los submarinos y la aviación podría dar resultados magníficos si realmente se dedicaran los recursos adecuados y se trabajara de manera conjunta. Dönitz puso sobre la mesa lo que era ya un hecho, la eficacia de las naves de la U-Bootwaffe en los últimos meses. En junio la media de toneladas hundidas por cada submarino operativo habían sido quinientas cuarenta y una, en julio quinientas noventa y tres toneladas, en agosto seiscientas sesenta y cuatro toneladas, en septiembre setecientas cincuenta y ocho toneladas y en el mes que acaba entonces, octubre de 1940, se acercaría a las mil toneladas. En aquel momento, además, los comandantes de los submarinos tendían a exagerar sus éxitos por lo que los números de Dönitz eran aún mayores.

El *U 32* de Jenisch seguía con su patrulla, satisfecho del éxito conseguido y posiblemente deseando volver a tierra para alardear del hundimiento. Era habitual en los submarinos alemanes colgar desde el pico de la torreta hasta la barandilla de cubierta una cuerda en la que iban atadas banderolas con el número de toneladas de cada barco que habían hundido, como guirnaldas de celebración. Una bandera colgada de la vela del *U 32* con las más de cuarenta y dos mil toneladas escritas iba a ser todo un orgullo para la tripulación, que se apretujaría en la cubierta para recibir el reconocimiento de sus compañeros al llegar a puerto. Pero nada de aquello ocurrió, el fin fue muy diferente.

El 30 de octubre el *U 32* se encontró con el *Balzac* y lanzó un torpedo contra él, que pasó por debajo de su objetivo y explotó más allá del barco sin consecuencias. Los fallos en los torpedos, que se activaban antes de lo debido, con fallos en sus sistemas y con problemas de navegación, seguían poniendo en apuros a los submarinistas alemanes. El *Balzac* lanzó una llamada de auxilio y a él acudieron dos destructores, dispuestos a cazar al *U 32*, que seguía persiguiendo al barco británico. Una carrera extraña se disputaba en el océano, con el submarino esperando la oportunidad para volver a atacar y el barco en superficie huyendo mientras temía por un lado que en cualquier momento una estela en el agua supusiera un nuevo ataque de torpedo y su fin, y también esperando que la ayuda que había solicitado, y que ya estaba en camino, llegara a tiempo. De lo que ocurriera antes y de su capacidad para complicar el posible ataque de los alemanes dependía la vida de la tripulación del *Balzac*, que se afanaba en sus labores quizás para evitar un momento de tranquilidad que les llevara a pensar en el peligro que estaban corriendo.

Uno de los destructores que habían acudido en socorro del *Balzac*, el *Harvester*, divisó el periscopio del *U 32* a babor cerca de él y automáticamente se colocó en posición de ataque, lanzando seis cargas de profundidad en cuanto estuvo en el lugar adecuado. Con igual urgencia Jenisch ordenó a sus hombres descender y maniobrar, consiguiendo así salir sin daños de aquel primer golpe, pero no era más que el comienzo del combate. El *Highlander*, el otro destructor, se colocó también en posición ya que una vez que el *U 32* había sido divisado no iban a dejarlo escapar sin emplearse a fondo. Los sistemas en superficie acorralaron al *U 32* y aunque varias veces logró escabullirse, todas ellas volvió a ser localizado. Los destructores no desistían en su caza, estaban dispuestos a agotar las cargas de profundidad antes de darse por vencidos. La escena se repetía, el sonido rítmico de las hélices de los perseguidores en la superficie, que iba y venía aumentando la tensión entre la tripulación el submarino cuando aumentaba la claridad y el volumen con el que se escuchaban, el trinar metálico de las emisiones del ASDIC de los destructores que no sólo se oía a través de los hidrófonos, sino en toda la nave al chocar contra el casco... Quietos y callados, cada uno de los submarinistas se hacía su propia composición de lugar en la cabeza en base a los ruidos. Se quitaban en algunos casos las botas y andaban en calcetines para no hacer ruido alguno y se apoyaban, casi sin pensarlo, en las estructuras, intentando sujetarse a la espera de un nuevo golpe de los destructores, que tarde o temprano, llegaría. Algunos hombres aseguraban que cualquiera de ellos que dijera que no tenía miedo, mentía. Los que tenían la suerte de estar cerca del comandante escrutaban su cara y los gestos que hacía a otros miembros de la tripulación, buscando saber si él estaba tranquilo o si temía lo peor.

En una de las idas y venidas, el *Highlander* lanzó catorce cargas de profundidad cuya secuencia de explosiones afectó gravemente al *U 32*, haciendo imposible que se escabullera de nuevo. La nave se quedó a oscuras, algunos sistemas importantes quedaron inutilizados, los tubos del aire comprimido usado para vaciar los tanques de agua y así hacer la nave emerger se rompieron y el aire comenzó a escaparse. El submarino comenzó a descender por la popa y Jenish ordenó a sus hombres que se movieran hacia la proa para nivelarla y que vaciaran todos los tanques para intentar perder profundidad. Sólo aquella actividad y la necesidad de poner todos los sentidos en la reparación de la nave evitaba que los hombres sucumbieran a la desesperación. El aire comprimido estaba agotado por los escapes y por lo tanto volver a sumergirse no era una opción, ya que nunca podrían volver a salir a la superficie sin que aquel aire vaciara los tanques. Jenisch, convencido de que era lo mejor, dio la orden final: ¡Abandonen la nave!.

La alternativa era la muerte de todos ellos, pero una última jugada estaba en la mente de Jenisch, el *U 32* debía ser barrenado para evitar que fuera capturado, como mandaba las normas, y con él los libros de códigos, la información y la tecnología a bordo que pudiera ser aprovechada por el enemigo. Cuando salió a superficie el *U 32* fue objetivo de los disparos de los destructores y durante aquella maniobra fallecieron nueve alemanes, mientras que los otros treinta y tres fueron rescatados y convertidos en prisioneros de guerra, entre ellos, Hans Jenisch, que pasaría los siguientes seis años y medio cautivo en Inglaterra, hasta 1947. Las explosiones a bordo del *U 32* preparadas por su propia tripulación hicieron efecto y la nave alemana se fue al fondo del océano.

Cara y cruz

El Atlántico era un gran campo de batalla en el que las posiciones de las fuerzas contrarias intentaban ser adivinadas por cada uno de los bandos. Los alemanes, tanto en los submarinos como en los centros de mando e inteligencia de Europa, trataban de localizar los convoyes y dibujar cuáles serían sus rutas para así darles caza. En el otro lado, la inteligencia británica luchaba por colocar sobre el mapa las marcas exactas en las que se movían los submarinos alemanes y así evitar los encuentros que, hasta aquel momento, solían ser fatales para los barcos de superficie. Como ya hemos comentando, las conclusiones a las que llegaron los aliados tras el estudio de la situación y los combates ocurridos, llevó a una mejor preparación de los convoyes para la defensa antisubmarina, con nuevas formas de navegación y una mejor coordinación entre los escoltas y de estos con la fuera aérea de apoyo, que sería determinante. Se desarrollaron los sistemas de detección de submarinos de tal forma que su efectividad creció, haciendo menos invisibles a las naves de la U-Bootwaffe. Una vez finalizado el buen tiempo meteorológico y con el invierno encauzado, la posibilidad de una invasión por mar de Gran Bretaña por parte de Alemania descendía notablemente y por lo tanto más buques de guerra podían ser enviados a misiones de protección en el Atlántico, ahora que ya no eran necesarios para defender al país de una potencial invasión. Todo esto no fue algo inmediato, sino que llevó su tiempo, como por otra parte era de esperar. Los nuevos diseños de los científicos necesitaban tiempo para ser implementados y los recursos siempre eran limitados, primando en muchos casos otros ámbitos de la maquinaria bélica y dejando en un segundo plano, por ejemplo, al Coastal Command del RAF, que debía ofrecer protección aérea a los convoyes frente a la amenaza submarina.

Diferentes organismos de la inteligencia británica trabajaban para esclarecer las posiciones del enemigo en el mapa Atlántico y para ello usaban todas las fuentes de información a su alcance. La Submarine Tracking Room se nutría de los informes de visualización de submarinos de los aviones del Coastal Command, de las señales SSS enviadas desde el océanos por los barcos, los informes de los servicios de escucha que captaban señales de radio emitidas por los submarinos alemanes, declaraciones de viajeros civiles que decían haber visto algo en el océano, personas que habían sido testigos desde la costa... todo servía. Las señales de los submarinos no podían ser aún desencriptadas a finales de 1940 por el Government Code and Cipher School de Bletchley Park, pero en cualquier caso, el análisis de las señales y sus patrones ofrecía información de cierto valor. Por ejemplo, todos los submarinos emitían una señal al llegar a los 10º Oeste una vez que partían desde sus bases en Francia. Así hacían saber a su centro de mando que habían salido del Golfo de Vizcaya y que comenzaba su patrulla, y también en algunos casos y sin pretenderlo, lo hacían saber a los británicos.

Alemania, mientras tanto, agasajaba a sus submarinistas en tierra con toda clase de lujos ,tratándolos como una élite. Llegaban a puerto con las guirnaldas ondeando en la vela de la nave, indicando así el resultado de su viaje, mientras los oficiales saludaban desde el puente y la tripulación se apretujaba en el resto de la cubierta, sonriendo entre las poblabas barbas ya que la vida de limitaciones a bordo del submarino conlleva habitualmente no gastar ni siquiera el agua que se necesitaba para afeitarse. Una vez que ponían pie en tierra, eran conducidos a cómodas instalaciones, les entregaban el correo personal que les llevaba esperando allí semanas con noticias de sus familias, se aseaban y comenzaba un periodo de jugosa comida fresca, tan diferente de las monótonas conservas con las que se las apañaba el cocinero en las patrullas, cerveza, champán... Algunos oficiales tenían la suerte de viajar a París, donde las fiestas y los cabarets les ayudaban a olvidar las continuas jornadas de navegación, combate y tensión dentro del cascarón del submarino en medio del océano. El puerto de Lorient era un centro de encuentro de submarinistas y allí los ases como Prien, Kretschmer o Schepke, contaban sus acciones a una legión de jóvenes comandantes y oficiales que les tenían una considerable admiración y que en su siguiente salida al mar irían convencidos de poder emularlos. La vida sonreía a los hombres de la U-Bootwaffe durante unos días, aunque muchos pensaban que ni siquiera eso compensaba las duras jornadas que afrontaban durante las salidas al mar y no resarcía los críticos momentos en los que la vida dependía casi de la suerte y del acierto de las cargas de profundidad. El miedo a morir en el fondo del océano encerrado en un ataúd de acero rascaba la moral de aquellos jóvenes. Frente a las aventuras gloriosas que contaban los ases alrededor de las copas, historias como las del *U 31* también eran comentadas.

Johannes Habekost era el comandante del *U 31*, curiosamente con 31 años recién cumplidos y más de cincuenta y dos mil toneladas hundidas, cuando en marzo de 1940 dirigía a sus hombres en el Mar del Norte en la realización de unas pruebas, en las aguas poco profundas de la Bahía de Jade. No estaban en una patrulla atlántica, y mucho menos estaban en medio de un combate, sino que se encontraban junto a su costa y haciendo labores de mantenimiento cuando un avión de la RAF apareció en el aire y lo divisó. El tiempo que tarda un submarino en sumergirse era una eternidad para su tripulación y el riesgo era altísimo si era un avión el enemigo, como ya hemos comentado, y por ello solía haber cuatro hombres en la torreta oteando el horizonte con sus prismáticos de manera continua durante el tiempo que la nave estaba en superficie, pero quizás estar junto a su costa hizo que no detectaran el avión con la suficiente antelación y los hombres no estaban listos mentalmente para responder a la señal de alarma con la celeridad requerida. En cualquier caso, el Bristol Blenheim británico divisó al *U 31* y lanzó cuatro bombas antisubmarinas desde el aire, que fueron suficiente para que los cincuenta y ocho tripulantes, más una decena de trabajadores de los astilleros que estaban a bordo participando en las pruebas, perdieran la vida al hundirse la nave entre una gran mancha de aceite. Ni uno sólo de los hombres a bordo del *U 31* sobrevivió. El *U 31* se convirtió así en el primer submarino alemán hundido por un avión enemigo en la Segunda Guerra Mundial y una prueba clara de los riesgos que asumían los submarinistas.

El hundimiento ocurrió el 11 de marzo de 1940, pero debido a que estaba junto a las costas alemanas y a poca profundidad, el *U 31* volvía a ver la luz del cielo pocos días después, al ser reflotado el 24 de marzo. Fue conducido a puerto y reparado, volviendo a estar activo el 30 de julio bajo el mando de Wilfried Prellberg. A partir de aquel momento la fatalidad rondó a la nave, ya que a finales de septiembre un submarino enemigo lanzó dos torpedos contra la nave alemana de los que escapó por muy poco y de manera casi milagrosa. Pocos días después el *Trident*, otro submarino británico, atacó al *U 31* con varios torpedos y este se vio obligado a emerger, donde ambos submarinos intercambiaron fuego de artillería sin consecuencias. No sería el último encuentro con submarinos enemigos de aquella patrulla, ya que el 20 de octubre de nuevo escapó con suerte de los torpedos aliados. En una nota casi de humor, Prellberg escribió en la bitácora del *U 31*: «La tarea principal de esta patrulla era servir de objetivo para los submarinos británicos».

Parece que esos encuentros con el enemigo de los que el *U 31* salió airoso agotaron su suerte, ya que el 2 de noviembre se topaba en el noroeste de Irlanda con el destructor *Antelope*, que hizo buen uso de las cargas de profundidad y hundió de nuevo al *U 31*, esta vez ya de manera irremediable. Afortunadamente para la tripulación alemana en esta ocasión no fallecieron todos ni muchos menos, sino que tuvieron mejor suerte y la mayoría de ella sobrevivió al ataque, aunque dos hombres perdieron la vida.

Sin llegar al mito de los submarinos alemanes ni a la importancia de estos en la estrategia de su país en la guerra, los submarinos británicos también tuvieron sus combates y aportaron su granito de arena.

Incluso hubo varios encuentros entre submarinos de uno y otro bando, como ya hemos visto. El 17 de septiembre de 1939, el *U 36* había detenido un mercante danés, neutral, y estaba interrogando al comandante del barco, como mandaban las normas. El submarino, en superficie y totalmente quieto era en ese momento un blanco sencillo para el *Seahorse*, un submarino británico que estaba en la zona. La suerte estuvo del lado de los alemanes y no fue alcanzado, aunque un torpedo británico pasó justo por debajo del *U 36*. En la guerra no hay muchas ocasiones en las que ocurra algo inesperadamente bueno y casi nunca ocurre dos veces al mismo, por lo que unas semanas después, el 4 de diciembre, en el Mar del Norte, el encuentro con otro submarino británico, el *Salmon*, no acabaría tan bien para los hombres del *U 36*. En torno a las 13:30 el *Salmon* detectó la nave germana y tras maniobrar y preparar el ataque, minutos antes de las 14:00 le lanzó una salva de seis torpedos desde una distancia de cuatro kilómetros y medio. El ataque fue letal para los alemanes, ya que la nave se perdió en el fondo en un momento, sin supervivientes y dejando en la superficie únicamente algunos restos flotando en medio de una mancha de combustible.

El 4 de mayo de 1940 el *Seal*, un submarino británico de ochenta y nueve metros de eslora y con cincuenta y nueve hombres a bordo, completó una operación de minado y unas horas más tarde, precisamente una mina se cruzó en su camino a unos treinta metros de profundidad y le causó daños que hicieron complicado seguir navegando. En las primeras horas del día siguiente la tripulación logró llevarlo a la superficie, donde fue localizado por un hidroavión alemán que comenzó un ataque con cargas de profundidad. Cuando se unió otro hidroavión al ataque, el *Seal* ya tenía únicamente dos salidas, el hundimiento o la rendición. A media tarde, con el submarino británico ya entregado, un buque alemán llego al lugar y el *Seal* fue llevado ya en manos alemanas hasta Dinamarca. Como era de esperar, los británicos habían destruido los documentos secretos antes de rendir su nave. El *Seal* fue reparado y convertido en submarino al servicio del Reich, y aunque su contribución en la guerra no fue destacada, sí permitió a los técnicos de la Kriegsmarine acceso directo a algunas tecnologías de los aliados. Ciertas mejoras en los torpedos alemanes se consiguieron gracias al estudio de los que llevaba el *Seal* a bordo. Fue el único submarino capturado por los alemanes en el mar.

El 23 de noviembre de 1940 tuvo lugar una de las hazañas más impresionantes de la campaña del Atlántico contra los convoyes aliados, a manos del *U 100* de Joachim Schepke. El comandante alemán había recibido dos meses antes la Cruz de Caballero y su prestigio y su fama como submarinista aumentaban cada día. A las 00:20, en medio de la oscuridad, el submarino alemán hundió al noroeste de Irlanda el mercante británico *Justitia*, que formaba parte del convoy SC-11. Abrió aquel hundimiento la caja de Pandora y tras él sufrieron los ataques del *U 100* el *Bradfyne*, el *Ootmarsum*, el *Bruse*, el *Salonica*, el *Leise Mærsk* y el *Bussum*, todos parte del mismo convoy. Seis hundimientos y un barco, el *Bruse*, que acabó muy dañado, fue el resultado final de una frenética acción de combate que duró unas tres horas.

El 1 de diciembre la Cruz de Caballero de Schepke era decorada con las Hojas de Roble y el comandante alemán, aprovechando su reconocimiento, llegó a publicar un libro titulado *Submarinistas en la actualidad, narrado por un comandante de submarino*. El texto, como era de esperar, era un alegato a favor de Alemania y de su guerra submarina, sin bien es complicado saber cuánto había de propaganda impuesta al propio autor en la redacción. Por otra parte, Schepke era un partidario convencido del nazismo, hecho que no se puede decir de todos los comandantes de submarino. Un ejemplo de ese pensamiento lo encontramos cuando explica el término Moisés, que era una forma que había en la Marina alemana de referirse a los novatos. Schepke lo explica diciendo que «en contra de lo que tú, concienzudo ario, puedas pensar, Moisés no significa que tengamos a un judío a bordo. No, mi querido amigo. En primer lugar tu no encontrarás a ningún judío en todo el océano y, segundo, los marineros difícilmente compartirían su espacio con esa aberración de la naturaleza».

Prien

Günther Prien, el Toro de Scapa Flow, dejó la base de Lorient el 20 de febrero de 1941, esperando seguir con su magnífica hoja de servicios, que ya tenía el nombre de más de treinta naves enemigas censadas como víctimas, sobrepasando las doscientas mil toneladas hundidas. No hay que olvidar que no sólo estos impresionantes números eran todo un orgullo para la tripulación del *U 47*, sino que además era el submarino que había entrado en Scapa Flow y uno de los más activos en la caza de convoyes en los últimos meses de 1940. Tal es así que el 20 de octubre del año anterior Prien había añadido las Hojas de Roble a su Cruz de Caballero en reconocimiento a su trabajo. Aunque era el comandante el que recibía la condecoración como cabeza principal del buque, parte de ese reconocimiento era también para la tripulación, que eran los hombres que llevaban a cabo lo que determinaba en cada momento la cabeza del comandante.

El 26 de febrero Prien volvió a divisar un convoy en el Atlántico, el OB-293, comenzando un ataque que acabaría con cuatro naves del mismo en el fondo y sumando más de veinte mil toneladas en el haber del submarino alemán. Unos días después, en el atardecer del día 6 de marzo, el *U 47* informó por radio de que había detectado un convoy en el Atlántico norte, y el mando de submarinos en tierra ordenó a las naves de Kretschmer, Matz y Eckermann que se dirigieran al lugar para interceptarlo y hacer un ataque conjunto. Los fallos que se habían puesto de manifiesto en los meses anteriores en la defensa de los convoyes comenzaban a solucionarse y la escolta del convoy, formada por dos destructores y dos corbetas, estaba preparada para trabajar en grupo y de forma coordinada. A pesar de ello algunas bajas fueron causadas por los alemanes entre los barcos, pero en esta ocasión no fue tan sencillo salir sin consecuencias del ataque. La nave de Eckermann fue dañada por las cargas de profundidad que le lanzaron y se vio obligada a abandonar la patrulla y volver a puerto. El *U 70* de Matz había torpedeado el *Delilian,* y cuando otra de las naves del convoy OB-293 se acercaba a socorrer a la tripulación, también fue torpedeada. Esta segunda nave, el *Mijdrecht,* vio el periscopio del *U 70* y comunicó su posición a los buques de escolta, lo que obligó a Eckermann a ordenar la inmersión de urgencia tan pronto como vio que se acercaban las corbetas en su búsqueda. Comenzó entonces el habitual proceso de lanzamiento de cargas de profundidad, silencio, nervios y paciencia, que esta vez acabó con la nave alemana dañada y hundida después de varias tandas de cargas de profundidad, aunque la tripulación se salvó y fueron hechos prisioneros. También Kretschmer y su *U 99* tuvieron que aguantar pacientemente un contraataque de nueve horas contra ellos y una lluvia de cargas, aunque finalmente se las arreglaron para salir de aquella sin problemas.

Prien, por su parte, tras enlazar con el convoy en el atardecer del día anterior, se acercó al mismo aprovechando al lluvia que caía en la zona hasta que fue detectado por el radar de uno de los destructores que tras ello lanzó una bengala para iluminar la zona, lo que obligó al *U 47* a sumergirse. Los escoltas, además del ASDIC, estaban dotados con un radar 286-M, lo que mejoraba sus capacidad de detección de submarinos. Prien permaneció oculto bajo el agua durante más de cinco horas mientras el ASDIC ayudaba a sus perseguidores a no perderlo y por alguna razón acabó emergiendo, encontrándose en la superficie con el destructor *Wolverine* a su lado. Prien ordenó de nuevo inmersión al momento pero su cazador, ayudado por otro buque de la escolta, lanzaron un duro ataque con cargas de profundidad allí donde se había sumergido la nave alemana. Poco después una mancha de aceite apareció en la superficie del océano mientras el operador del hidrófono del *Wolverine* comunicaba a su mando que había escuchado una serie de repiqueteos claros y altos, como de una vajilla rompiéndose. El *U 47* asomó por un momento en la superficie para volverse a hundir inmediatamente, como si estuviera fuera de control. El destructor se colocó en posición y lanzó un último grupo de cargas de profundidad y el *U 47*, el submarino con el toro bufando pintado en la torreta, se perdió para siempre, llevándose la vida del mítico Günther Prien y el resto de su tripulación.

En realidad pocas veces se sabe con exactitud qué ocurrió ni cómo se hundió un submarino cuando toda su tripulación desaparece en el propio hundimiento. No se puede conocer cómo fueron los últimos minutos, qué reacciones tuvieron lugar, dónde estuvieron los daños y fallos en la nave, si acabó en el fondo por una explosión o posado mansamente, sin capacidad para moverse y siendo una terrible condena a muerte para decenas de hombres. Todo esto queda oculto y encerrado en el océano ya que nadie había sido testigo de lo que había sucedido allí abajo y había sobrevivido para contarlo, y por supuesto no había comunicaciones con el exterior. En esta situación se encuentra el caso *U 47*. Sabemos que fue atacado por el *Wolverine* y por el Verity, pero se desconoce el motivo exacto por el que se hundió y, aunque no tenga mucha importancia, cuál de estos dos barcos lanzó las cargas de profundidad que significaron su final. Hay explicaciones del hundimiento que abogan por un fallo en la nave, que aseguran que pudo ser víctima de un torpedo propio que navegara erráticamente... quién sabe. Lo que sí parece cierto es que la coordinación y la preparación de la defensa de los convoyes había mejorado tras las experiencias desastrosas del verano y el otoño de 1940. En el caso del convoy OB-293, un submarino hundido y otro dañado habían sido el precio pagado por Alemania por el hundimiento de poco más de treinta mil toneladas. El combate comenzaba a equilibrarse tras meses claramente inclinado a favor de la U-Bootwaffe. No tardaría mucho en comenzar a mostrar la balanza una clara ventaja para los aliados, mejor organizados, con más recursos y con una mejora constante de los sistemas de detección y ataque antisubmarinos, tanto en las naves en superficie como en la aviación.

Schepke y Kretschmer

Prien y sus hombres fueron dados por desaparecidos por Alemania al no volver a conectar a su base. Poco antes de aquella última patrulla Dönitz le había ofrecido un puesto a Prien lejos de la primera línea de combate, en una unidad de formación, para que compartiera sus conocimientos y experiencias con los nuevos submarinistas, pero la oferta fue rechazada. Había salido para aquella patrulla el 20 de febrero y el día 1 de marzo era ascendido de rango oficialmente a capitán de corbeta, hecho del que se enteró en el océano y el 7 de marzo de 1941 fallecía a los treinta y dos años a unos trescientos kilómetros del sur de Islandia.

El 9 de marzo, dos días después de la pérdida de Prien, Joachim Schepke sacaba al océano desde la base en Kiel su *U 100* para llevar a cabo su sexta patrulla con dicha nave. La pantera negra agazapada, vigilante y dispuesta para el ataque, que se podía ver en el emblema pintado en la torreta, era un presagio de su actitud en la caza de enemigos. También abandonaba la misma base el *U 110* de Lemp para seguir la ruta hacia el norte, subiendo por las costas noruegas para evitar la barrera de minas de Dover y sobrepasando por el norte Escocia para arrumbar finalmente al oeste y comenzar su trabajo en el Atlántico Norte. El día 14 de marzo divisó al sur de Islandia el humo de un convoy, el HX-112, que provenía de Halifax y estaba formado por un nutrido grupo de cincuenta barcos. No menos nutrida era la escolta que le habían asignado, dirigida por el capitán Donald Macintyre, condecorado durante la guerra precisamente por su trabajo en la protección de los convoyes.

Lemp esperó pacientemente su momento, persiguiendo el convoy en superficie, y el día 15, cuando llegó la oscuridad se sumergió y buscó la mejor posición para atacar. En mitad de la noche la explosión de un petrolero, torpedeado por el *U 110*, sobresaltó a todos y dio lugar a la frenética actividad habitual en los ataques y a los nervios lógicos de los marineros, preguntándose si serían los próximos, si había un submarino o más, dónde estaban... Los destructores comenzaron su trabajo, buscando a aquel que había golpeado al convoy y había roto la tranquilidad del ataque. Lemp escapó en inmersión, sin daños, pero perdió contacto con el HX-112. En cualquier caso ya no estaba solo en el asedio al grupo aliado, el *U 99* de Kretschmer se había unido a la acción, entre otros, tras haber recibido el aviso enviado por

Lemp horas antes. Kretschmer ya era una leyenda y en las reuniones de submarinistas en tierra, cuando narraban sus hazañas y compartían experiencias, se hablaba del as alemán como un hombre letal en los ataques nocturnos en superficie. Sobre él se llegó a acuñar la frase: «un torpedo... un barco», indicando así su efectividad. Su encuentro con el HX-112 es una muestra de su capacidad.

El mismo día 16 de marzo el *U 99* se metió entre el convoy y tras prepararse para el ataque lanzó un mazazo tras otro al mismo, hundiendo 5 barcos y dejando otro dañado tras su paso. Las escenas de los meses anteriores, de aquellos primeros Tiempos Felices, volvían a darse en torno al *U 99*, que se movía con libertad entre los barcos del convoy sin que la escolta se dispusiera a perseguirlo como todos en el submarino temían. En realidad la escolta estaba ocupada persiguiendo a otro de los míticos ases de la U-Bootwaffe, que también se había unido al ataque contra el HX-112. Schepke y su *U 100* trataban de escapar del capitán Macintyre y sus destructores. Según las propias palabras de este, se devanaba los sesos intentando encontrar la forma de detener aquel holocausto que Kretschmer estaba causando entre sus barcos. Su opción en aquel momento era detectar la estela blanca del submarino sobre el agua, el periscopio, aunque pequeño, trazaba líneas en la superficie del océano, y acercarse a él para obligarlo a sumergirse. Una vez bajo el agua, el ASDIC podría hacer su trabajo y permitir a los destructores lanzar las cargas de profundidad en el punto del océano en el que estaba el submarino. Hasta que eso ocurriera, el enemigo era invisible y las explosiones en los barcos el convoy eran desesperantes.

Schepke también había sido enviado contra el convoy tras el aviso de Lemp y había hecho contacto con él en el atardecer del día 15. Desde el *Walker* detectaron la pequeña estela blanca sobre el agua, allí donde ningún otro barco del HX-112 había pasado y Macintyre supo entonces que había encontrado a uno de ellos, a uno de los submarinos alemanes. Ordenó con voces nerviosas aumentar la velocidad hasta los treinta nudos y dirigirse hacia su objetivo, que al verse detectado se sumergió, y recibió la primera salva de cargas de profundidad, aunque afortunadamente para Schepke estas explotaron a demasiada profundidad. El informe inicial de Lemp había errado en el número de buques de escolta y tanto Schepke como Kretschmer llegaron quizás demasiado confiados y sin tomar todas las precauciones que debían para no ser detectados. Otro destructor, el *Vanoc*, se unió al combate contra el *U 100*, turnándose uno y otro en lanzamiento de las cargas sobre la zona donde tenían localizado al submarino. Los instrumentos del *U 100* comenzaron a sufrir los continuos golpes de las explosiones, así como la propia estructura del submarino, que comenzó a fallar y a complicar el manejo y la navegación a más de doscientos metros de profundidad, un nivel al que pocos, o incluso ningún submarino, había llegado.

El radar del *Vanoc* era un modelo nuevo y mejorado y determinaba con precisión suficiente la posición de la presa, lo que no daba respiro a Schepke, que a la postre no tuvo otra opción que ordenar a sus hombres emerger, por el estado en que había quedado el *U 100* después de que las cargas de profundidad lo estrujaran, sacudieran y golpearan. Quizás le quedara una oportunidad de escapar en la superficie, aprovechando la oscuridad. Pero al emerger la nave alemana se vio rodeada de enemigos y sin capacidad para defenderse ya, por lo que se dispuso a entregarse, pero un malentendido en una orden hizo que la maniobra no fuera la adecuada y el choque entre el submarino recién emergido y sus perseguidores parecía inevitable. Los submarinistas se soltaron los cinturones de seguridad que los atenían asidos, cogieron a la carrera sus chalecos salvavidas y subieron las escaleras escapando de la barriga del *U 100* hacia la superficie. Viendo el afilado frente del *Vanoc* viniendo hacia ellos, algunos hombres saltaron directamente al agua y nadaron desesperadamente para apartarse de su camino mientras Schepke gritaba que no tuvieran miedo, que pasaría junto a ellos sobrepasándolos por la popa. Se equivocaba. El destructor impactó contra el *U 100* enviando al agua a los hombres que había en la cubierta, una suerte que no tuve Schepke. Quedó atrapado entre los hierros de la cubierta y el golpe le cortó ambas piernas, cayendo finalmente al agua, con su gorra blanca aún en la cabeza, donde chapoteó un momento antes de hundirse. Como había hecho hasta aquel momento de la guerra, el *U 100*, su submarino, le siguió fielmente allá adonde iba. Ese 17 de marzo el destino de ambos fue el fondo del océano.

Macintyre ordenó que rescataran a los supervivientes y los aliados comprobaron para su asombro que su moral seguía alta y confiaban en la victoria alemana, más allá de las penurias que habían pasado o el estrés de sentirse asediados bajo el agua por las cargas de profundidad. Para aquellos hombres había acabado la guerra, una guerra que estaban convencidos de que iban a ganar. Fueron interrogados por los británicos para conocer mejor cómo se organizaba la U-Bootwaffe, cómo era su forma de combatir, sus recursos, su tecnología... Pero todo eso sería más tarde, ya que aquella noche del 17 de marzo de 1941 no había acabado y aún quedaban enemigos que combatir.

En la superficie, el *Vanoc* recogía a los supervivientes del *U 100* de Schepke, que subían escalando por las redes que el buque había tendido hasta el agua. El *Walker*, mientras tanto, daba vueltas en torno a ellos para ofrecer cobertura frente a otro posible ataque submarino, que se hizo más real cuando el ASDIC detectó al *U 99*, lo que provocó una nueva serie de cargas de profundidad para que explotaran entre los treinta y los cuarenta y cinco metros de profundidad, por encima del nivel al que se encontraba la nave de Kretschmer, pero que fueron suficiente para provocar fallos en los motores eléctricos y obligar al submarino a vaciar los tanques de agua para emerger e intentar escapar en la superficie con los motores diesel, ya que a juicio del comandante quedarse allí abajo y sin capacidad de movimiento les supondría la muerte. A unos trescientos metros a la popa del *Vanoc* el *U 99* bufó al salir al aire de la noche desde el océano y quedó a merced de sus enemigos. Mientras uno de ellos lo iluminaba con sus potentes luces de búsqueda, el *Walker* abría fuego. Kretschmer ordenó abandonar la nave y mandó a su operador de radio enviar un mensaje comunicando el hecho de su captura, aunque los sistemas de comunicaciones del submarino estaban en un estado tal que la señal no llegó a ninguna estación alemana. Kretschmer envió entonces otro mensaje, esta vez con la lámpara de señales y dirigida al *Walker*, el destructor que lo estaba atacando en ese momento: «De capitán a capitán. Por favor, salve a mis hombres, nos hundimos». Kretschmer, que había vivido varios meses en Inglaterra cuando tenía diecisiete años, lo hizo en un inglés perfectamente entendible.

La respuesta de Macintyre desde el *Walker*, en el fragor de la batalla y después de perder varios de los barcos que tenía que proteger fue poco amable, como era de esperar: «Dejad que esos cabrones se hundan». Las aguas heladas del Atlántico Norte esperaban a los alemanes para congelarlos y hacerlos morir lentamente, pero Macintyre cambió rápidamente de opinión, una vez pasada esa primera reacción visceral, y ordenó que lanzaran por la borda las redes y que se acercaran al submarino para que los hombres pudieran trepar por ellas hasta la cubierta del destructor. La decisión no era fácil, más allá de la predisposición a ayudar o no al enemigo, ya que aquella maniobra del *Walker* lo convertía en una presa fácil para cualquier otro submarino que hubiera en la zona. Kretschmer fue el último en subir al barco enemigo, tras tirarse al agua y nadar brevemente para ver que ninguno de sus hombres quedaba perdido en el agua. Cuando llegó a las redes para escalar a la cubierta del *Walker*, el comandante alemán estaba tan helado que a duras penas podía agarrarse a las cuerdas y un marinero británico bajó para ayudarle a subir. Fue el último hombre del *U 99* en ser rescatado. Tres de sus hombres habían muerto.

A la mañana siguiente los alemanes fueron obligados a formar en la cubierta del *Walker* y este se paseó ante el resto de barcos del convoy desde donde los marineros celebraban ante sus caras la victoria y les lanzaban gritos, era el momento de permitirse una venganza, aunque fuera verbal. El mismo ritual se repitió en tierra, donde la tripulación se vio obligada a desfilar por algunas calles de Liverpool mientras recibían los gritos e insultos de la población, dejando patente el miedo y la rabia que había en Inglaterra contra los submarinos alemanes, especialmente en lugares como Liverpool, origen y fin de los convoyes. Si bien los submarinos no eran determinantes en la guerra, ni aniquilaban, ni mucho menos, todos los barcos que cruzaban el

Atlántico, transmitían un sentimiento de peligro e invulnerabilidad que desesperaba a las tripulaciones aliadas, debido en gran parte a que aparecían de la nada, atacaban casi sin ser vistos y desaparecían de nuevo. Macintyre y el resto de la escolta llegó a Liverpool sabiendo que el golpe que habían dado aquel 17 de marzo a su enemigo no era trivial, y marcaba un cambio en el camino de la guerra submarina en el Atlántico Norte, que comenzaba un periodo de mayor igualdad en el combate. Los sistemas de detección de los submarinos, especialmente el radar, que comenzaban a usar los aliados de manera general, suponían un grave problema para lo submarinos. Sólo los combates en las costas de Estados Unidos, un poco más adelante, devolverían temporalmente a los submarinos aquellas sensaciones de superioridad de meses atrás.

La ofensiva de la U-Bootwaffe de Dönitz contra los convoyes le había costado en diez días tres de sus mejores hombres, tres de los ases del arma submarina alemana: Prien, Schepke y Kretschmer. En toda la campaña de Noruega de finales de 1940, se habían perdido diez submarinos y frente a eso, en tan sólo diecisiete días de 1941, el enemigo había hundido cinco. En tan sólo año y medio de guerra Kretschmer había conseguido hundir casi doscientas setenta y cinco mil toneladas, colocándose en el comandante alemán de submarino que más toneladas apuntó en su haber. Prien fue el noveno hombre con más hundimientos y Schepke el undécimo. Ahora ninguno de ellos podía ya contribuir a la Batalla del Atlántico.

El *U 110*

Las máquinas Enigma que usaba el ejército alemán en general y la U-Bootwaffe en particular, permitían las comunicaciones cifradas, en teoría totalmente indescifrables para sus enemigos. La carrera por romper la máquina Enigma tuvo una relevancia mayúscula en la guerra y en muchas de las operaciones que se llevaron a cabo en todos los escenarios fue crítica. Para los trabajos que desarrollaron principalmente los británicos, aunque no hay que olvidar las aportaciones polacas, algunos hechos ocurridos en la guerra submarinos fueron clave. Desde que se comenzaron a usar los puertos franceses como bases para los submarinos germanos, los Focke 200 Condor de la Luftwaffe, aviones de largo alcance, rastreaban las Western Approaches en busca de objetivos para la U-Bootwaffe, que desde su centro de mando comunicaba las posiciones a las naves en patrulla usando un sistema de posicionamiento propio basado en cuadrantes. Las transmisiones de radio en uno y otro sentido se hacían por supuesto usando máquinas Enigma tanto en el emisor como en el receptor del mensaje, un tráfico considerable de información que al estar tan cerca de los centros británicos era interceptada. Hay que decir, en cualquier caso, que esa colaboración entre la Luftwaffe y la U-Bootwaffe nunca fue suficiente a los ojos de estos últimos, pero fue suficiente para conseguir algún éxito alemán y también fue suficiente para ayudar a los aliados en la lucha contra Enigma.

Inventada en 1925, estas máquinas se basaban en un sistema de conexiones y rotores cuya configuración cambiaba totalmente el resultado de cada codificación. El número de posibles configuraciones era tan elevado que un ataque por fuerza bruta, es decir, probando todas las posibilidades, era desproporcionado e inútil. Con un aspecto que en cierta medida recuerda a una máquina de escribir, cuando el operador pulsaba una tecla, el sistema de conexiones y rotores calculaba, por decirlo de algún modo, la letra equivalente en base a la configuración de la máquina en ese momento. Además, cada pulsación de una tecla, cada codificación, cambiaba la situación de la máquina, de tal modo que dos letras iguales consecutivas, dos «a», por ejemplo, darían lugar a letras diferentes cada una de ellas. Cuando comenzaba una transmisión, el operador configuraba la máquina en base a sus cuadernos de códigos y comenzaba a teclear, y esa configuración inicial determinaba todo el resultado. Cada letra que pulsaba en el teclado, generaba la iluminación de una letra en el tablero de la máquina, y esta letra del tablero era la que se escribía para ir componiendo el mensaje ya cifrado. Una vez tecleado todo el mensaje, el operador u operadores habían conseguido la secuencia de letras sin sentido para cualquiera que interceptara el mensaje, pero que para el receptor era perfectamente válida si era decodificada. Dicho receptor, con el mensaje cifrado en su poder, configuraba la máquina de la forma adecuada, en base de nuevo al mismo libro de códigos que había usado el emisor, y comenzaba a pulsar las letras de ese texto sin sentido, que letra a letra se convertía en el mensaje original que había sido cifrado. Siempre que los libros de códigos con las configuraciones que habían de usarse permanecieran seguras, el sistema era, en teoría, perfectamente seguro a su vez.

Algunas imprudencias en el uso de las máquinas, como lo inclusión en los mensajes de información predecible que ayudó a conocer cómo romper la codificación, así como el trabajo ímprobo desarrollado en Bletchley Park, donde miles de personas se emplearon en conocer la máquina, en construir tecnología para decodificar los mensajes en un tiempo suficiente para que el resultado tuviera valor operativo, en teclear y leer mensajes para descifrarlos... La Kriegsmarine utilizaba máquinas Enigma más complejas, con mayor número de rodillos y por lo tanto con más número de posibilidades, ya que de la seguridad de las comunicaciones dependían casi directamente la seguridad de los submarinos, así como su eficacia al componer los grupos de ataque y combatir. En la U-Bootwaffe, para identificar a los submarinos, tanto para firmar los mensajes como parea referirse a otros submarinos, se usaba un libro donde se asignaba a cada nave un código de tres letras.

Como ya hemos comentado, aún sin conocer el contenido de los mensajes, que hubiera sido lo ideal, los británicos eran capaces de conocer la posición de los submarinos y sus concentraciones por la captura de las señales. Cualquier información, cualquier detalle que ayudara a desentrañar las máquinas Enigma y las comunicaciones alemanas tenía un valor enorme. El 12 de febrero de 1940 el *U 33* fue hundido por el *Gleaner*, con la suerte de que aunque los submarinos en labores de minado, como estaba el *U 33* en aquel momento, no debían llevar máquinas Enigma a bordo, en aquel caso el *U 33* sí la llevaba. El comandante alemán, Hans von Dresky, temiendo que debido a la poca profundidad de las aguas en las que su nave se iba a huir pudieran los británicos bucear y llegar hasta ella, colocó explosivos antes de abandonar la nave y sacó los rodillos de la máquina, distribuyéndolos entre sus oficiales. El objetivo era lanzarlos al agua en cuanto pudieran, pero no lo llegaron a hacer y los rodillos cayeron en poder británico. Con este pequeño botín, y poniendo en marcha un inteligente juego en el que hacían a los alemanes emitir mensajes cuyo contenidos los británicos intuían o hasta conocían, comenzaron el proceso de ruptura del sistema criptográfico alemán.

Sabiendo que los submarinos alemanes llevaban a bordo una de aquellas máquinas Enigma para enviar sus comunicaciones de forma segura, durante meses la Home Fleet británica, la parte de la Royal Navy que navega en aguas territoriales británicas, intentó capturar una de las máquinas aprovechando la captura de un submarino en el océano. Una vez hundidos no había nada que hacer, pero cabía la posibilidad de hacerse con una máquina y con los libros de códigos que portara el submarino si este era abordado antes de hundirse. Frente a este objetivo los alemanes intentaban hundir sus naves tras abandonarlas para evitar que su tecnología y conocimientos cayeran en manos enemigas, por una parte, y para proteger precisamente la máquinas Enigma y los libros de códigos. Hay varios casos en los que los hombres arrojaron al mar los rodillos de la máquina y los libros de códigos antes de ser capturados. Los libros de códigos estaban impresos con una tinta especial que se diluía en el agua de mar y desaparecía, por lo que quedaban totalmente inutilizados y en blanco, podríamos decir, una vez que se mojaban.

El 7 de mayo de 1941 el *U 94* avistó y comenzó un ataque contra el convoy OB-318, y como ya era habitual, avisó de su posición y trayectoria para que acudieran otros submarinos. Dos días más tarde llegaba a la zona tras navegar cientos de kilómetros en superficie, ocultándose alguna vez de emergencia ante la presencia de aviones, el *U 110* de Fritz-Julius Lemp. Este, de familia militar, había nacido en 1913 en una colonia alemana en China y a aquellas alturas de la guerra ya llevaba en su cuello la Cruz de Caballero y había hundido casi cien mil toneladas enemigas. Lo cierto es que sus grandes logros habían sido conseguidos con su anterior nave, el *U 30*, y las patrullas con el *U 110* no estaban marchando todo lo bien que debieran, teniendo en cuenta también que la guerra había evolucionado y cambiado y que la situación de los submarinos y las capacidades enemigas no eran las mismas. Tampoco la tripulación que acompañó a Lemp en el *U 30* estaba ahora con él, salvo algunos de los oficiales. A pesar de ello el nuevo submarino mantenía el mismo emblema en su torreta que ya había lucido el *U 30*, un cachorro de terrier, en homenaje al perro de Lemp.

Tras conversar con el *U 201* de Adalbert Schnee, el *U 110* y este acordaron cómo hacer el ataque. En torno al medio día del 9 de mayo, el *U 110* atacó y hundió dos mercantes del convoy, lo que provocó que la escolta del mismo comenzara su labor de rastreo y combate contra el submarino y que este tuviera que hacer una inmersión de emergencia para ocultarse e intentar escapar. El hidrófono de la fragata *Aubretia* había detectado los torpedos y tras variar su posición avistaría el periscopio del *U 110*, comenzando el ataque con cargas de profundidad. Configuradas para que explotaran entre los treinta y los ochenta metros de profundidad, las explosiones fueron efectivas y los daños en el interior del *U 110* fueron severos. Dos buques más, el *Bulldog* y el *Broadway* se unieron al *Aubretia*, que tras localizar de nuevo su objetivo repitió el ataque, esta vez con las cargas preparadas para explotar a mayor profundidad. Este segundo golpe fue aún más certero que el primero y el *U 110* quedó ingobernable, con problemas en el timón, en los hidrófonos, en los motores... Por si esto fuera poco, debido a las fugas de agua que habían entrado en contacto con las baterías, se había comenzado a producir gas venenoso y la alarma por gas a bordo de un submarino sólo tenía una vía de escape, la superficie, de otra forma no podía limpiarse el aire y la muerte era segura. La nave acababa de comenzar su ascensión cuando el pánico comenzó ya a reinar entre la tripulación, a pesar de los esfuerzos de los experimentados oficiales por contrarrestarlo, conscientes como todos de que acabarían envenenados de seguir encerrados y respirando aquel aire.

Los sistemas que debían actuar sobre los tanques de lastre, que necesitaban ser vaciados de agua para que la nave subiera, no funcionaban y los nervios y los gritos recorrían el submarino de proa a popa. Entonces la salvación, por una vez, llegó en forma de carga de profundidad. La explosión de una de ellas sacudió el submarino una vez más y desbloqueo el sistema de soplado de los tanques, que comenzaron a vaciarse. El *U 110* cambió de trayectoria y comenzó a subir rápidamente. En la superficie, sabiendo que el aire del exterior era la necesidad prioritaria en aquel momento, los hombres abrieron la escotilla de la torreta inmediatamente y entonces Lemp dio por fin la orden de abandono del submarino.

El *Broadway,* al ver emerger al enemigo, se prepararía para usar su artillería contra él acercándose además a toda máquina. Al ver que la tripulación alemana no estaba en disposición de defenderse sino que por contra estaban lanzándose al agua abandonando la nave de manera apresurada, no hay que olvidar que escapaban del gas venenoso por una parte y del posible hundimiento del submarino, por otra, que podría llevarlos en su barriga hasta el fondo, a una muerte segura. Lemp, en la torreta, apremiaba a sus hombres para que se lanzaran al agua. Acabó por abandonar la cubierta del *U 110* también él, y según parece, una vez en el agua preguntó por uno de sus hombres, un teniente en prácticas, que estaba convaleciente de una enfermedad y que posiblemente necesitara ayuda para mantenerse a flote. Este detalle explica por qué Lemp era respetado y apreciado por su tripulación.

La zona se había llenado de combustible complicándolo todo. Lemp, ya en el agua, se dio cuenta de que el submarino no se hundía y trató de volver a bordo para solucionar ese problema, cumpliendo así con el mandato de no dejar nada al alcance del enemigo, que ya había enviado un comando de abordaje para entrar en el *U 110* y capturar los preciados libros de códigos y la máquina Enigma. Aunque los testimonios están condicionados por la rapidez y la tensión del momento, es posible que Lemp llegara a subir a bordo de nuevo, donde hubo varios disparos de los integrantes del comando británico para controlar a los alemanes, alcanzado a varios de ellos, quizás el propio

Lemp, que fue uno de los hombres que no sobrevivió a la captura del *U 110*.

Los ingleses tuvieron éxito en su búsqueda, y el riesgo que corrieron sus soldados entrando en el *U 110*, a pesar de su estado, a la búsqueda de la máquina Enigma tuvo su premio. La nave hacía agua, aunque no había rastro de contaminación en el aire. El registro del submarino duró varias horas y el comando de abordaje volvió a su buque, el *Broadway*, con una máquina Enigma, libros de códigos, mapas, libros de instrucciones alemanes... incluso, casi como trofeo, se llevaron el sextante y la Cruz de Caballero de Lemp. Hay quien considera lo que se encontró en el submarino de Lemp como la captura más valiosa de toda la guerra. El objetivo, una vez conseguido aquel botín, era llevar el submarino a la costa para estudiarlo y repararlo, pero los británicos no dominaban, como es lógico, el gobierno del submarino alemán y seguramente no se fiaban de sus prisioneros lo suficiente como para pedirles ayuda, lo que acabó provocando que debido a su precario estado y a la falta de pericia en su gobierno, tras diecisiete horas de navegación, el *U 110* levantara la proa y comenza-

Máquina Enigma en el interior de un U-Boot.

ra a hundirse irremediablemente a quinientos sesenta kilómetros de Islandia. La pérdida del submarino, una vez ocurrida, tenía una gran ventaja para sus captores, el desconocimiento del hecho por parte de los alemanes. Tanto es así, que lo ocurrido en alta mar con el *U 110* fue mantenido en secreto desde aquel momento y hasta 1959, a pesar de que cuatrocientos marinos británicos habían tomado parte en ello.

Se hizo creer a los prisioneros alemanes tomados del *U 110* que no se había podido obtener nada de valor del submarino, así como a Dönitz y al resto del ejército y el gobierno alemán. Si los germanos sospecharan, aunque fuera mínimamente, que los británicos se habían hecho con una de sus máquinas Enigma y especialmente con sus libros de códigos, habrían cambiado la configuración y los códigos, restando utilidad a la captura. Ese juego de sospechas, en el que los alemanes observaban comportamientos extraños o casualidades poco probables que jugaban en su contra, se dio durante toda la guerra. En sentido contrario también, ya que los alemanes tenían a su vez sus sistemas de inteligencia y escuchas, como ya hemos comentado. En cualquier caso, la importancia de lo ocurrido con las máquinas Enigma y las consecuencias de los trabajos llevados a cabo en Bletchley Park, son uno de los elementos primordiales de toda la Segunda Guerra Mundial. Un trabajo de miles de hombres que tuvo una relevancia crítica en muchos ámbitos del conflicto. Y aquella carrera de un bando contra otro en el ámbito de la criptografía tuvo uno de sus hitos más importantes en la captura del *U 110*, un hecho casi fortuito, por otra parte.

Algunas de las casualidades que se fueron produciendo con el paso de los meses, casualidades que no eran tales y que en realidad se debían al conocimiento que tenía la inteligencia británica de los movimientos alemanes, acabaron causando que la Kriegsmarine decidiera incluir un cuarto rodillo en las máquinas Enigma, así como algunos cambios en el protocolo de señales para aumentar la seguridad. Esta medida supuso un duro revés para los trabajos que se hacían en Bletchley Park, y los aliados tardarían un tiempo en volver a disponer de la capacidad de información anterior. En cualquier caso, los alemanes habían dejado pasar mucho tiempo antes de dar ese paso a pesar de que en ocasiones ocurrían hechos inexplicables aun cuando los británicos eran muy cuidadosos con sus acciones para no levantar sospechas sobre la seguridad de las comunicaciones del Reich. Los convoyes evitaban las concentraciones de submarinos cada vez con mayor frecuencia, algunos submarinos eran cazados de manera extraña... pero los alemanes daban a Enigma por irrompible. Si hubieran sabido lo que había pasado realmente con el *U 110* habrían actuado de un modo más mucho diligente, pero consideraban su sistema criptográfico como irrompible.

Gracias al *U 110* los ingleses tenían en su poder las claves diarias de Enigma de abril y junio, aunque habían perdido las de mayo. Además, los alemanes dividían el Atlántico en cuadrados y cada uno de ellos tenía un identificador único, lo que les permitía situarse en aquel enorme territorio acuático. Ahora, uno de aquellos mapas de cuadrados estaba en poder del enemigo, que podía entender y conocer el sistema de referencias de posiciones que usaban los alemanes, con información, por ejemplo, de los pasos libres de minas en el Golfo de Vizcaya.

Estados Unidos, más que una ayuda

El 25 de marzo de 1941 Dönitz emitió la orden de mover los U-Boote más hacia el oeste, para evitar en la medida de lo posible el trabajo de los escoltas en el tramo final del camino de los convoyes y también para quedar en la medida de lo posible fuera del alcance de los aviones aliados del Coastal Command. También solicitó a Hitler permiso para poder atacar a los barcos de Estados Unidos en aquella zona, que si bien estaban lejos de las costas inglesas, a los ojos de Dönitz estaban prestando claramente un servicio a su enemigo, aunque el Führer, pendiente de otros escenarios de la guerra, negó la posibilidad. Los estadounidenses, por contra, habían desplazado hasta el meridiano 26º oeste la zona de seguridad panamericana, y patrullaban en el Atlántico con el objetivo de detectar los submarinos y comunicar la posición de estos a los convoyes y al almirantazgo británico.

El 10 de abril, al atardecer, el mercante holandés *Saleier*, se encontraba navegando rezagado con respecto al convoy OB-306, del que formaba parte, cuando fue detectado por el *U 52* de Otto Salman. El alemán, nacido en 1908 y con una importante experiencia en la navegación submarina si bien adquirida en el entrenamiento antes de la guerra, se colocó en posición de ataque contra lo que en principio era una presa fácil, solitaria y sin protección en mitad del océano. Disparó dos torpedos que dejaron al mercante en una situación crítica, lo que obligó a su tripulación a abandonar la nave y subir a bordo de los botes salvavidas. Entonces, cerca de las 20:00, Salman volvió a ordenar a sus torpederos fuego y el golpe de gracia hundió el barco. Tras ello el *Niblack*, con bandera estadounidense, hizo acto de aparición en la zona y rescató a la tripulación de la nave hundida. Su sónar detectó el *U 52* y le lanzó tres cargas de profundidad en lo que se considera la primera acción de guerra de Estados Unidos contra Alemania en la Segunda Guerra Mundial.

El mes siguiente el *U 203* tuvo un encontronazo con el *Texas,* también de Estados Unidos, dentro de la zona en la que se suponía que los submarinos alemanes podían disparar contra cualquier buque, fuera cual fuera su bandera. El *U 203* maniobró para atacar aunque al final no hubo tal ataque. Estos hechos llevaron a Dönitz a recordar la orden de Hitler y a advertir a sus hombres que hasta nueva noticia los ataques a barcos de guerra, tanto dentro como fuera de la zona de bloqueo, debían ser llevados a cabo únicamente contra cruceros, buques de guerra y portaaviones una vez que estos sean reconocidos con seguridad como enemigos. Los barcos de guerra navegando de noche sin luces no pueden ser tomados sin más como enemigos, puntualizaban las órdenes. Estas instrucciones de Hitler a Dönitz y de este a todos los comandantes de submarinos, condicionaban las acciones en el océano, pero el gobierno nazi tenía en la mente una visión global del conflicto y la lucha submarina, aunque importante, no era su prioridad.

El 21 de mayo de 1941, poco antes del alba, en la oscuridad de la noche, una lámpara comenzó a parpadear enviado un mensaje en morse. El submarino alemán *U 69* le pedía que se detuviera al *Robin Moor,* un mercante estadounidense que navegaba sin escolta y no armado. El barco se detuvo y Metzler, el comandante del *U 69*, le comunicó a su capitán que iba a hundir su nave por entender que estaba prestando ayuda a un enemigo de Alemania y que la tripulación del *Robin Moor* tenían treinta minutos para abandonar el barco. Cuatro botes sirvieron para alojar a todas las personas del *Robin Moor,* incluidos varios pasajeros, entre ellos tres mujeres y un niño. El submarino se acercó entonces a uno de los botes y le entregó cuatro latas de pan, dos latas de carne, algo de coñac y algunas vendas, se despidió y a continuación se sumergió. A las 10:05 el *U 69* hizo fuego contra el mercante, ya sin nadie a bordo, aunque ese golpe no lo hundió y fue necesario fuego de artillería desde la superficie para someterlo finalmente. Al tercer día a la deriva, uno de los botes se separó del resto rompiendo así el grupo. Los tres botes que seguían unidos fueron rescatados después de trece días, cuatro días después de que fuera rescatado el bote solitario. La respuesta por parte del gobierno estadounidense al ataque del *Robin Moor* subió algo más la tensión de este país con Alemania. Roosevelt llegó a decir que aquello significaba que los Estados Unidos únicamente podían navegar allá donde los nazis lo consintieran y que eso suponía entregar el dominio del mundo al Reich alemán. Añadía al final el presidente de Estados Unidos que ellos no cederían. El Departamento de Estado obligó a Alemania y a Italia a cerrar todos sus consulados en el territorio estadounidenses y únicamente permitió seguir abiertas a las em-

La tripulación del *Robin Moor* después de su rescate.

bajadas. También se pidieron compensaciones económicas por el ataque, aunque sin resultado alguno.

En la conferencia de Argentia, en agosto de 1941, Churchill le presentó un plan al presidente de Estados Unidos, Roosevelt, una propuesta para conseguir el dominio del tráfico atlántico y Roosevelt, a pesar de estar claramente del lado británico, se comprometió únicamente a proteger los convoyes en el tramo de su viaje que discurría entre Canadá e Islandia. Parecía claro que el futuro tenía como destino fijo una declaración de guerra formal entre Estados Unidos y Alemania, pero ninguno de ellos quería dar el primer paso.

El 4 de septiembre de 1941, el *U 652*, comandado por Georg-Werner Fraatz, fue localizado en superficie por un avión Hudson del Coastal Command británico, lo que provocó que tuviera que sumergirse a marchas forzadas. El avión lanzó cuatro cargas de profundidad y envió un aviso al destructor estadounidense *Greer*, que estaba cerca del lugar del avivamiento. El sónar del buque hizo su trabajo y localizó al objetivo, lo que permitió al comandante del *Greer* maniobrar con seguridad y calma y colocarse en una posición óptima para el ataque. De igual modo que los comandantes de submarinos tenían las manos atadas frente a los buques de guerra de Estados Unidos debido a la orden de Hitler, el comandante del *Greer*, Laurence H. Frost, sabía que no podía comenzar un ataque si no había antes una clara provocación. Uno seguía en su posición en la superficie y el otro se mantenía en inmersión, ambos a la espera de algún acontecimientos o de alguna acción por parte del otro. En realidad el tiempo corría en contra del *U 652*, ya que tres destructores y varios aviones británicos habían sido avisados y se dirigían a la zona dispuestos para su caza, y es de suponer que el comandante Fraatz supusiera que estar allí parado no era bueno para él. Así, tras tres horas de paciente e inactiva espera, Fraatz decidió que la mejor salida era atacar antes de que llegaran los refuerzos y su situación fuera más complicada. Lanzó un torpedo contra el *Greer*, aunque erró el disparo. El destructor, una vez abierta la puerta para responder al ataque, lanzó ocho cargas de profundidad, aunque no tuvieron consecuencias, como tampoco las tuvo el segundo torpedo que disparó el *U 652* contra el buque estadounidense.

El incidente no fue a más, pero causó algunas reacciones y enfados, y poco después Estados Unidos anunció que su zona de escolta de convoyes era ampliada hacia el este, hacia Europa, hasta los 26º oeste. Frente a esto, Dönitz y Raeder pidieron a Hitler poder ampliar su rango de acción hasta treinta y siete kilómetros al este de las costas americanas, aunque el Führer, una vez más, concluyó que debían esperar y que no era el momento adecuado para ampliar el rango de acción. A pesar de todo, los caminos de ambas potencias sobre el Atlántico se encontraba de manera irremediable cada cierto tiempo y era obvio que esos dos caminos acabarían confluyendo en uno en el que Alemania y Estados Unidos se convertirían en enemigos oficialmente y totales.

El primer U-Boot cruza Gibraltar

Durante el otoño de 1941 los movimientos y la situación en el norte de África era una de las claves de la guerra, donde el Afrika Korps planeaba una importante ofensiva contra Tobruk. Erwin Rommel, uno de los hombres míticos de la Wehrmacht y en aquel momento uno de los referentes para la propaganda nazi, desde su posición al mando del Afrika Korps avisó al Alto Mando alemán que si los transportes marítimos no mejoraban, la ofensiva estaba condenada al fracaso. Este motivo, entre otros, llevó a Hitler a ordenar en septiembre de 1941 que se protegieran todos los convoyes alemanes en el Mediterráneo con fuerzas aéreas y con fuerzas submarinas, incluso en contra de la opinión de algunos miembros de la Kriegsmarine que pensaban que su papel fundamental estaba fuera del Mediterráneo.

Entre el 21 y el 26 de septiembre cuatro submarinos pasaron el Estrecho de Gibraltar, el punto crítico del viaje y comenzaron a operar en el Mediterráneo. No tardaron en llegar los primeros éxitos. El *U 75* había tomado posición cerca de Tobruk y el 12 de octubre siguió dos lanchas de desembarco que acababan de salir de puerto, comenzando un ataque artillero. El fuego fue devuelto y el *U 75* se vio obligado a sumergirse, pero no dejó a sus presas libres y a las 01:24 del día siguiente volvió al ataque, en mitad de la noche, esta vez usando torpedos. Hizo blanco en una de ellas, aunque no fue suficiente para hundir la nave británica y de nuevo comenzó a disparar con las armas de cubierta, lo que tuvo entretenidos a los alemanes toda la noche para conseguir acabar el trabajo de hundimiento a las 07:00 de la mañana. El submarino *U 97*, por su parte, consiguió en aquellas semana hundir al oeste de Alejandría a dos barcos que formaban parte de un convoy protegido por el *Cocker*. Eran pequeños logros, pero abrían un nuevo marco de operaciones para los submarinos alemanes, que hasta finales de 1941 iría dando cabida a más naves en el Mediterráneo, que siendo un mar relativamente pequeño estaba así controlado por los submarinos, pero en cambio también estos tenían el peligro de que los aviones enemigos tenían más sencillo patrullar sus aguas. Así, fueron varios los casos en los que aviones con base en Gibraltar dañaron seriamente las naves alemanas, alejándolas temporalmente de la acción para ser reparadas.

El 19 de octubre de 1941, el *U 204* comandado por el teniente de navío Walter Kell operaba en la zona del Estrecho de Gibraltar cuando avistó el petrolero británico *Inverlee*, navegando en zigzag, y lo torpedeó por el lado de estribor. La carga del barco comenzó a arder y al momento el infierno se había hecho realidad sobre las aguas, lo que obligó a todos los hombres a bordo a escapar en los botes salvavidas. A las 03:13 un segundo torpedo del *U 204* causó una explosión enorme que iluminó toda la zona y acabó con la vida de algunos de los que habían sobrevivido al primer golpe e intentaban escapar de su destino. Se desató un incendio sobre el agua por culpa del combustible que había sido derramado y si bien la nave no sucumbió aquella noche a pesar de todo, quedó en tal estado que se estimó que era imposible recuperarla y acabó siendo hundida por los propios británicos. Tras el ataque del *U 204* al *Inverlee*, un grupo de corbetas fueron enviadas desde Gibraltar para realizar una intensa labor antisubmarina en la zona en busca del submarino alemán.

Al final del día, el *Mallow* detectó gracias a su ASDIC al submarino y en torno a las 22:00 comenzó un ataque con cargas de profundidad contra el mismo. Tras ese primer intento llegó otro, con más cargas, para después perder la señal del *U 204*, aunque había un rastro de combustible que delataba en cierta medida al perseguido. Siguió el buque buscando en la zona y de nuevo el ASDIC detectó algo, pero se volvió a perder el rastro. Se unió al paciente asedio del *Mallow* otro buque, el *Carnation*, que lanzó cinco cargas de profundidad sospechando que el *U 204* estaba posado en el fondo, agazapado. No hubo resultado y a las 09:00 del día 20, un tercer buque, el *Rochester*,, se unió al grupo, y lanzó también varias cargas, lo que resultó en que la mancha de combustible en la superficie, que debía ser del *U 204*, se hiciera más grande, lo que parecía buena señal. Repitió el ataque mientras la mancha seguía aumentando, aunque más allá de ella no había rastro del *U 204*. Al día siguiente y a unos diez kilómetros de aquella posición se recogieron algunos restos del *U 204*, aunque no hay seguridad alguna sobre qué ocurrió. Todos los que podrían contar algo al respecto habían muerto allá abajo, en el fondo. Quizás fue el primer ataque del *Mallow* el causante de su final, quizás fuera dañado por alguna de las cargas y ya no fue capaz de retornar a la superficie. En cualquier caso, este hundimiento es una muestra del tipo de situaciones que se daban en el Mediterráneo, donde las distancias, los puertos, los aeródromos y las posiciones determinaban una mayor capacidad de ataque y también de contraataque.

Entre octubre y noviembre de 1941, el portaaviones *Ark Royal*, entre otros, estuvo realizado labores de transporte y sirviendo de plataforma de lanzamiento para aviones que tenían como destino la isla de Malta. El *Ark Royal*, del que ya hemos hablado en alguna ocasión, había tenido un papel relevante en la guerra hasta aquel momento, había participado en las acciones con el acorazado de bolsillo alemán Admiral Graf Spee, había combatido y sufrido a los U-Boote en el Mar del Norte, había tenido su contribución en la persecución del acorazado *Bismarck*... Había salido victorioso de ataques navales, submarinos y aéreos, y por lo tanto tenía ganada una cierta reputación. El día 13 de noviembre volvía a Gibraltar tras escoltar a uno de los múltiples convoyes a Malta que cruzaron el Mediterráneo cuando uno de los destructores que lo acompañaba detectó una importante explosión submarina en la estela que iba dejando tras él y la atribuyó a un torpedo que iba contra él y que había explotado antes de tiempo por alguna razón. No era extraño que los submarinos alemanes rondaran la zona del Estrecho de Gibraltar y por ello se activó la alerta antisubmarina en la fuerza británica. Desde el *Ark Royal* despegaron seis aviones Swordfish dotados de radar y de armas antisubmarinas. A las 09:55 uno de los destructores detectó gracias a su ASDIC una nave sumergida y automáticamente viró y se colocó en posición para lanzar varias cargas de profundidad. En los buques británicos, tras conocer la presencia de su enemigo alemán y al no ver consecuencias del ataque contra él, comenzaron a hacer acto de presencia los nervios. Sabían que estaban siendo observados y que en cualquier momento una estela en el agua marcaría el camino de un torpedo contra cualquiera de las naves en superficie. No se equivocaban y dos submarinos, el *U 205* y el *U 81*, acechaban en las aguas cercanas a la costa española, donde las corrientes eran favorables para el camino hacia Gibraltar y por ello navegaban los buques británicos en aquella ruta.

De nuevo los sistemas de detección de la escuadra británica avisaron de un contacto pero tras hacer algunas comprobaciones concluyeron que se trataba de una ballena. En cualquier caso el *Ark Royal* mantenía en el aire varios aviones con el objetivo de detectar y acabar con su enemigo antes de que este atacara. Este hecho obligaba al portaaviones a realizar constantes cambios de rumbo y velocidad para permitir a los aviones despegar y aterrizar. Precisamente uno de esos cambios de rumbo y velocidad permitió al *U 81*, bajo el mando de Friedrich Guggenberger, internarse entre los buques británicos sin ser detectado y disparar tres torpedos contra el *Ark Royal*. Los torpedos que lanzó el *U 81* eran de propulsión eléctrica y por lo tanto no dejaban estela tras de sí al navegar. Más pendientes del cielo que del agua, ya que estaban aterrizando aviones en el buque, los tripulantes del *Ark Royal* se enteraron de que habían sido atacados en el momento de la explosión. Eran las 03:41 de la tarde y el enorme portaaviones se estremeció y movió como si fuera una pequeña barca, mientras una columna de agua subía en su costado de estribor. Se quedó sin energía eléctrica, los sistemas de comunicaciones internos quedaron inutilizados y ni siquiera podían actuar sobre las máquinas para detenerlas, mientras el buque se escoraba de manera alarmante. El agua asaltaba el *Ark Royal* por el boquete que había dejado el ataque del *U 81* a un ritmo endiablado y ante el riesgo de que en cualquier momento el buque se girara sobre sí mismo atrapando a todos sus hombres dentro, se dio la orden de abandonar el barco. En una maniobra complicada y arriesgada, un destructor se abarloó con el *Ark Royal*, es decir, se colocó costado contra costado, y así comenzó el portaaviones a ser evacuado. Casi mil quinientos hombres cambiaron de barco de aquel modo, aunque el comandante del buque británico y otro centenar de hombres siguieron a bordo trabajando duramente, en muchos casos iluminados únicamente por linternas, para intentar reducir la escora del buque y así evitar que se hundiera. Se montó una guardia en torno a él para evitar un definitivo golpe de gracia por parte de algún submarino y al final de la tarde llegó un remolcador para intentar llevar al portaaviones a puerto. A media noche la situación mejoró algo ya que una de las calderas pudo ser recuperada, lo que permitió volver a tener energía eléctrica y poder utilizar así bombas para achicar el agua, que ya había inundado el interior de la nave y que sometía a los mamparos a una presión enorme.

Otro remolcador se unió a la tarea y entonces el tiempo era el principal enemigo del *Ark Royal*. Mientras era remolcado, el hundimiento gradual seguía ya que la escora no disminuía y el agua seguía entrando a mayor ritmo del que era achicada. La presión del agua hizo que se bloquearan los conductos por los que tenía que salir del humo que provocaba la combustión en la caldera que estaba en marcha y esta acabó por alcanzar tal temperatura que se desató un incendio. De nuevo el buque quedaba a oscuras y las bombas de achique sin energía para funcionar. Ante esta situación un destructor se colocó junto al *Ark Royal* para proporcionarle energía eléctrica, lo que prolongó la agonía un poco más. El nivel de inclinación llegó a los 35º a las 04:30 de la madrugada, lo que hacía que los aviones que había sobre la cubierta fueran resbalando poco a poco hasta el borde y acabaran cayendo al mar. El despliegue para salvar al portaaviones era considerable y todos los implicados tenían presente que después de horas de duro trabajo, la situación no era ni mucho menos esperanzadora. A las 06:00 se ordenó abandonar el *Ark Royal* a todo hombre a bordo, había llegado el momento del tirar la toalla, al comprobar que la cubierta ya

El portaviones *ArK Royal* escorado tras ser alcanzado por un torpedo.

casi formaba un ángulo recto con el Mediterráneo. Poco después las hélices asomaron sobre el agua y el *Ark Royal*, que había sido afortunado hasta aquel momento, que había sido objetivo de varios torpedos que habían fallado, se hundió en el Mediterráneo el 13 de noviembre. Sólo una vida se perdió con él, y fue debido a la explosión que causó el impacto del único torpedo que había hecho blanco.

Fin de año en el Mediterráneo

Los alemanes no eran los únicos con fuerzas submarinas en el Mediterráneo, sino que también los británicos tenían como uno de sus objetivos principales evitar el abastecimiento de las tropas de Rommel en el norte de África, usando sus submarinos contra los convoyes que partían de la Italia meridional con destino a los puntos del norte de África que estaban bajo el dominio del Afrika Korps. Los británicos consiguieron hundir transatlánticos italianos como el *Conte Rosso*, el *Neptunia* o el *Oceania*, así como algunos cruceros, mercantes y un buen número de naves de todo tipo. La combinación de los aviones de la RAF en labores de exploración con los submarinos de la Royal Navy, era letal para los transportes enemigos. Esto, sumado a que los italianos no perseguían a los submarinos británicos con la misma energía y efectividad con la que estos atacaban a los submarinos alemanes e italianos, hizo que las pérdidas en las fuerzas del Eje, cercanas al millón de toneladas, fueran decisivas. Ni uno sólo de los submarinos británicos fue hundido en el Mediterráneo fuera de puerto y debido a un ataque aéreo en toda la guerra, lo que contrasta notablemente con las pérdidas alemanas e italianas en esas condiciones, que sí fueron numerosas.

El Afrika Korps de Rommel necesitaba combustible desesperadamente para llevar a cabo su estrategia, basada en gran medida en la movilidad de sus efectivos, y por supuesto necesitan ser abastecidos de proyectiles y armas. El 23 de noviembre de 1941 dos cargueros alemanes, el *Martiza* y el *Proceda*, partían a cumplir con esa misión escoltados por dos buques italianos. Los británicos, gracias a sus servicios de escucha de comunicaciones e inteligencia, conocían ese transporte y pusieron en marcha a la conocida como Fuerza K, con base en Malta. Los buques británicos navegaron hacia al sur mientras eran informados puntualmente de la evolución del convoy alemán gracias a los aviones de reconocimiento de la RAF. El día 24, en torno a las 15:30, por fin se encontraron. Dos aviones alemanes Junkers Ju 88 atacaron a las naves de la Fuerza K sin consecuencia alguna y a continuación el crucero británico *Penelope* disparó contra uno de los escoltas italianos. El combate, desigual desde el principio, fue corto y acabó con los dos transportes alemanes hundidos, junto con sus tripulaciones. El golpe en el mar era duro, pero las consecuencias tierra adentro, en el norte de África eran aún peores.

La mala suerte también tuvo su pequeño papel en la acción. Cuando había salido la Fuerza K de Malta al encuentro del convoy, un submarino italiano, el *Settembrini*, había detectado el movimiento y había dado aviso del hecho a su centro de mando. Este había enviado una comunicación de cambio de rumbo a todos los barcos en la ruta en peligro, y muchos de ellos la recibieron y actuaron en consecuencia. El convoy del *Martiza* y el *Proceda* no recibió el mensaje que le indicaba que debía dirigirse a puerto y su final fue el que ya conocemos.

Al día siguiente, el 25 de noviembre, poco más de una semana después de la pérdida del *Ark Royal*, el *U 331* del teniente de navío Hans-Diedrich Freiherr von Tiesenhausen, que tenía como emblema una serpiente negra, se cobró la venganza del hundimiento de los barcos alemanes en la piel del acorazado *Barham* al norte de la costa de Egipto, cerca de Sidi Barrani. El barco formaba parte de un grupo de naves de la Flota Mediterránea británica cuyo objetivo era precisamente atacar una serie de convoyes que no debían llegar a su destino en el Norte de África bajo ningún concepto. Estaba en marcha una importante acción del mariscal británico sir Claude John Eyre Auchinleck contra las fuerzas de Rommel y de acabar con éxito dicha acción la situación de la guerra en África cambiaría notablemente.

El comandante Von Tiesenhausen, con el corazón en un puño y actuando con mucha cautela ya que lo tenía ante sí eran varios buques de guerra, maniobró con cuidado y trató de disparar contra el *Queen Elisabeth,* pero cuando acabó la maniobra el buque ya había pasado de largo, librándose sin saberlo de un ataque y quizás del hundimiento. El *U 331* puso entonces su punto de mira sobre otro buque, el *Barham*. Estaba a menos de cuatro cientos metros y a esa distancia todo lo que veía el comandante a través de su periscopio era el barco pasando ante él. Había llegado el momento y la orden de fuego recorrió el submarino, acabando con cuatro torpedos saliendo del agua. La rapidez del disparo causó que por un momento el *U 331* asomara en la superficie, al haber dejado escapar de golpe cuatro toneladas de peso de manera casi instantánea. Fue avistado entonces por uno de sus enemigos en superficie, el *Valiant*, que lanzó el aviso de ataque al *Barham* y cambió el rumbo para dirigirse directamente hacia el punto donde había asomado el *U 331*. La prioridad había cambiado notablemente en el lado alemán y Von Tiesenhausen gritaba para que la inmersión de la nave se hiciera de manera urgente. Los tanques comenzaron a llenarse de agua para sumergir al submarino y con las máquinas a toda potencia los pocos más de 30 segundos que pasaron fueron eternos antes de comenzar a tener varios metros de agua entre el acero alemán y la superficie y por lo tanto considerarse a salvo. Justo en ese momento el *Valiant* pasó por encima sin causar daños, por muy poco. En unos minutos decenas de hombres habían cambiado su destino y esquivado a la muerte por cuestión de segundos. La tripulación del *Queen Elisabeth* se había librado de ser el objetivo del ataque submarino por un momento y, en el otro lado, el *U 331* había salvado su pellejo metálico por poco.

Tres detonaciones sacaron al comandante del *Queen Elisabeth* de la tranquila taza de té que estaba disfrutando en su camarote. En un primer momento pensó que la artillería antiaérea de alguno de los barcos había disparado contra algún avión de reconocimiento, por lo que decidió subir a cubierta para conocer con detalle qué estaba pasando, pero sin mucha preocupación. Antes de que comprobara con sus propios ojos lo que había ocurrido, el jefe de guardia de le informó: «¡El *Barham*, tres torpedos!» Había pasado un momento y el buque británico ya estaba muy escorado, y seguía aumentando el ángulo de manera alarmante. Enseguida se organizaron los movimientos en el grupo para que dos buques rescataran a los supervivientes del *Barham*, al que ya se daba por perdido y otros dos comenzaran el contraataque contra el submarino alemán usando cargas de profundidad. El resto debía seguir navegando hacia su destino. El *Barham* ya estaba casi con la cubierta en vertical y a medio hundirse, con todos sus hombres apiñados a la espera del rescate cuando una explosión sorprendió a las tripulaciones de todos los barcos en lugar. Una enorme llamarada siguió al estallido, saliendo del buque que ya estaba a

862 marineros murieron en el hundimiento del *Barham*.

punto de hundirse, y por el aire volaron enormes trozos de acero, pedazos de cubierta, cañones... como si fuera un tétrico confeti. Poco a poco fueron cayendo al mar levantado chorros de agua como fuentes, que se mezclaban con el humo y hacían complicado conocer la situación exacta. Con el humo, que se disipó poco a poco, desapareció también el buque de treinta y una mil toneladas de la superficie, y con él las vidas de ochocientos sesenta y dos marineros.

El *U 331* no prestaba atención alguna a lo que ocurría en la superficie, que por otra parte él mismo había provocado, ya que tenía cuestiones más urgentes de las que ocuparse. Tras la inmersión de emergencia, la nave parecía haber perdido el control y aunque el indicador de profundidad había quedado parado en los setenta y seis metros, la tripulación tenía la sensación de que la nave seguía descendiendo. El comandante Von Tiesenhausen ordenó que se comprobara la profun-

El mayor éxito del comandante Hans-Diedrich Freiherr von Tiesenhausen fue el hundimiento el 25 de noviembre de 1941 del HMS *Barham*, acorazado británico de 31.100 toneladas.

didad en el indicador de la parte frontal y el resultado de aquella segunda lectura congeló la respiración a todos, ya que se encontraban a unos dos cientos metros bajo la superficie. Comenzaron entonces a maniobrar despacio y a vaciar los tanques inyectando aire comprimido para comenzar a perder profundidad. Cuando alcanzó el nivel operativo habitual, navegó para alejarse poco a poco de la zona del ataque, sin saber qué había ocurrido finalmente con el buque al que había torpedeado. Los británicos mantuvieron algunas semanas el hecho oculto para la prensa y para el conocimiento general, pero a finales de enero de 1942 se hizo pública la pérdida del *Barham* y Von Tiesenhausen, que había sido condecorado con la Cruz de Hierro de Primera Clase el día 7 de diciembre de 1941, recibió la Cruz de Caballero, exactamente el 27 de enero.

El movimiento de un buen número de submarinos alemanes al Mediterráneo tuvo como consecuencia la pérdida de intensidad en el Atlántico y también que los submarinos de largo alcance se vieran en cierta medida encerrados en un ámbito mucho más pequeño y controlado, lo que causó que el número de naves perdidas fuera considerable. Sólo en el mes de diciembre se perdieron diez submarinos por parte de la Kriegsmarine. Pero no fue en vano, las últimas semanas de 1941 vieron el final de algunos importantes buques británicos. Los combates en el Mediterráneo, en los que tomaron parte las fuerzas aéreas y las fuerzas navales, de superficie y submarinas, tuvo un peso significativo en la evolución del escenario bélico del Norte de África.

1941 – 1943
Guerra mundial submarina

Los submarinos de Pearl Harbor

El 7 de diciembre de 1941, el conocido como el Día de la Infamia, Japón atacó la base estadounidense de Pearl Harbor, donde estaba anclada gran parte de su Flota del Pacífico. Seis portaaviones japoneses sirvieron de lanzadera para que en dos oleadas los aviones nipones abrieran un nuevo escenario en la Segunda Guerra Mundial, en una de las acciones más conocidas e impresionantes de toda la historia bélica mundial. A las 07:30 de la mañana, hora de Hawái, comenzó el zarpazo que acabó provocando que Estados Unidos se internara de pleno y sin velos en la Segunda Guerra Mundial.

Unas horas antes del ataque aéreo, en plena noche, los dragaminas *Crossbill* y *Condor* patrullaban a unos tres kilómetros al sur de las boyas de entrada a la base de Pearl Harbor. A bordo del segundo se divisó una estela blanca y se avisó al contramaestre, que con sus prismáticos confirmó que la estela se debía a un periscopio. Se envió entonces un mensaje a otro buque, el *Ward*, un destructor que comenzaba su turno de guardia en la zona a esas horas, a las 04:00 de la madrugada. El mensaje enviado decía: «Avistado submarino con rumbo oeste, velocidad nueve nudos». La situación era tensa entre Estados Unidos y Japón y el teniente de navío William Outerbridge, comandante del *Ward*, lo sabía, por lo que el mensaje sobre el avistamiento del submarino no fue pasado por alto ni mucho menos, ya que bien podría tratarse de una nave japonesa. Desde el *Ward* pidieron más información al *Condor* y este les comunicó que el último contacto visual había sido a las 03:50 y que el submarino se movía en dirección a la entrada a la base. Outerbridge ordenó entonces zafarrancho de combate a sus hombres, convencido de que el enemigo se les estaba colando en casa en mitad de la noche.

El sónar del *Ward* comenzó a trabajar para localizar al submarino japonés y ante la falta de resultados se volvió al estado de alerta de patrulla normal, anotando el hecho en su bitácora pero sin llevar a cabo acciones concretas. A las 04:58 la red de protección de Pearl Harbor tenía que abrirse para que los dragaminas entraran en la base, y estaría abierta hasta las 08:40. Aquel sería el momento en el que el submarino trataría de colarse, si ese era su objetivo, ya que las estelas de los propios dragaminas le servirían de camuflaje para pasar desapercibido. Como estaba planificado, en torno a las 05:00 los tres buques, el *Ward*, el *Crossbill* y el *Condor* entraron en la base, con la red de protección abierta a sus espaldas.

Con el paso de las horas los japoneses se acercaban a Pearl Harbor, y en torno a las 06:30 el *Antares*, un buque de intendencia, avistó algo en el agua y de nuevo envió un mensaje al *Ward* con el aviso de que en la zona había lo que creían era un submarino. Un avión antisubmarino también lo avistó y lanzó un marcador fumígeno sobre la posición. No podía ser una ilusión, ya que también los hombres del *Ward* lo vieron claramente cuando llegaron al punto señalado y Outerbridge no estaba dispuesto a dejarlo escapar esta vez. Ante él tenía la torreta de un submarino asomando en la agua, y como la nave no rompía del todo la superficie para mostrarse claramente ni emitía señal de comunicaciones alguna, puso en marcha un acción de ataque, tal y como determinaban las órdenes que había recibido. A las 06:45 abrió fuego de artillería contra el submarino, que fue alcanzado antes de sumergirse completamente. El *Ward* navegó entonces hasta donde según sus cálculos debía encontrarse el submarino en inmersión y lanzó varias cargas de profundidad. No volvió a salir a la superficie y antes de las 07:00 de la mañana Outerbridge transmitió a su cuartel general un mensaje comunicando el hecho: «Abierto fuego y lanzadas cargas de profundidad sobre un submarino que operaba dentro de un área defensiva». El ataque del *Ward*, aquellos disparos de artillería, fueron los primeros hechos en el Día de la Infamia, y curiosamente fueron hechos por los Estados Unidos. Minutos después del mensaje de Outerbridge al cuartel general, una estación de radar móvil estadounidense comenzó a detectar un grupo considerable de aviones que se aproximaban a Pearl Harbor.

Ataque japonés a la base americana de Pearl Harbor el 7 de junio de 1941.

Casi una hora después del comienzo del ataque, cuando ya todos sabían que Japón había atacado Pearl Harbor, con el caos, la muerte, el humo y el combate gobernando la base, un destructor comenzó a escapar del infierno, dejando atrás los incendios y los hundimientos, enfilando la salida de la base. Era el *Helm*, que salía a mar abierto para huir del callejón sin salida que era la bahía y mientras lo hacía, a las 08:17, vio en la entrada de la base de Pearl Harbor un pequeño submarino contra el que abrió fuego. No tuvo acierto en sus disparos y el submarino consiguió escapar en inmersión a pesar de haber chocado contra un arrecife en la maniobra. La escena se repitió minutos más tarde, cuando el *Curtiss* divisó un submarino enemigo y abrió fuego contra él con sus cañones de 127mm y las ametralladoras de 12,7mm. Esta vez los disparos sí que hicieron blanco y una granada penetró en la torreta del submarino y acabó con la vida de su comandante. Uno de los hombres de guardia del *Monaghan*, que estaba junto al *Curtiss*, lanzó el grito de alerta por la presencia de torpedos en el agua mientras su nave enfilaba ya con la proa al submarino para arrollarlo. La nave japonesa, dañada, emergió del agua justo cuando el *Monaghan* llegaba a su altura y la embestía, saliendo tras el encontronazo a mar abierto.

Fueron varios los submarinos japoneses que tomaron parte en el ataque a Pearl Harbor. El núcleo de la flota japonesa, que se acercaba en silencio completo de radio cruzando el Pacífico, fue precedida por tres submarinos cuya misión era observar y vigilar la ruta que debía seguir. Cada submarino llevaba a bordo un pequeño hidroavión que podría servir para avisar a la flota japonesa en caso de que se encontrara algún buque estadounidense en la ruta prevista. Además de estas naves de exploración, otros submarinos fueron enviados a la zona del ataque para que contribuyeran al mismo. Tanto es así que el vicealmirante japonés, Shigeru Fukutome, esperaba que el ataque aéreo fuera corto, como no podría ser de otro modo, y confiaba en los submarinos para seguir haciendo presas en la flota de Estados Unidos tras ese primer momento de sorpresa en el que los aviones gobernarían el combate.

Tres decenas de submarinos japoneses de largo alcance, bajo el mando del vicealmirante Mitsumi Shimizu, fueron enviados a tomar posiciones en torno a Oahu, la isla que albergaba la base de Pearl Harbor. Parte de ellos fueron situados en el norte con el objetivo de, una vez comenzado el ataque, acabar con los barcos estadounidenses que trataran de escapar de la base, para evitar así también un posible contraataque contra la flota japonesa. Al sur de la isla se situaron las naves japonesas de largo alcance que portaban en su interior pequeños submarinos con sólo dos tripulantes cuya misión sería complementar el ataque aéreo, aprovechando su tamaño para moverse sin ser vistos y colarse dentro de la base, lo que aumentaría el desconcierto y la desesperación en la misma. Tras los ataques, esos pequeños submarinos deberían volver a su submarino de transporte para escapar, aunque las probabilidades de fallecer en el ataque eran muy altas por lo arriesgado del mismo. La noche del 6 al 7 de diciembre los cinco submarinos pequeños abandonaron su transporte y salieron a la superficie a unos trece kilómetros de la base. Sus jóvenes tripulantes, que sabían a qué se enfrentaban, habían preparado sus pocas posesiones para que se enviaran a sus hogares en caso de fallecer y habían escrito cartas de despedida para sus familias antes de abandonar el submarino que les había llevado hasta allí y comenzar la misión. Una vez en el agua, como todo el resto de la flota, no debían emitir comunicación o señal alguna por radio, estaban solos.

Lo cierto es que se esperaba mucho más de la participación de estos pequeños submarinos en el ataque a Pearl Harbor. Como ya hemos visto, alguno fue hundido en mitad de la noche, horas antes del ataque, mientras que otros consiguieron penetrar en la base y lanzar sus torpedos, aunque su final no fue diferente. Sus diez tripulantes, en cualquier caso, fallecieron sirviendo a su emperador, que para ellos lo era todo y recibieron honores por ello. La contribución del resto de submarinos japoneses no fue mucho más significativa, que sencillamente hundieron algunos mercantes en los días siguientes al ataque.

El ataque a Pearl Harbor supuso la entrada de manera definitiva y total de Estados Unidos en la Segunda Guerra Mundial. Cuatro días después, el 11 de diciembre de 1941, Alemania e Italia declaraban la guerra a los estadounidenses, que acabarían teniendo un papel más que principal en el conflicto.

Los convoyes árticos

En los últimos meses de 1941 y los primeros de 1942, la guerra submarina contra los convoyes atlánticos seguía en marcha, así como los combates en el Mediterráneo, además de otros encuentros y ataques que salpicaban el mapa y aquí allá. El 22 de junio de 1941 Hitler había puesto en marcha la Operación Barbarroja, lo que suponía la invasión de la Unión Soviética, y además de abrir un nuevo frente en el este de Europa dio lugar a nuevas rutas de convoyes que desde Reino Unido, Islandia o Norte América, viajarían por el océano Ártico hasta los puertos soviéticos para abastecer a este país con multitud de bienes y armamento, ahora que era uno de los aliados contra Alemania. Lógicamente las condiciones de navegación, tanto para los buques en superficie como para los submarinos, eran muy duras debido al frío. En agosto de 1941 el primer convoy ártico cruzó las heladas aguas desde Islandia sin sobresaltos. Ese patrón de navegación sin sobresaltos continuó durante septiembre, octubre y noviembre, pero en diciembre un convoy fue atacado por los submarinos alemanes. Era el PQ-6 y la pérdida de uno de sus integrantes es una anécdota comparado con el buen resultado para los aliados en los primeros meses en el Ártico, donde a pesar de las bases en Noruega los submarinos germanos no consiguieron éxitos respetables. Aviones, tanques, vehículos de transporte, material sanitario... todo ello llegaba de manera continua a la Unión Soviética gracias a los convoyes árticos. Desde Islandia, grupos de cargueros escoltados iban y venían pasando por la punta norte de Noruega y entrando en el Mar de Barents en dirección a los puertos de Murmansk y Arcangel. Los cuatro mil kilómetros de viaje eran duros por el frío y el viento helado, pero en 1941 a esa dureza climática no se añadían los torpedos alemanes, tan comunes en otras aguas y en otros momentos de la guerra.

En enero de 1942 el *U 454* de Burckhard Hackländer hundió el destructor *Matabele,* que servía como escolta al convoy PQ-8, con un disparo de torpedo en la popa. Eran las 22:21 del día 17 y las duras condiciones de las aguas árticas fueron letales para los supervivientes del ataque, ya que durante el rápido hundimiento no se pudieron extender los botes salvavidas debido a la congelación y por lo tanto tuvieron que saltar al agua. El hundimiento provocó algunas explosiones que acabaron con parte de la tripulación, aunque la mayoría murió congelada en el agua antes de poder ser rescatados. Sólo dos hombres salieron con vida de aquel ataque. Uno de los mercantes de este convoy fue dañado también por el *U 454*, pero no fue hundido.

Los testimonios de los marineros de los convoyes árticos dejan muestra clara de la lucha contra el frío y el riesgo de congelación, a pesar de ir bien equipados con una indumentaria pensada para ese punto del planeta. Sus botas, por ejemplo, de un cuero fino pero duro como el hierro, requerían cierto esfuerzo para colocarse, pero una vez en los pies cumplían con lo esperado y los mantenían secos y calientes. Esos mismos testimonios hablan de escuchas las veinticuatro horas para intentar detectar a los submarinos, de cómo los buques de escolta iban y venían dándoles la sensación de protección contra los enemigos, aparecieran por donde aparecieran, fuera el aire o debajo del agua. Más tarde, cuando comenzaban los ataques, esa sensación de calma se diluía. Los marineros de los mercantes veían cómo las armas antiaéreas trataban de alejar a los aviones de la Luftwaffe que los detectaban, aún cuando en muchos casos su labor no era más que esa, detectar la posición y la ruta del convoy. En otros, en cambio, los aviones He 111 lanzaban torpedos contra los barcos y entonces, en un momento, la guerra aparecía en toda su amplitud sobre el océano Ártico con disparos por todos lados, con el ruido de las alarmas y los traqueteos de los antiaéreos dominando el aire, explosiones, aviones echando humo, barcos incendiados... No era muy diferente de lo que ocurría en cualquier otro lado, salvo con que en este caso saltar al agua o quedarse a la intemperie era el primer paso hacia la muerte.

Las frías aguas del Atlántico norte eran un impedimento para la correcta navegación de los U-Boot

El *Tirpitz* era uno de los dos acorazados de la clase Bismarck construidos para la Kriegsmarine, y por lo tanto era uno de los emblemas de la flota de alta mar alemana. El otro acorazado de esa clase había llevado el nombre de *Bismarck* y había tenido una historia corta y poco fructífera, antes de ser hundido el 27 de mayo de 1941 en el Atlántico norte. El *Tirpitz*, comandado por Otto Ciliax, zarpó el 9 de marzo de 1942 desde Trondheim, en Noruega, camino hacia el norte para interceptar el convoy PQ-12, aunque se encontró con una fuerza británica tal, que tras las primeras escaramuzas tuvo que abandonar su propósito y volver al sur. Hitler, recordando y teniendo presente el desastre del *Bismarck*, ordenó que ningún buque importante entrara en combate sin asegurarse de que no había en la zona portaaviones británicos. Era un dura decisión, ya que admitía una importante inferioridad de su armada frente a la de su enemigo. Ante esa decisión Raeder, jefe de la Kriegsmarine, respondió acusando a Göring, responsable de la Luftwaffe, de no haber proporcionado cobertura, ni ayuda de reconocimiento, ni ningún otro apoyo determinante hasta el momento. Aquello provocó que más de doscientos cincuenta bombarderos fueran llevados hasta el norte de Noruega para ayudar en los ataques a los convoyes.

A finales de junio el convoy PQ-17 zarpó de Islandia para seguir la ruta ártica hasta la Unión Soviética. Sus 35 mercantes transportaban setecientos millones de dólares en vehículos, bombarderos y otros recursos destinados al Ejército ruso. Con esa importante carga no es de extrañar que la escolta que se dispuso para el convoy fuera también importante, seis destructores y dieciséis naves más pequeñas, además de otros tres destructores y cuatro cruceros que no navegaban lejos y que podrían ayudar en caso de emergencia. Y por si esto fuera poco, hasta una importante dotación de la Home Fleet estaba al tanto del convoy por si fuera necesario que prestara ayuda. Los aviones de reconocimiento, que por fin tenía Alemania en la zona, determinaron la posición y la ruta del convoy, junto con los submarinos, siempre ocultos y expectantes en el océano. Cuando en el puesto de mando alemán en Narvick el almirante Hubert Schmundt conoció la entidad del convoy, su posición y ruta, ordenó a un grupo de submarinos que comenzaran su persecución y asalto, eran conocidos como los Diablos del Hielo.

Se aproximaron al convoy sigilosamente, pero la fuerte dotación de escolta, bien equipada con medidas antisubmarinas, los detectó y el recibimiento fue sonoro, por las explosiones de la artillería con la que les atacaron. Tras ese primer intento bajo el agua llegó el momento de los aviones torpederos de la Luftwaffe, que no tuvieron mucha mejor suerte y que fueron repelidos con las armas antiaéreas. Uno de los hidroaviones alemanes fue alcanzado y tuvo que hacer un aterrizaje de emergencia cerca del convoy, lo que suponía una muerte casi segura. En cualquier caso, la tribulación abandonó la nave y trató de alejarse en una lancha neumática. El destructor británico *Wilson* puso su ojo en la lancha y se acercó disparando a matar, no le importaba que el grupo de alemanes estuvieran indefensos ante el enorme buque británico. Según el propio capitán del *Wilson*, si les dejaban escapar podrían volver otro día y hundirles, por lo que la piedad no era una opción. Cuando ya todos se daban por muertos en la lancha, otro hidroavión alemán, un He 115, aterrizó junto a ellos jugándose la vida y en medio de los disparos británicos rescató a sus compatriotas de la lancha y despegó sin que la artillería del *Wilson* consiguiera su objetivo.

El 4 de julio, a pesar de alguna pequeña pérdida sin apenas importancia, el PQ-17 seguía rumbo a su destino en buena formación y estado. Cada hora navegada era un paso más en el camino hacia la seguridad de los puertos soviéticos, pero al llegar la noche, un mensaje del almirantazgo británico, marcado como secreto, llegó al *Duke of York* alertando de un peligro inminente y ordenando al convoy que se dispersara y encara los puertos soviéticos más cercanos. Además, el mensaje ordenaba a parte de la escolta alejarse del convoy y volver hacia el oeste. Las órdenes fueron pasadas de barco a barco usando las banderas de señales, ya que sabían que eran probable que hubiera submarinos cerca escuchando las comunicaciones por radio. Para los capitanes de los buques que debían volver hacia atrás abandonando el convoy, aquel mensaje les llevaba a pensar que tras ellos estaba una representación importante de la flota alemana, seguramente con el *Tirpitz* en cabeza, que se dirigía hacia el convoy. Su labor ahora, suponían, era ir a su encuentro y combatir en alta mar, quién sabe si sirviendo así de barrera de salvación para el convoy o sacrificando definitivamente a este al dejarlo sin protección. Las ordenes fueron llevadas a cabo durante la noche y la mañana siguientes. Aunque la información de los británicos sobre los movimientos enemigos era incompleta, como suele serlo en estos casos, efectivamente El *Tirpitz*, el Hipper y el Scheer se habían puesto en movimiento el día anterior, aunque dicho movimiento no tenía nada que ver con el PQ-17, sino que sencillamente se estaban trasladando a puertos noruegos más al norte. Los británicos desconocían la orden de Hitler que limitaba los movimientos de sus buques en caso de presencia de portaaviones enemigos, que quizás les hubiera hecho reconsiderar su decisión sobre el convoy.

A las pocas horas de la dispersión de los barcos que formaban el PQ-17 los aviones de reconocimiento alemanes primero y los submarinos después, fueron testigos de dichas maniobras y los informes llegaron rápidamente a los centro de mando alemanes explicando la situación en el Mar de Barents. Desde los primeros días de julio el convoy había sido vigilado constantemente tanto por unos como por otros y por fin llegaba su momento. Las consecuencias de la falta de protección del PQ-17 no se hicieron esperar.

El PQ 17

El ambiente era extraño, la neblina y la luz difusa daban un toque de irrealidad al océano en aquella zona del Mar de Barents, con el sol siempre por encima del horizonte debido a la latitud a la que se encontraban el PQ-17 y sus perseguidores. Sólo los cambios de guardia y las horas de las comidas mantenían las referencias temporales en la cabeza de las tripulaciones, que aún así en ocasiones dudaban cuando se sentaban ante un plato si estaban comiendo o cenando. Lógicamente nadie tenía miedo a los ataques nocturnos, a la oscuridad, sencillamente porque no había oscuridad, ni noche, aunque la niebla o la nieve hacían que la visibilidad no fuera buena de manera habitual. Los submarinos, que como ya hemos dicho llevaban persiguiendo y vigilando el convoy desde semanas atrás, se comunicaban entre ellos y unos informaban a otros sobre lo que oían en sus hidrófonos, lo que veían, los ataques que sufrían...

Los submarinos alemanes ya habían visto alguna acción de ataque por parte de sus aviones en los días previos, aunque las pérdidas sufridas por el convoy no eran importantes. Los comandantes de la U-Bootwaffe buscaban su momento y los Diablos del Hielo tenían que hacer honor a su nombre. El 5 de julio, cerca de las 08:30 comenzó la batalla del PQ-17. El *Empire Byron* fue uno de los primeros en caer, en una acción que marca una de las características de aquel combate, la combinación de las fuerzas aéreas y submarinas alemanas. El barco había sido torpedeado por un avión torpedero horas antes y debido a los daños comenzó a reducir la velocidad y a moverse con problemas. Entonces el *U 703* acabó con él definitivamente. El patrón se repitió con el barco estadounidense *Carlton*, que tras ser alcanzado por un torpedo lanzado desde un avión, fue víctima del *U 88*. El submarino lo había localizado y perseguido, y tras un primer disparo fallido, a las 10:15, un segundo intento tuvo éxito y el barco se incendió, desapareciendo en las congeladas aguas en diez minutos. A las 14:31 le llegó el turno al *Honomu,* a mano del *U 456*. El *Earlston* fue hundido por el *U 334* a media tarde. El *River Afton* por el *U 703* al llegar la noche.

El mercante *Daniel Morgan,* estadounidense, había arrumbado hacia el puerto de Arcangel junto con otros cuatro barcos después de la orden de dispersión y eran acosados por los aviones alemanes, provocando algunas bajas. A las 22:52 el *Daniel Morgan* se estremeció por el golpe del ataque lanzado desde el submarino *U 88*. Sin protección y bajo ataques desde el aire, un nuevo ataque submarino podía suponer el final, por lo que la tripulación trataba de hacer lo posible por seguir navegando y llegar a puerto cuanto antes. Al fin y al cabo no estaban tan lejos. Entonces un segundo torpedo del *U 88* acabó con sus esperanzas. El barco comenzó a hundirse por la popa y la tripulación lanzó los botes salvavidas al agua y abandonó la nave, que suponía una muerte segura, aunque uno de los botes volcó y algunos hombres fallecieron en cualquier caso.

El día 6 de julio la cacería continuó y de hecho duraría hasta el día 13, cuando se hundió el mercante holandés *Paulus Potter*. Agrupado con otros dos buques, uno británico y uno estadounidense, fue detectado y bombardeado por los aviones de la Luftwaffe, que acertaron en los tres barcos. Los ataques aéreos fueron suficiente para hundir dos de ellos y forzar al abandono del tercero, el holandés. Los botes salvavidas sirvieron de vía de escape, una vía de escape que no era para nada sencilla. Después de cinco durísimos días en las aguas árticas y a merced del viento helado, los supervivientes llegaron a tierra, donde encendieron un fuego y cazaron algunos patos para cocinarlos. Su buque, el *Paulus Potter*, fue encontrado a la deriva y sin tripulación a bordo por el *U 255*. Algunos alemanes subieron al barco para comprobar su estado y vieron que era imposible volver a hacerlo navegar. Lo registraron en busca de cigarros, mantas y cualquier otro material que les fuera de utilidad, como una caja con algunos documentos secretos, y volvieron al submarino. El *U 255* disparó entonces el tiro de gracia, a las 08:25 del 13 de julio, hundiendo el *Paulus Potter* y finalizando así el ataque alemán al convoy PQ-17, que en realidad tuvo su parte más importante cuando ya no era realmente un convoy, sino varios grupos de barcos huyendo del miedo y sencillamente con rumbo al puerto más cercano.

Según el testimonio de Bill Martin, uno de los jóvenes marineros de aquel convoy, si caías o te lanzabas al agua, morirías por el frío en un momento. Eran atacados por el aire, sabían que los submarinos estaban rondando y que en cualquier momento podrían torpedearlos, pero la actividad era tan frenética que no tenían tiempo para pensar en lo que podría pasar. Lo peor era la sensación de impotencia, la absoluta seguridad de estar a merced de otros sin mucha capacidad de acción para cambiar las situación.

El del PQ-17 es el ataque a un convoy con el mayor el máximo número de toneladas hundidas por los alemanes en toda la Segunda Guerra Mundial, superando las 100.000. La coordinación y colaboración de la Luftwaffe y la U-Bootwaffe había dado los mejores resultados posibles. Durante varios días las tripulaciones del PQ-17 tuvieron que aguantar la repetitiva serie de ataques, y cuando uno de los barcos salía airoso de un encuentro, sabía que en realidad lo que comenzaba era una tensa espera hasta volver a ver aparecer a los aviones en el aire, sabiendo que estaban casi a su merced y rezando para que no fuera el final de todo. Para la mayoría de los barcos sí fue el final de todo, algunos se fueron de manera rápida al fondo, tras una explosión enorme o un incendio hambriento, y otros agonizaron durante horas en la extraña luz del Ártico, esperando un rescate. Sólo once de los treinta y cinco barcos mercantes que habían salido de Islandia llegaron a las costas soviéticas. Dos tercios del convoy se habían perdido y con ellos más de dos ciento aviones de combate, cuatrocientos treinta tanques Sherman, tres mil trescientos cincuenta vehículos y otros muchos pertrechos que completaban esas cien mil toneladas perdidas.

La decisión del almirantazgo de romper y dispersar el convoy se había mostrado como un desastre, y de hecho generó algunas complicaciones en la colaboración naval de estadounidenses y británicos. Pasarían semanas antes de que el siguiente convoy en esa ruta, el PQ-18, fuera puesto en marcha, y cuando lo hizo su escolta superaba los cincuenta barcos de guerra, contando entre ellos con un portaaviones. Aún así, el PQ-18 perdió trece barcos. Una vez más el golpe sirvió a los aliados para aprender y mejorar en sus tácticas de defensa de convoyes, equipando a las escoltas con mejores sistemas y mejor armamento. En realidad, sintetizándolo en extremo, podríamos decir que la masacre del PQ-17, masacre material ya que sólo se perdieron unas ciento cincuenta vidas, fue causada por el temor que generó en los británicos un buque alemán, el *Tirpitz*, que de hecho no sólo no participó en la batalla sino que estuvo casi toda ella, y casi toda la guerra, anclado.

El convoy PQ 17 navegando por las aguas de Hvalfjord.

Las costas estadounidenses

La decisión de Hitler de declarar la guerra a Estados Unidos el día 11 de diciembre de 1941, después del ataque japonés a Pearl Harbor, abrió por fin la puertas a la lucha total entre ambos países, después de muchos encontronazos, de órdenes que obligaban a unos y a otros a contenerse y después de meses de colaboración clara de la armada de Estados Unidos con Inglaterra en la Batalla del Atlántico. Entre las muchas consecuencias de la declaración de guerra está la apertura de nuevos territorios de caza para las manadas de lobos alemanas, nuevos territorios que en un primer momento no tenían la experiencia ni la precaución suficiente como para responder con garantías a los ataques. Dönitz comenzó pronto a plantear el envío de parte de la dotación de submarinos de la U-Bootwaffe hasta las costas de Estados Unidos, pero tenía un problema, el limitado número de naves adecuadas de las que disponía para dicha aventura. Muchos de sus submarinos no eran aptos para esas patrullas de larga distancia, debía mantener la flota del Mediterráneo, había otros guardando las aguas Atlánticas cercanas a Gibraltar, los convoyes árticos, los submarinos dañados, las naves en mantenimiento... No fue sencillo por lo tanto hacer la selección de unidades para la operación pero al final un grupo de submarinos fue enviado a esa nueva misión.

El planteamiento era sencillo, extender a las costas estadounidenses los ataques para entorpecer el tráfico entre ambos lados del Atlántico, en un momento en el que los resultados de los submarinos alemanes se veían reducidos por la mejor protección aérea de los convoyes, la mejor dotación de las escoltas y la experiencia en el combate antisubmarino de los aliados. Los submarinos debían operar en solitario y navegar con las máximas precauciones para evitar que los submarinos fueran detectados antes de llegar a la zona de operaciones, lo que incluía el silencio de radio y la prohibición de atacar barcos durante el trayecto, salvo que el tamaño de la presa, por tonelaje, lo justificara.

El 16 de diciembre de 1941, tan sólo unos días después de declarar la guerra a Estados Unidos, Alemania puso en marcha la operación Paukenschlag y las naves comenzaban el largo viaje desde Europa hasta el otro extremo del océano Atlántico. El almirante Adolphus Andrews, responsable máximo de la North Atlantic Coastal Frontier, pensó que la mejor baza a su alcance era no organizar convoyes en los movimientos de barcos en sus costas ya que así evitaba la concentración de blancos y por lo tanto minimizaría las pérdidas. Era un razonamiento contrario a la experiencia de los británicos, que llevaban muchos meses combatiendo contra los submarinos alemanes. Andrews también conocía el riesgo de encontrarse en sus costas con submarinos alemanes, ya que la inteligencia británica había detectado los movimientos de la U-Bootwaffe.

El 12 de enero de 1942, poco antes de las 2 de la madrugada, el mercante británico Cyclops fue detectado por el *U 123* de Reinhard Hardegen a dos cientos kilómetros al sureste de las costas de Nueva Escocia. El comandante alemán consideró que el barco justificaba un ataque y por lo tanto poner de manifiesto la presencia de los submarinos germanos en esas longitudes geográficas, a pesar de no haber llegado aún a la zona de operaciones que le había sido encomendada. Un primer torpedo impactó en el barco causando daños aunque no llegó a hundirlo, por lo que Hardegen ordenó fuego una segunda vez a las 2:18 y consiguió partir su objetivo en dos, lo que provocó su hundimiento en unos minutos. Se había producido el primer ataque de la Operación Paukenschlag y por lo tanto las costas de Norte América tenían ya el peligro de los submarinos alemanes en sus aguas. A pesar de ello dichas costas seguían iluminadas, así como los barcos, que solían navegar en torno a las costas estadounidenses sin precauciones como limitar las luces por la noche o el uso de la radio.

El *U 123* de Hardegen, al día siguiente del hundimiento del Cyclops, estaba frente a Nueva York, a cota de profundidad de periscopio y pudo observar en la oscuridad a la ciudad perfectamente iluminada. No contento con ello, emergió totalmente y los oficiales del submarino subieron al puente a observar la ciudad. El *U 123* tenía a

El submarino *U 123* a la caza de una de sus víctimas.

tiro de su artillería a las calles y los edificios de Nueva York, al propio territorio de Estados Unidos, así como a un buen número de barcos que descansaban tranquilamente en el puerto. Por suerte para todos ellos las órdenes que había recibido Hardegen le indicaban claramente que su objetivo eran petroleros y no los pequeños cargueros que tenía a tiro en aquel momento. Se sumergió y se alejó de Nueva York para cumplir con su misión. A las 08:34 del 14 de enero llegaría ese momento de cumplir con su misión cuando el petrolero panameño *Norness* recibió dos disparos de torpedo, que obligaron a su tripulación a abandonar la nave antes de que se hundiera tras recibir un tercer impacto. Al día siguiente el *U 123* hundió otro petrolero, en este caso británico, el *Coimbra*. El incendio a bordo del barco se veía desde la costa, antes de que se apagara al desaparecer el barco bajo la superficie, desapareciendo también con él casi cuarenta vidas. Aquellos eran los primeros hundimientos de la conocida como Segundos Tiempos Felices para la U-Bootwaffe. Curiosamente los Tiempos Felices habían sido aquella etapa en la que la inexperiencia y la falta de medios en el lado británico había dado lugar a un buen número de toneladas hundidas en las Western Approaches, cerca de Inglaterra. Ahora se repetía la historia y durante los primeros seis u ocho meses del año 1942 en las costas americanas los alemanes aprovecharon la falta de preparación y de coordinación de las defensas antisubmarinas para hundir un buen número de barcos, más de seiscientos, con una pérdida total que superó los tres millones de toneladas.

No sólo los torpedos permitían a los submarinos hundir a sus objetivos, sino que la falta de defensa y escolta de los buques mercantes permitía el uso de la artillería en muchos casos. Poco a poco la intervención de los destructores, la organización de la navegación en convoyes y la ayuda de la fuerza aérea comenzó a cambiar la situación, con la ayuda inestimable de los británicos, mejor dotados y con más experiencia en la lucha antisubmarina. La marcha de la Operación Paukenshlag era tan favorable que Dönitz, ascendido a almirante el 14 de marzo, decidió enviar más submarinos a la zona, lo que le obligó a poner en marcha las llamadas vacas lecheras, submarinos de apoyo y abastecimiento que permitirían que naves no preparadas para operar tan lejos de su base pudieron hacerlo, al disponer de un punto de abastecimiento en alta mar, estas vacas lecheras.

Imagen del destructor americano *Roper* navegando en aguas del Atlántico.

El 21 de marzo el *U 85* de Eberhard Greger partía de Francia rumbo a las costas estadounidenses, donde tras el largo viaje atacó un mercante noruego que navegaba sin escolta tras haber dejado el puerto de Nueva York. Era su primer objetivo hundido en aquella patrulla. Cuatro días después de aquel hundimiento, el 14 de abril de 1942, el *U 85* fue detectado mientras navegaba en superficie por el radar del destructor estadounidense *Roper*, que en un ataque con cargas de profundidad dañó el submarino hasta tal punto que Greger ordenó a su tripulación abandonar la nave. Con el destructor a menos de tres cientos metros, los submarinistas comenzaron a salir por la escotilla y a ocupar la cubierta mientras el submarino se hundía rápidamente. El *Roper*, en una dudosa acción que aún en la actualidad sigue siendo controvertida, se acercó hasta el submarino y le lanzó once cargas de profundidad que acabaron por hundirlo definitivamente y además acabaron con la vida de la tripulación alemana. No sólo desde el punto de vista humano la acción fue reprobable, sino que con el *U 85* abandonado y sin capacidad de contraataque, el *Roper* había tenido a su alcance la posibilidad de abordarlo y hacerse con algunos documentos importantes. De hecho, durante las semanas siguientes se llevaron a cabo numerosas inmersiones para buscar el posible material secreto del submarino y no se tuvo éxito. El *U 85* fue el primer submarino de los que participaron en la operación Paukenschlag en ser hundido.

Poco a poco las acciones de los U-Boote en las aguas norteamericanas fueron ampliando su ámbito geográfico, buscando nuevas oportunidades de hacer daño a medida que la situación se complicaba en las costas del norte de Estados Unidos. El 14 de mayo de 1942 un petrolero de cuatro mil toneladas con bandera mexicana, país neutral en aquel momento, navegaba al sur de Florida cuando el *U 564* de Reinhard Suhren lo divisó. En la distancia, la bandera de México le llevó a pensar que estaba ante un barco italiano, pero el punto geográfico en el que se encontraba hacía imposible que un mercante italiano estuviera ante él. Volvió a mirar y comprobó que la bandera efectivamente era la de Italia. Las banderas de Italia y México comparten colores y forma, tres bandas verticales con los colores verde, blanco y rojo, aunque la del país americano tiene un águila en el centro. Lamentablemente para el *Potreo del Llano*, el barco mexicano que estaba ante el *U 564*, sólo los buques de la armada mexicana podían llevar el águila en la bandera, y los mercantes mostraban sólo los colores, por lo que el comandante Suhren erró al identificar el país del barco y decidió atacarlo. El *Potrero del Llano* fue hundido y pocos días después, en la entrada del Golfo de México, el *U 106* hundía el *Faja de Oro*, llevando a México a declarar la guerra a Alemania.

El Caribe

Los recursos naturales, especialmente petróleo, se movían por las costas americanas de sur a norte a bordo de mercantes para alimentar la industria de Estados Unidos y por lo tanto, aquellas rutas también estuvieron en el punto de mira de la Kriegsmarine. La operación Paukenschlag tuvo su espejo más al sur en la operación Neuland, que se puso en marcha en febrero de 1942. El principal objetivo de esa operación era hundir los buques que llevaban el petróleo venezolano hacia las refinerías del Caribe, para cortar así el suministro a Estados Unidos, Canadá y al resto de enemigos de Alemania. Una vez más los alemanes comenzaron operando en la zona con ventaja y consiguiendo grandes logros, que se fueron reduciendo a medida que sus enemigos mejoraban en la coordinación y se dedicaban grupos de aviones o barcos a tareas antisubmarinas... Algunos submarinos pasaron de las patrullas en las frías aguas del norte de Europa a unas misiones en las que durante la navegación, cuando no había peligro, se podía disfrutar del sol en cubierta, los submarinistas se podían duchar al aire libre y hasta pescar en algunos casos.

El 4 de mayo de 1942 el submarino *U 158* del teniente de navío Erwin Rostin partía de la base francesa de Lorient rumbo al Mar Caribe en la que era su segunda patrulla en las aguas de Estados Unidos, donde ya había hundido unas cuarenta mil toneladas y dañado algunos otros buques. En el camino ya se había topado con éxito con dos barcos y el 2 de junio, a las 02:57 y cerca de las costas de Cuba, el *U 158* sumó sus primeras presas en el Caribe a la patrulla. El *Knoxville* City, un mercante estadounidense de 5.686 toneladas, navegaba en solitario tras haberse

El teniente de navío Erwin Rostin y la tripulación del *U 158*.

abandonado un convoy, aunque como precaución navegaba en zigzag. De poco le sirvió ya que en mitad de la noche los temores que le llevaban a dicha precaución se hicieron realidad al recibir por estribor el impacto de un torpedo en la zona de la sala de máquinas, lo que paró el buque al momento e hizo que las calderas explotaran. La mala suerte se cebó con el mercante ya que en la explosión también se perdieron parte de los botes salvavidas y la antena de radio, por lo que la tripulación no podía abandonar la nave, salvo que se lanzaran al agua, y no podían emitir un mensaje de SOS con garantías, al quedar operativa únicamente la radio de emergencia. Desesperados y sabiéndose a merced de un enemigo contra el que no podían hacer nada, los hombres del *Knoxville City* se apiñaron en los dos botes salvavidas que se habían salvado de la explosión y comenzaron a alejarse de su barco. Una hora después, el *U 158*, que había esperado pacientemente el hundimiento, tomaba la decisión de lanzar el golpe de gracia ya que el mercante seguía a flote. El segundo torpedo fue letal y en unos minutos desapareció de la superficie. Nos podemos hacer una idea del miedo que les quedó grabado en el cuerpo a los tripulantes del *Knoxville City* tras aquella experiencia si tenemos en cuenta que cuando otro mercante, el *Jamaica*, de bandera brasileña, les ofreció ser rescatados, se negaron a subir a bordo. Pensaban que a bordo del bote, que al fin y al cabo no era un objetivo interesante para los submarinos, estarían más a salvo que a bordo de un barco. Temían que el submarino estuviera aún cerca y que viendo al *Jamaica* decidiera repetir el ataque. Al final llegaron con sus botes hasta La Calina, en Cuba.

El día 4 de junio el *U 158* consiguió apuntarse otro hundimiento, al que sumó otro el día 5 y uno más el 7. El día 11 seguía patrullando la zona y apuntó contra el petrolero panameño *Sheherazade*, al que disparó dos torpedos al sur de Louisiana. La nave quedó ingobernable y con los motores parados, comenzando a escorarse de manera alarmante. El *U 158* observaba la evolución del hundimiento y decidió acelerarlo con un tercer disparo, de nuevo el golpe de gracia, y al no tener los resultados esperados emergió totalmente y comenzó a usar la artillería de cubierta contra el *Scheherazade.* Esto es una muestra de la calma con la que podía un submarino atacar en esas aguas a un barco mercante, sin cobertura naval ni aérea. En aquel momento las cosas eran mucho más complicadas para los submarinos en el Atlántico Norte, donde los convoyes estaban bien organizados y los aviones de la RAF eran un peligro casi constante. El 12 de junio el *U 158* hundió más de ocho mil toneladas, y siguió hundiendo barcos en los días sucesivos en el Golfo de México.

El 29 de junio, a las 17:45, de nuevo una presa sin escolta y desarmada se puso a tiro del *U 158*, el mercante letón *Everalda*. Estaban a unos seiscientos kilómetros al suroeste de las Bermudas y esta vez el contacto no comenzó con un ataque de torpedos sino que el *U 158*, en superficie, disparó contra el buque para inutilizar sus sistemas de comunicaciones y que así no pudiera dar la señal de alerta. El barco, acosado, paró sus motores y arrió los botes salvavidas para abandonarlo. Una vez sin tripulantes, el *U 158* comenzó varias rondas de disparos de artillería contra la línea de flotación del barco pero el resultado no era el esperado y Rostin, el comandante alemán, ordenó cambiar de método para provocar el hundimiento. Envío a algunos de sus hombres a bordo del *Everalda* para que lo hundieran sin violencia abriendo las válvula de la sentina. Aprovecharon lógicamente la visita para hacerse con todo lo que les pareció de interés o valor, como algún documento importante diplomático así como varios documentos secretos. El *U 158* tomó dos prisioneros entre la tripulación, el capitán, y un marinero español. El resto de hombres estuvieron varios días a bordo de los botes salvavidas, que navegaron por separado, hasta que el 4 de julio fueron avistados y rescatados.

Los documentos que llevaba el *Everalda* a bordo contenían información que le pareció a Rostin lo suficientemente importante como para ser comunicada por radio a su centro de mando, lo que le obligó a usar una potente señal de radio de largo alcance que fue detectada por las estaciones de escucha aliadas, por lo que automáticamente conocieron la posición del *U 158*. Poco después, el 30 de junio, un hidroavión antisubmarino estadounidense que patrullaba desde las Bermudas fue enviado a la zona donde había sido detectada la nave de

Rostin. El radar del avión ayudó a determinar la posición exacta y aprovechando las nubes bajas, que mantenían el hidroavión oculto para los vigías alemanes, apareció por sorpresa justo encima del *U 158* mientras este navegaba plácidamente en superficie. Sin tiempo para reaccionar, los alemanes recibieron dos cargas de profundidad lanzadas desde el aire, que fueron letales para el submarino, haciendo que se hundiera en un suspiro, dejando tras de sí en la superficie una mancha de combustible y algunos restos. Todos los alemanes fallecieron en el ataque, así como el capitán del *Everalda* y el español que habían sido tomados prisioneros. Rosting, el comandante alemán, había sido condecorado dos días antes con la Cruz de Caballero, hecho del que había sido comunicado por radio, y fue de nuevo condecorado el 1 de julio, de manera póstuma, tras hundir más de cien mil toneladas en su carrera como comandante de submarino.

El Diablo Rojo

A pesar de las pérdidas causadas por los hundimientos de los alemanes, lo cierto es que los aliados fueron capaces de producir buques a un ritmo suficiente como para que las pérdidas no fueran determinantes y el miedo que en 1940 atenazaba a Churchill con respecto a las posibles consecuencias de la guerra submarina se iba disipando. Por otra parte, no sólo los aliados fueron capaces de conseguir que el número de neto de buques disponibles, tanto de transporte como de guerra, fuera positivo, sino que además cada vez estaban mejor dotados para la guerra antisubmarina, como hemos visto ya con los hechos que iban ocurriendo y cómo se iban desarrollando los combates. En cualquier caso, los submarinos alemanes seguían haciendo su trabajo y nuevos héroes o líderes aparecieron en la U-Bootwaffe para reponer a los que iban desapareciendo, como Erich Topp, el Diablo Rojo.

Nacido en 1914, en 1937 entró a formar parte del arma submarina y en julio de 1940 hizo su primera patrulla como comandante al mando del *U 57,* un pequeño submarino costero con el que consiguió importantes éxitos antes de acabar hundido. El nuevo submarino que le asignaron, el *U 552*, fue conocido como El Diablo Rojo, precisamente por llevar ese dibujo como emblema en su torreta. El 7 de marzo de 1942 comenzó una patrulla que le llevaría hasta el norte de América, tras dos semanas de lento viaje por el Atlántico para ahorrar combustible y así disponer de más tiempo para combatir una vez llegado a la zona de operaciones. Cuando el estado del mar y el viento hacían que la navegación consumiera más combustible, Topp ordenaba navegar en inmersión con breves salidas a la superficie para ventilar la nave. Por la noche no le queda otro remedio que navegar en superficie para cargar las baterías gracias a los motores diésel. El 21 de marzo un mensaje de radio avisó al *U 552* de que un convoy se estaba preparando en Halifax, y aunque en un primer momento su intención fue atacar dicho convoy, la rapidez con la que navegan los barcos en superficie le llevaron a cambiar de opinión en vista de que la persecución del convoy consumiría mucho combustible. Operar tan lejos de la base significaba pagar este tipo de peajes, anteponer la autonomía a otras consideraciones.

Recreación del *U 552*, más conocido como El Diablo Rojo, con el emblema dibujado en la torreta.

Tras la primera noche en la zona de operaciones que le había sido asignada en la costa norte de Estados Unidos, avistaron un petrolero que se navegaba a una velocidad de diez nudos y el *U 552* comenzó a perseguirlo. Durante todo el día mantuvieron el contacto con la presa, que navegando en zigzag trataba de evitar que le pudieran torpedear fácilmente desde un submarino en inmersión. Por la noche, con el petrolero controlado a cierta distancia por el *U 552*, la luna convirtió al tranquilo mar en un espejo y por lo tanto seguía siendo arriesgado salir a la superficie, por lo que Topp se decidió finalmente por un ataque en inmersión y puso en marcha la maniobra de aproximación. De pronto el petrolero paró todas sus máquinas mientras la nave alemana seguía ganándole terreno, y poco después, también de forma inesperada, comenzó a moverse a toda máquina cambiando de rumbo bruscamente para enfilar al submarino, que estaba a poca profundidad. La orden de Topp fue tajante: «A cota de veinte metros, enseguida».

El *U 552* consiguió así escapar del barco, que pasó justo por encima de ellos para alejarse todo lo rápidamente que pudo zigzagueando, aunque aquel encuentro no había acabado. Los alemanes continuaron con la persecución y el petrolero repitió la maniobra e hizo ademán de embestir, aunque abortó la maniobra al poco de comenzarla. En un tercer intento de ataque por parte del *U 552*, estando a profundidad de periscopio, el petrolero, como por arte de magia, adivinó su posición y cambió de rumbo y velocidad para embestir al submarino de nuevo, lo que obligó a Topp a bajar aún más. Aquel era ya el tercer fracaso del *U 552* en sus intentos de disparar contra el barco enemigo, cuyas maniobras tenían desconcertados a los alemanes.

Cuando el día iba a traer luz sobre el océano, Topp no había cambiado de objetivo y ordenó a su tripulación colocarse en posición de ataque. Esta vez parecía no haber sorpresas y Topp cree tener la suerte de su lado ya que está consiguiendo una buena marcación para el disparo. En ese momento un rugido del comandante se oye en el submarino «¡Atrás toda a las dos!». De nuevo las maniobras extrañas del petrolero, que cambia de rumbo y enfila al submarino a toda velocidad, obligan al *U 552* a abortar la acción. Pero esta vez la situación ha cambiado demasiado rápido y el *U 552* no se sumerge a tiempo, por lo que el petrolero lo tiene a su disposición. Los hombres que a bordo del submarino conocen la evolución de la batalla y su situación en aquel momento, se quedan quietos y callados esperando la fatídica colisión, aunque finalmente el petrolero pasa a menos de cinco metros de la popa del submarino. Lo que en principio era una presa sencilla para Topp, un petrolero desarmado, se había convertido en un auténtico peligro para el submarino, gracias a sus sistemas de detección antisubmarina. El comandante alemán decidió entonces jugarse el todo por el todo y maniobró rápidamente por la popa del buque buscando un ángulo de disparo y ordenó fuego. El impacto en el centro del barco fue letal y desató un incendio terrible. Justo antes del disparo, el barco había lanzado una señal de socorro que delataba su nombre, era el *Ocana*. La detección del envío de la señal y la cercanía de la costa, lo que hacía probable que apareciera ayuda para el barco tras la señal de SOS, hicieron que el *U 552* se alejara rápidamente de la zona.

En los días siguientes el *U 552* patrulló por la zona e intentó algún ataque, aunque sin éxito, lo que fue desesperando a Topp y a sus hombres, que no encontraban una explicación razonable para que el resultado de esos ataques fuera fallido. Aún así la patrulla de Topp acabó siendo un gran éxito, ya que enlazó varios hundimientos en los que sumó más de cuarenta y cinco mil toneladas y logró escapar varias veces del acoso de los destructores, de las cargas de profundidad y de los aviones enemigos. El éxito de la patrulla no ocultaba la cada vez más complicada situación de los submarinos en las aguas americanas, después de varios meses en los que habían disfrutado de un momento dulce. El segundo Tiempo Feliz había comenzado en las costas americanas en enero de 1942 y a mediados de aquel año amenazaba con finalizar. No sólo las complicaciones estaban en el oeste del Atlántico, en el Golfo de Vizcaya operaba ya un escuadrón del Coastal Command británico dotado con focos Leigh, que permitían iluminar la noche convirtiéndola casi en día, por lo que los submarinos tenían que abandonar las bases en inmersión, fuera de día o de noche, lo que hacía más lenta su travesía. En julio de 1942 los llamados radares centimétricos estaban ya instalados en los aviones aliados de manera general, aumentando así notablemente su capacidad de detección de submarinos. Los alemanes también consiguieron

Erich Topp patrullando por el Norte de América.

algún avance, como el Meto, un sistema que captaba a sesenta kilómetros de distancia las emisiones del radar, siendo un sistema de detección pasiva que permitió a los submarinos equilibrar un poco la balanza al poder localizar también mejor a sus enemigos. De todas formas la U-Bootwaffe fue incapaz de sobreponerse a la eficacia de la aviación aliada en las labores antisubmarinas, y tanto es así que Dönitz suspendió temporalmente los ataques a los convoyes en el Atlántico Norte en septiembre de 1942 para analizar la situación ya que las pérdidas eran intolerables.

El *Laconia*

El 10 de septiembre de 1942 el *U 552* de Topp había cambiado de comandante y había pasado a estar bajo el mando de Klaus Popp, cuya primera patrulla le llevó frente a las costas al oeste de África, por encima del Golfo de Guinea y muy lejos de las latitudes al norte que habían sido escenario de los combates hasta aquel momento. La U-Bootwaffe buscaba nuevos lugares en los que hacer mella al enemigo sin exponer a sus hombres y a sus naves a un desastre casi seguro. Fueron varios los submarinos enviados hacia el sur, frente a las costas africanas, entre ellos, el *U 156* del teniente de navío Werner Hartenstein. De camino hacia la zona de operaciones, este submarino se encontró con un barco que transportaba pasajeros, barco que a partir de aquel día sería muy conocido. Era el *Laconia*, que viajaba con tres mil doscientas cincuenta personas a bordo, entre las que había prisioneros de guerra italianos, civiles y militares británicos, polacos... El *U 156* persiguió al barco, que navegaba en solitario, durante varias horas y a las 21:00 del día 12 de septiembre, cuando ya la oscuridad lo permitía, emergió para atacar desde la superficie. Hartenstein, después de tanto tiempo ante su objetivo, sabía que era un buque de pasajeros de la Cunard, tomado por la Marina británica para el transporte de tropas y por lo tanto un objetivo militar. Colocado en posición, la orden de fuego atravesó el submarino y dos anguilas, como llamaban coloquialmente los submarinistas a los torpedos, salieron de los tubos de proa rumbo al *Laconia*. El casco del buque recibió los impactos y de inmediato se desató un incendio a bordo, a la vez que comenzaba a escorarse como consecuencia de los daños causados por el ataque.

Cuando los hombres del *U 156* comprobaron que entre los pasajeros que abandonaban el *Laconia* a bordo de los botes salvavidas había mujeres y hasta niños, quedaron desconcertados. Subieron a la superficie y al hablar con ellos desde la cubierta del submarino se dieron cuenta de que algunos eran italianos. Uno de los supervivientes del ataque explicó al comandante Hartenstein que había entre mil cuatrocientos y mil ochocientos prisioneros italianos en el barco, más de doscientos cincuenta soldados británicos de permiso, unos ciento sesenta soldados polacos y otras ochenta personas más entre mujeres y niños. Además de todos ellos estaba la propia tripulación del *Laconia*, otras ciento treinta y seis personas. Sobre el agua había ya un par de decenas de botes repletos de gente, pero muchos más supervivientes estaban en el agua pidiendo auxilio. Ante la inesperada situación, desde el *U 156* se envió un mensaje a su centro de mando en Lorient: «Hundido por Hartenstein británico *Laconia* en FF7721 310º. Desgraciadamente con mil quinientos prisioneros de guerra italianos. He sacado del agua, hasta ahora, noventa. Ciento cincuenta y siete metros cúbicos, diecinueve anguilas, vientos alisios. Solicito instrucciones».

Las casi veinte mil toneladas del *Laconia* desaparecieron bajo el agua una hora y media después del ataque. Tras el mensaje, se enviaron varios submarinos alemanes que había por la zona a ayudar al *U 156* en sus labores de rescate, ya que la situación les sobrepasaba con creces. Unas doscientas personas se apiñaban sobre la cubierta del submarino a la espera de ayuda y de un rescate real. Después de unas horas llegó un mensaje de Dönitz que dejaba claro que la seguridad de sus naves estaba por encima de cualquier otra consideración y daba órdenes a los submarinos implicados en el ataque al *Laconia* de estar preparados para sumergirse en cualquier momento y en cualquier caso, sin tener en cuenta a los náufragos. En aquel momento eran ya cuatro los submarinos implicados en el rescate, además del propio *U 156*, estaban el U *506* de Würdemann, el U *507* de Schacht y el *Cappellini*, un submarino italiano comandado por Marco Revedin. Se establecieron conversaciones con el gobierno de Vicky y se acordó un punto de encuentro para el rescate. A dicho punto acudirían por una parte los submarinos cargados de supervivientes en sus cubiertas y remolcando a los botes salvavidas y por otra parte varios barcos para subirlos a bordo.

Durante todo el viaje hasta el punto de encuentro, el *U 156* transmitía por radio, en abierto y claramente, un mensaje en el que aseguraba que no atacaría a ninguno de los buques que acudiera en socorro de los náufragos del *Laconia*, a condición de que él mismo no fuera atacado por buques ni aviones. El día 16, cuatro días después del ataque, un avión B-24 Liberator sobrevoló el submarino de Hartenstein, que había desplegado una gran bandera con la cruz roja de dos metros por dos metros, mientras este le hacía señas indicando que necesitaba ayuda y le comunicaba por radio que no era beligerante. El avión comunicó a su base lo que tenía bajo él y pidió órdenes para actuar. El oficial de servicio en su base de la Isla Ascensión fue tajante: hunda el submarino.

A las 12:32 el B-24 llevaba a cabo las órdenes recibidas y tras ametrallar al *U 156* en varias pasadas, dejaba caer varias cargas de profundidad sobre el *U 156* y los botes salvavidas. Uno de los botes volcó por el ataque, dejando en el agua a sus ocupantes. El B-24 también atacó el *U 506*. Al verse atacado y en base a la órdenes claras dada por Dönitz, Hartenstein no dudo un momento y mandó cortar los cabos de remolque de los botes salvavidas y despejar la cubierta. Tras ello, ordenó inmersión. Los supervivientes del *Laconia*, que durante días había visto pasar hora tras hora en mitad del mar pero con el submarino bajo sus pies, se veían ahora abandonados a su suerte en el agua. La situación se repitió en el resto de submarinos, todos suspendieron su ayuda y se sumergieron. En los días siguientes varios barcos se encargaron del rescate de los náufragos, aunque la mayor parte de los prisioneros italianos, al no haber sido liberados tras el ataque del *U 156*, habían perdido la vida en el propio hundimiento.

El incidente del *Laconia* reabrió algunas discusiones importantes y vivas durante toda la guerra, que giraban en torno a cómo actuar con los supervivientes de un hundimiento o si se debía prestar ayudar a los náufragos en lugar de abandonarlos a su suerte. Dönitz daría instrucciones estrictas a sus comandantes a partir de entonces, prohibiendo el rescate de supervivientes de barcos hundidos, fuera cual fuera la situación de estos, estuvieran a bordo del barco en hundimiento, a bordo de botes salvavidas o en el agua. Se prohibía también ayudar en caso de que un bote volcara, aunque sólo fuera para devolver el bote a su forma correcta y bajo ningún concepto se entregaría a los supervivientes comida o agua. Estas duras instrucciones de Dönitz, cuyo nombre oficial era Triton Null, le fueron recordadas durante los juicios de Nuremberg, una vez acaba la guerra, ya que suponían una forma de actuar extrema y que sobrepasaba los límites de la acciones militares. Dönitz expondría en los juicios otras órdenes y acciones que mostraban una actitud no tan beligerante con los supervivientes de los ataques. De hecho, durante el propio incidente del *Laconia*, Dönitz movilizó varios submarinos para que fueran a ayudar al *U 156* en sus labores de rescate, quizás por estar implicados prisioneros italianos, aliados de Alemania. Otro de los argumentos de defensa, aunque un poco débil, era que los aliados habían cometido también acciones similares, ataques a supervivientes en el agua, como el caso del *Torbay* en Europa o el *Wahoo* en el Pacífico.

Otra tragedia fue el hundimiento del *City of Benares* a manos del *U 48* de Heinrich Bleichrodt. El barco formaba parte del convoy OB-213, que viajaba de Liverpool a Norteamérica y al que el submarino alemán puso bajo su punto de mira. A las 23:45 del 17 de septiembre de 1940, años antes del incidente del *Laconia*, comenzó el ataque y en torno a la media noche se hundía el *City of Benares,* que transportaba a niños de Inglaterra a Canadá con el objetivo de salvarlos de la guerra. En una broma macabra del destino, aquellos niños que escapaban de la guerra la encontraron directamente en el océano y pagaron el encuentro muy caro, ya que setenta y siete de ellos murieron. Uno de los tripulantes del submarino, tiempo más tarde, cuando era prisionero de guerra, se ufanaba ante un compañero alemán del hundimiento, sabiendo que eran niños los que habían muerto. Este es un caso extraño y la realidad es que habitualmente los submarinistas cumplían con su cometido de manera aséptica y hablaban de haber hundido, liquidado, despachado, reventado... un barco, un mercante, un torpedero, o en general el tipo de nave que fuera, sin hacer referencia a las personas que iban a bordo. En sus conversaciones y escritos usaban verbos contra el barco, por decirlo de algún modo, pero no solían hablar de matar enemigos. El capitán de navío Heinz Scheringer, del *U 26,* narraba de la siguiente manera uno de sus combates: «Llevábamos ya veinte mil [toneladas] y fácilmente habríamos llegado a las cuarenta mil; sí, algo habríamos obtenido. Fue magnífico el modo en que atacamos. El convoy entero; cada uno se eligió un barco: este para nosotros, no, mejor cogemos ese otro, que ese es más gordo. Y entonces nos unimos todos, primero, contra el petrolero. Luego, justo después, contra el de la izquierda». Estas palabras son una muestra del espíritu con el que encaraban el ataque, con ese ansia por sumar toneladas y de cómo para los submarinistas el objetivo eran los barcos, aunque lógicamente sabían que a bordo iban hombres que en muchos casos pagarían con su vida, y cuando veían de cerca el sufrimiento de los náufragos de los barcos hundidos los submarinistas solían pensar que poco podían hacer. En cualquier caso, en un ataque emergido sólo había cuatro hombres en la torre de la nave y en un ataque en inmersión sólo el comandante veía el blanco, a través del periscopio. Esto, sumado al hecho de que habitualmente el ataque ocurría a cierta distancia, separaba a las tripulaciones de los submarinos de las consecuencias humanas de sus acciones.

Submarinos británicos en el Mediterráneo

El *Upholder* era un submarino británico que a finales de 1940 comenzaba sus operaciones en el Mediterráneo, poco después de ser botado, y establecía Malta como su base principal. Bajo el mando de Malcolm David Wanklyn, persiguió a los buques italianos y alemanes que navegaban por el Mediterráneo con el objetivo de abastecer las tropas alemanas e italianas en África. En mayo de 1941 se encontró con la que iba a ser su tercera presa, el *Conte Rosso*, un enorme barco que transportaba tropas. En el atardecer del día 24 de aquel mes, el submarino británico divisó un grupo formado por tres enormes transatlánticos y comenzó el acercamiento sigilosamente, preparando el ataque, cuando se dio cuenta de que en la zona también había varios destructores, que escoltaban a los barcos de pasajeros. El comandante Wanklyn no se amedrentó por ello y ordenó disparar dos torpedos contra el más grande de los objetivos. Uno de los escoltas estaba a poco más de trescientos metros, por lo que inmediatamente después de que los torpedos salieran de los tubos el submarino bajó hasta los cuarenta y cinco metros y comenzó a dirigirse hacia el este, escapando del posible contraataque. Un minuto después de los disparos, y ya escapando, en el submarino oyeron dos explosiones que celebraron ya que significaba que habían hecho blanco. La alegría duró poco, ya que a pesar de la previsión en la huida, el submarino había sido detectado y comenzaron las cargas de profundidad a intentar destruirlo bajo el agua. Durante unos veinte minutos decenas de cargas fueron lanzadas contra la nave británica, pero ninguna de ellas causó daños importantes, a pesar de que alguna hizo explosión cerca del casco.

El submarino seguía a la espera de acontecimientos, oculto bajo el agua, cuando el ruido del hundimiento del barco que habían alcanzado, el *Conte Rosso*, se hizo palpable. Esperó aún otra hora y media antes de dar la situación por superada y entonces se escabulló, salió a superficie y envió un informe a la base de Malta sobre el hundimiento. Durante el verano de 1941 el *Upholder* siguió hundiendo enemigos en el Mediterráneo y el 18 de noviembre tuvo una de sus jornadas más memorables. En aquella fecha estaba a unos ciento treinta kilómetros al noreste de Trípoli, hacia donde se dirigía, un importante convoy de transporte de tropas, cuya ruta era conocida por los aliados gracias a que la inteligencia británica tenía bajo control y superada a la criptografía alemana. A las 4 de la madrugada se estableció contacto entre los barcos italianos y los submarinos que habían sido enviados contra ellos, comenzando el ataque poco después. El patrón de ataque del *Conte Rosso* se repitió y el *Upholder*, tras disparar los torpedos y antes de ver el resultado de dichos disparos, comenzaba a aumentar su profundidad de navegación y a retirarse de la zona del ataque. Dos barcos fueron alcanzados, cada uno de ellos por un torpedo, y tras esas dos explosiones nítidamente percibidas en el submarino, no hubo contraataque con cargas de profundidad. En cualquier caso la prudencia llevó al submarino británico a separarse del convoy mientras recargaba los tubos y dejó pasar dos horas antes de volver a acercarse para hacer un nuevo ataque. En el momento antes de disparar, el submarino se dio cuenta de que había sido detectado y tuvo que abortar el ataque y aumentar la profundidad de manera urgente. Un destructor se colocó sobre él y cuando en el submarino ya estaba preparado para resistir las cargas lanzadas contra ellos, mientas contenían la respiración y mantenían silencio bajo el agua, el tiempo siguió pasando sin que ocurriera nada. El destructor no lanzó ningún ataque contra el *Upholder* y le permitió así buscar una nueva oportunidad.

Con las primeras luces del día la nave británica volvía a estar al acecho de los restos del convoy y tras colocarse en posición, disparaba dos torpedos contra otro objetivo, con buena puntería de nuevo ya que los dos hicieron blanco. En ocho minutos el *Oceania* se hundía en el Mediterráneo, y tras ese hecho, una vez más, nada hicieron los destructores contra el *Upholder*, que cerró un día épico con el hundimiento de dos grandes barcos italianos, el *Oceania* y el *Neptunia,* de casi veinte mil toneladas cada uno. Afortunadamente murieron sólo algunos centenares de hombres gracias a que se puso en marcha una enorme operación de rescate.

Pocas semanas después el *Upholder* se enfrentaba a un destructor italiano, el *Libeccio,* y lo hundía. En enero de 1942, en mitad de la noche, el *Upholder* detectó un nave que se dirigía hacia él y se sumergió inmediatamente. Oculto, identificó a su enemigo como un submarino, que navegaba en zigzag y que merecía ser su próximo objetivo. El ataque fue un éxito y el *Ammiraglio Saint Bon*, italiano, fue hundido de manera fulminante. Tras el ataque, los británicos recogieron a tres supervivientes del agua, otros 59 habían muerto, y siguió su camino. No fue este el único submarino hundido por el *Upholder*, ya que la marina italiana perdió también el *Tricheco* a manos de *Wanklyn*. El *Upholder* fue el submarino británico más efectivo y con mejores resultados de toda la Segunda Guerra Mundial. Completó veinticuatro patrullas en las que hundió casi cien mil toneladas pero en su vigésimo quinta patrulla la suerte le fue esquiva. En abril de 1942, mientras trataba de interceptar un convoy enemigo, el *Upholder* fue hundido. No se tiene constancia clara sobre la causa de su pérdida y quién ha de apuntársela en su haber, aunque probablemente el fin del submarino británico llegara desde el aire, por el ataque de un avión enemigo.

Otros submarinos ingleses combatieron en el Mediterráneo y aunque los hechos más relevantes de la guerra submarina en la Segunda Guerra Mundial están habitualmente en relación con la U-Bootwaffe alemana, también otros países hicieron uso de los submarinos. Son muchas las naves hundidas por los peces de acero de la Royal Navy, en gran medida gracias a la colaboración entre la Royal Air Force y la Royal Navy británicas, algo que nunca llegó a producirse en toda su extensión en el caso de Alemania. Las aguas del Mediterráneo fueron la zona de patrulla de submarinos de uno y otro bando, pero mientras que los alemanes e italianos permanecían durante el día ocultos e inactivos por miedo a la aviación, el peligro no era el mismo para los británicos. Sus submarinos no eran acosados por los aviones de reconocimiento y antisubmarinos y de hecho no hubo pérdidas importantes de submarinos británicos en el Mediterráneo por ataques aéreos.

En el comienzo del siglo XX el almirante sir Arthur Wilson, importante hombre en la Royal Navy de entonces, aseguró que los submarinos eran engañosos, no jugaban limpio y que iban contra la forma británica de hacer la guerra. Abogó por tratar a los submarinistas de otro países, una vez capturados, como si fueran piratas. Dicho esto, no deja de tener su gracia que fueran precisamente los submarinos británicos los que comenzaran a hacer ondear la bandera pirata, la famosa Jolly Roger, cuando volvían a puerto. El primero en hacerlo fue Max Horton en la Primera Guerra Mundial, y esta costumbre se retomó en la Segunda Guerra Mundial.

Japón hunde el *Wasp*

En la batalla de Pacífico los submarinos también tuvieron su papel y fueron empleados en la guerra naval contra otros buques de guerra, pero también tuvieron como objetivo los transportes, de forma similar a lo que ocurría con los convoyes en el Atlántico. En cierto modo los aliados llevaron a cabo en el Pacífico con sus submarinos acciones similares a las que sufrían en el Atlántico en sus convoyes.

El desarrollo de prototipos y submarinos en Estados Unidos entre las dos guerras parecía no llevar un camino demasiado satisfactorio si bien finalmente, gracias en gran parte a la constitución de una comisión dedicada expresamente a ello, el resultado fue el deseado. En 1939 la clase Tambor vio la luz, incorporando todos los avances en la guerra submarina del momento. No sólo eran rápidos y disponían de una considerable autonomía, también incorporaban comodidades para la tripulación, como el aire acondicionado, que ayudaban a hacer más llevaderas las patrullas largas y además también mejoraban el funcionamiento general de los sistemas. Las naves británicas de entonces no eran mejores y si bien los submarinos alemanes los superaban en algunos aspectos como las ópticas o los motores diésel, la armada estadounidenses disponía al comenzar la guerra de submarinos fiables y robustos en comparación con ellos.

Los submarinos estadounidenses podrían haber sido una importante baza para romper las vías de comunicaciones japonesas, acabando con los mercantes que movían personas y materiales entre las islas del imperio nipón. Pero llegado el momento los Estados Unidos pusieron todo el peso en los buques de guerra como su elemento vital en el mar y los submarinos quedaron en un segundo plano. Esto, unido a algunos errores en la formación y a los fallos en los torpedos al comienzo de la guerra, llevaron al arma submarina estadounidense a tardar en encontrar su lugar en la guerra en el Pacífico.

En el otro bando del Pacífico, la Marina Imperial japonesa había creado una flota submarina pensada para operar lejos de sus costas, con naves grandes, muy veloces en superficie y de gran autonomía. Algunos de esos submarinos estaban pensados incluso para transportar aviones. Por supuesto, también tenían naves costeras y de medio alcance, si bien su estrategia principal se apoyaba en los primeros. Algunas de las tecnologías y de los sistemas que incorporaban las naves japonesas eran deficientes e inferiores a los de sus enemigos, pero sus torpedos, un elemento esencial y que generó problemas en Estados Unidos, fueron claramente mejores, más veloces y mucho más fiables. A pesar de ello los submarinos japoneses, más largos y más rápidos que sus equivalentes aliados y con mejores torpedos, no fueron capaces de tener un papel destacado en la guerra, más allá de algunas acciones concretas. Un uso del radar más eficiente, el dominio de las comunicaciones de la inteligencia estadounidense, así como su poder aéreo, acabaron por arruinar el modelo japonés, diseñado en torno a la preparación de una gran batalla, un enfrentamiento brutal y total que acabaría por decantar la guerra de un lado u otro. Ese modelo conllevaba la especialización de todos los elementos, incluidos por supuesto los submarinos y sus tripulaciones, para encajar en el mismo y estar listos para ese momento clave. La falta de flexibilidad e iniciativa del mando japonés constreñía las operaciones. Sirva de ejemplo el simple dato de que los comandantes japoneses tenían instrucciones claras sobre el número de torpedos que podían disparar en función del enemigo. Así, salvas completas sólo podían lanzarse contra importantes buques de guerra enemigos, como podría ser un portaaviones. Los cruceros únicamente merecían tres torpedos y uno, no más, se podía disparar contra un destructor o un mercante. Esto, como era de esperar, permitía que la amenaza submarina a los convoyes estadounidenses en el Pacífico fuera relativa.

En cualquier caso hubo memorables operaciones puntuales, tanto en un bando como en el otro. El 13 de septiembre de 1942 un avión de reconocimiento japonés divisó a un grupo de buques enemigos a trescientos veinte kilómetros al sureste de la isla de San Cristóbal, entre ellos, algunos portaaviones. El aviso llegó a varios submarinos japoneses y el *I-19* de Takakazu Kinashi se dirigió al encuentro con los estadounidenses, tomando contacto visual el día 15, tras detectar primero el sonido de las hélices. La posición era perfecta para un ataque, a pesar de que los barcos cambiaban de rumbo como medida de precaución, reduciendo así el ángulo que ofrecían a *I-19*. A las 13:45, y de acuerdo a las instrucciones que le permitían disparar una salva completa en el caso de que el enemigo lo mereciera, Kinahsi ordenó disparar seis torpedos. Tras la espera, la tripulación nipona escuchó cuatro explosiones, aunque estaban ya atareados escapando del contraataque, en el que recibieron hasta ochenta cargas de profundidad, afortunadamente para los nipones sin consecuencias. Tres de los torpedos hicieron blanco en el portaaviones *Wasp*, creando el caos a bordo. Los fuegos se extendieron por el buque y a provocar explosiones, mientras que los sistemas contra incendios no funcionaban. El *Wasp* comenzó a escorarse y el fuego flotaba ya en el agua allá donde el combustible se había vertido. Casi media hora después de ser torpedeado el buque sufrió varias explosiones importantes y ante la imposibilidad de detener las llamas se procedió a abandonar el barco a las 15:20. Uno de los torpedos había pasado rozando el *Lansdowne,* pero no lo llegó a alcanzar, por lo que pudo colaborar en el rescate de los supervivientes y cumplir con la orden de torpedear el *Wasp* y esperar junto a él hasta que se hubiera hundido por completo. Cumplió la misión asignada a las 21:00, cuando el *Wasp* desapareció y con él cuarenta y cinco aviones y casi doscientas vidas.

Los otros tres torpedos que disparó el *I-19* navegaron veinte kilómetros hasta alcanzar otro grupo de barcos que navegaban en torno al *Hornet* e hicieron blanco en el *North Carolina* y el *O'Brien*, mientras el tercero se perdía en el océano. El primero fue dañado pero resistió y pudo ser recuperado, pero el *O'Brien* acabó por partirse en dos al cabo de los días, cuando era llevado a puerto para ser reparado. Esta acción, una de las salvas más exitosas de la guerra en el Pacífico ya que hubo tres buques dañados en un sólo ataque, muestra la superioridad de los torpedos japoneses, capaces de navegar con seguridad largas distancias.

En el otro lado los americanos pasaron muchos meses con problemas en sus torpedos. En julio de 1943 el submarino estadounidense *Tinosa* había recibido información por parte de los criptoanalistas y la inteligencia en Hawái sobre la posición y rumbo del enorme petrolero japonés *Tonan Maru No.3* de más de diecinueve mil toneladas. Al momento el submarino, bajo el mando del comandante Daspit, comenzó a moverse para interceptar al barco enemigo. La nave japonesa navegaba a trece nudos de velocidad, sin escolta alguna y sin zigzaguear, por lo que en principio era un blanco fácil para el *Tinosa*, que se colocó en posición de ataque. Cuatro torpedos fueron disparados contra el *Tonan Maru No.3* y lo único que consiguieron fue levantar dos columnas de agua cerca del barco, lo que provocó que este aumentara su velocidad y tratara de huir cambiando de rumbo. Este cambio dejó al *Tinosa* en una posición de tiro complicada, ya que la primera, desde la que había atacado, elegida a placer, era perpendicular al barco. A pesar de ello el comandante volvió a ordenar fuego a sus hombres y dos nuevos torpedos fueron lanzados. Esta vez sí hizo blanco y el barco tuvo que detenerse, aunque no corría riesgo de hundirse. Su situación en cualquier caso era muy delicada, ya que no podía huir y aunque disparaba sus armas contra el submarino, este estaba sumergido y por lo tanto relativamente protegido. Nada podía proteger en cambio al *Tonan Maru No.3* de otro ataque con torpedos, del golpe de gracia.

Daspit, sabiendo que su nave tenía tiempo, maniobró con el *Tinosa* para volver a colocarse en la posición de ataque óptima, a unos ochocientos metros del objetivo. Disparó entonces un torpedo que navegó recto y sin problemas hasta el barco japonés y entonces no hubo más que un géiser de agua. Eran demasiados fallos en los torpedos para un día y Daspit ordenó revisarlos antes de seguir disparando. Todo parecía correcto, pero cuando hicieron fuego de nuevo se encontraron con que no hubo explosión alguna. Con el *Tonan Maru*

No.3, enorme, parado a una distancia ideal, el *Tinosa* disparó otros siete torpedos y a pesar de tener todo a su favor no consiguió dañar el barco japonés, ni mucho menos hundirlo. Finalmente lo dejó por imposible y puso rumbo a Pearl Harbor, con un sólo torpedo ya a bordo. No sólo fue el caso del *Tinosa*, aunque es uno de los más significativos, sino que varios comandantes se quejaron de la fiabilidad de los torpedos, lo que provocó un estudio concienzudo y centenares de pruebas. Durante más de año y medio los submarinistas estadounidenses combatieron al enemigo usando como base unos torpedos cuya fiabilidad era muy baja, con fallos, según algunos estudios, en el setenta por ciento de los disparos. No era extraño que los barcos japoneses llegaran a puerto con torpedos clavados en el casco, torpedos que habían impactado pero no habían explotado. A pesar de ello, y también gracias a las mejoras que se fueron llevando a cabo, el arma submarina de Estados Unidos pudo avanzar en su rendimiento y conseguir hacer un daño considerable a su enemigo japonés durante la guerra.

El Mediterráneo en 1942

En 1942 la guerra en el Norte de África estaba en pleno apogeo y la segunda mitad del año fue decisiva en ese escenario de la guerra. Ante esa situación en tierra, los combates en el Mar Mediterráneo seguían siendo una prioridad y Malta se convirtió en un punto clave, siendo bombardeada sin descanso por los alemanes y sirviendo a los aliados como base para sus operaciones en la zona, tanto para los submarinos y barcos de la Royal Navy como para los aviones de la Royal Air Force. A cambio de esa posición privilegiada la isla tuvo que resistir uno de los bombardeos más insistentes y duros de la Segunda Guerra Mundial. Entre finales de marzo y mediados de abril de 1942 más de seis mil quinientas toneladas de bombas fueron lanzadas contra ella. Tal resistencia hizo merecedora a la Isla de Malta, el territorio, de la Cruz de Jorge, la más alta condecoración civil de la Commonwealth.

La importancia de Malta era clara para ambos bandos, y en lo que a la guerra submarina se refiere, el objetivo principal era hundir convoyes de suministros a los ejércitos. En una parte importante la guerra se estaba decidiendo en aquel momento en África y el funcionamiento de las líneas de abastecimiento podría decidir qué bando tenía la ventaja. En esa cadena de dependencias los submarinos podrían ser claves para romper las líneas logísticas y ayudar, desde el Mediterráneo, a la victoria de su bando en tierra. Un submarinista británico envió una carta al diario *The Times*, de manera anónima y firmando como «Naval Officer», en la que lo dejaba claro ese pensamiento: «Reconsideremos por lo tanto el valor ofensivo del submarino para nosotros, a la vez que nos preocupamos por su valor para el enemigo. Su principal cualidad estratégica está en la habilidad para actuar sin ayuda a gran distancia de su base, en aguas bajo control enemigo. Tácticamente es capaz de conseguir la sorpresa con su arma más potente, el torpedo. Operando individualmente o en grupo, ayudado por la aviación o ayudando a la aviación, los submarinos pueden paralizar la líneas de suministro del Eje hacia Libia. ¿Hemos construido refugios para nuestros submarinos en Malta como los alemanes lo han hecho para los suyos en St. Nazaire?»

En el mes de agosto de 1942 los británicos pusieron en marcha la operación Pedestal, destinada a hacer llegar suministros a la isla de Malta, que debido al bloqueo al que estaba siendo sometida había llegado al extremo de la carestía y por lo tanto su importante posición en el Mediterráneo quedaba anulada, al no poder servir de base de operaciones desde la que atacar los convoyes del Eje. Un enorme grupo formado por catorce mercantes, tres portaaviones, siete cruceros, dos acorazados y algunos destructores cruzaron el Estrecho de Gibraltar internándose en el Mediterráneo el 10 de agosto. Entre Sicilia y Túnez esperaban seis submarinos británicos patrullando con el objetivo de evitar ataques al convoy, cuyo identificador era WS-21S, y otros dos submarinos había sido enviados al norte, también como medida de protección. La carga que portaban aquellos barcos hacia Malta, especialmente el combustible, era vital. Al día siguiente de pasar junto a Gibraltar el convoy fue localizado por un avión de reconocimiento enemigo, a la vez que algunos de los Spitfires de los portaaviones despegaban. El submarino alemán *U 73,* comandado por Helmut Rosenbaum, también localizó al grupo británico.

Rosenbaum comenzó entonces sus maniobras y evitando la pantalla de protección de los destructores se internó entre los barcos del convoy y dejando pasar varios mercantes ante él, disparó contra el portaaviones *Eagle* desde poca distancia. Cuatro torpedos habían salido de los tubos del *U 73* a las 13:15 y los cuatro hicieron blanco, abriendo una enorme brecha en el lateral de la nave que provocaría su hundimiento en tan sólo ocho minutos. Ciento sesenta personas fallecieron en el hundimiento, uno de los más importantes ocurridos en el Mediterráneo si tenemos en cuenta el tonelaje de la nave, veintidós mil seiscientas toneladas. Tras aquel primer ataque submarino, el convoy WS-21S fue acosado por los aviones, dañando un mercante, dañando un destructor, que finalmente tuvo que ser hundido, y dejando fuera de servicio a otro portaaviones, el *Indomitable.* Entonces, el 13 de agosto y de acuerdo al plan, los grandes buques de protección del convoy dieron la vuelta y este afrontó su recorrido final con cuatro cruceros y los destructores que quedaban como toda escolta.

Trece submarinos italianos estaban a la espera del convoy al norte de Túnez, entre ellos el *Axum* del teniente Renato Ferrini, que lanzó una vez que lo tuvo a tiro la salva de torpedos más devastadora y exitosa de la armada submarina italiana en toda la guerra, si no tenemos en cuenta la operación de comando de las Fuerzas Especiales Submarinas contra el *Valiant* y el *Queen Elisabeth*, entre otros, en el puerto de Alejandría. El convoy estaba formando en dos columnas detrás de los dragaminas para atravesar una zona peligrosa, precisamente por haber sido minada, cuando en torno a las 20:00 el crucero *Cairo*, el crucero ligero *Nigeria* y el petrolero *Ohio* fueron alcanzados. El primero se hundió, el segundo quedó dañado y el tercero, el *Ohio*, acabó tan tocado el viaje que hubo de ser hundido. Un efecto colateral del ataque de los submarinos italianos fue que habían quedado fuera de combate los únicos barcos de convoy equipados con los sistemas de radio que permitían dirigir los aviones de la base de Malta. Debido a que estaban atravesando una zona minada, los aliados no sabían si las explosiones se debían a que habían sido atacados por un submarinos o a si habían chocado con una mina, lo que produjo cierta confusión y permitió que dos mercantes más fueran hundidos y otro más dañado.

Apenas se estaba recomponiendo el convoy tras los ataques del primer encuentro cuando se encontraron con un segundo grupo de submarinos italianos. Los ataques no se hicieron esperar y un crucero fue torpedeado por el *Alagi* de Sergio Puccini, aunque no fue suficiente para hundirlo y siguió navegando. El italiano volvió a disparar, esta vez contra un mercante, y a él se unió el submarino *Bronzo*, que acabó de hundir un mercante que había sido dañado en una ataque aéreo. Las escenas de los ataques a convoyes del Atlántico de los primeros meses de la guerra se repetían, ahora en el Mediterráneo, y además con una importancia mucho más determinante para el desarrollo de la guerra. Con la noche, los supervivientes del convoy enfilaban hacia el sur, ya hacia su destino, cuando tuvieron que enfrentarse de nuevo con el enemigo. Primero había sido un submarino alemán, el *U 73*, que había hundido una importante nave británica, luego habían sido los ataques aéreos, luego los submarinos italianos habían conseguido hundir y dañar varios barcos y, por último, aviones torpederos alemanes e italianos esperaban al WS-21S. Un crucero quedó fuera de servicio, el cuarto ya, y cuatro mercantes fueron enviados al fondo, mientras que otro era dañado. Con la llegada del día aparecieron en el aire varios cazas pesados británicos Beaufighter, que habían despegado de Malta para dar cobertura al convoy, lo que no impidió que los aviones alemanes hicieran varios ataques y hundieran un mercante y dañaran el ya maltrecho Ohio. Cuando los Spitfires de Malta se unieron a la escolta del convoy, o mejor dicho, de los restos de este, todo acabó y lo que quedaba de viaje discurrió sin más incidentes.

De los catorce mercantes que componían el convoy y que habían atravesado el Estrecho de Gibraltar días atrás, tan sólo tres hicieron su entrada en el Gran Puerto de La Valetta, en Malta, a los que se unió al día siguiente uno más que llegaba muy dañado. Había sido un éxito por parte del Eje el ataque al convoy WS-21S, pero no habían evitado que el *Ohio*, a pesar de llegar en muy malas condiciones, llegara a su destino con su vital cargamento de combustible, lo que supuso oxígeno para que Malta siguiera respirando en la guerra y supuso que alemanes e italianos habían fallado en su objetivo final. Habían vencido la batalla pero no habían conseguido asfixiar a la isla. Más allá de los mercantes, la Royal Navy se había dejado por el camino un portaaviones, el *Eagle*, dos cruceros y un destructor, todos hundidos, junto con otro portaaviones, otro dos cruceros y varios destructores muy dañados. A cambio los italianos habían perdido dos submarinos, y varios aviones, tanto italianos como alemanes, habían sido derribados.

Wolfgang Lüth

Wolfgang Lüth, uno de los ases más laureados de la U-Bootwaffe, ante Hitler.

Wolfgang Lüth nació el 15 de octubre de 1913 en Riga, en las costas del Báltico. A pesar de ello fue un nazi convencido y el Reich de Hitler era la base de sus ideales. Era capaz de combatir con la mente fría y aguantar con calma los ataques de las cargas de profundidad, por lo que fue uno de los ases más laureados de la U-Bootwaffe. A pesar de ser joven la calvicie había causado que únicamente tuviera pelo en los lados de la cabeza y en la nuca, casi como un monje, lo que le daba un aspecto peculiar cuando volvía a puerto tras una larga patrulla y como todos los submarinistas en dichas circunstancias mostraba una poblada y larga barba. En 1937 fue parte de la tripulación del *U 27,* que patrulló en España durante su Guerra Civil y en enero de 1940, ya en plena Segunda Guerra Mundial, comenzó sus patrullas como comandante, en ese momento del *U 9*, un pequeño submarino costero. Su carrera fue hacia arriba desde aquel momento y en octubre de 1940 ya tenía la Cruz de Caballero en el cuello, siendo el único comandante que la consiguió a bordo de un submarino costero, el *U 138.* Poco después le asignarían una nueva nave, el *U 43*, que era de tipo IX, de largo alcance, y con la que hundió doce barcos.

Lüth fue comandante de cinco submarinos, aunque sólo patrulló con cuatro de ellos. La última nave que se puso bajo su mando fue el *U 181*, tras el *U 43*, y precisamente con ella el 3 de noviembre de 1942 hundía el mercante estadounidense *East Indian* en el extremo sur de África. A las 16:22 había torpedeado la nave, que viajaba sin escolta aunque intentaba disminuir el riesgo navegando en zigzag, que en sólo dos minutos se hundió. Diez minutos después del hundimiento el *U 181* emergía y se acercaba a los supervivientes para dejarles agua e indicarles el rumbo hacia Ciudad del Cabo.

Ya en el océano Índico, hundió otros tres barcos entre el día 8 y el 13, superando entonces las doscientas mil toneladas en su registro personal. No en vano Lüth ostenta el segundo mejor número en toneladas hundidas durante la guerra, con doscientas veinticinco mil en números redondos, únicamente superado por Otto Kretschmer. Dos días después, el 15 de noviembre, se enteró por radio de que Hitler, su adorado Führer, había reconocido sus hazañas con las Hojas de Roble para su Cruz de Caballero. Pero no era momento de celebraciones y al cabo de unas horas un destructor sorprendía al *U 181*, que tenía que sumergirse de manera urgente. El ASDIC golpeteaba el casco del submarino y el destructor se colocó sobre el *U 181*, aunque este había tenido tiempo suficiente como para bajar hasta una profundidad segura. A ciento sesenta metros bajo la superficie los alemanes aguantaron los movimientos y zarandeos de su nave cada vez que las cargas de profundidad hacían explosión a una cercanía peligrosa. Lüth, impasible, escuchaba en la sala de control los informes sobre los daños y los problemas que iban haciendo mella en el *U 181*. En torno al mediodía los sonidos en la superficie que recogían los sistemas del submarino hicieron sospechar a Lüth de que había un segundo destructor trabajando en su contra. Se equivocaba en parte, no era un destructor sino que eran dos corbetas. La situación se alargaba y a pesar de que los hombres había permanecido horas casi quietos para no consumir más aire del necesario, el ambiente en el submarino era ya asfixiante. A pesar de ello Lüth miraba las caras de su tripulación y permanecía sin ordenar movimiento alguno, esperando el momento apropiado. A medianoche, tras horas de tensa inmersión, el *U 181* comenzó a subir. La experiencia, aunque dura no dejaba de ser casi habitual para los submarinistas, por lo que el *U 181* continuó en los días siguientes con su patrulla, que acabaría con doce barcos hundidos y casi sesenta mil toneladas sumadas al contador de Lüth y del *U 181*.

En la noche del 30 de noviembre y tras dos torpedos lanzados sin acierto, el submarino disparó con las armas de cubierta contra el Cleanthis, un mercante con bandera griega. Los disparos habían destrozado el puente del barco y no pudo lanzar señales de socorro, que se acabó hundiendo poco antes de las siete de la mañana. Esta vez el *U 181* no tuvo compasión de los supervivientes y se alejó de allí sin prestar atención a los botes salvavidas. El 2 de diciembre, tras casi tres meses de patrulla, hundía el último barco de la misma y aún le quedaban cinco semanas de navegación antes de volver a entrar en puerto. Para mantener a sus hombres entretenidos y despiertos mentalmente durante tanto tiempo, Lüth había organizado la publicación de algo similar a un periódico a bordo de su nave y había organizado concursos de varios tipos: preguntas, contadores de historias, ajedrez... Esta iniciativa fue pionera y Lüth dio a lo largo de 1943 algunas conferencias sobre la misma, ahondando en los problemas psicológicos de los marineros debido a la largas patrullas oceánicas.

Aquel noviembre de 1942 los aliados habían perdido ciento treinta y cuatro barcos y más de ochocientas mil toneladas, setecientas treinta mil de ellas a manos de los submarinos. Dönitz estaba eufórico, según sus informes, el total hundido podría alcanzar las novecientas mil toneladas, a un paso del millón, quizás el punto de inflexión.

Volviendo a la vida de Lüth, en enero de 1944, tras varios años de combates, fue nombrado jefe de la 22ª Flotilla, cuya misión era la formación de nuevos comandantes de submarino y acabaría la guerra en la Academia Naval, compartiendo sus conocimientos y experiencia. Pocos días después de finalizar la guerra, el 13 de mayo de 1945, Lüth volvía a las instalaciones de la Escuela de Marina cuando, como era habitual, el centinela le dio el alto y le pidió la contraseña, la palabra en clave que debía conocer Lüth para poder acceder al edificio. Era de noche y no se sabe muy bien si Lüth no entendió al centinela, si no dijo la clave, que era Tannenberg, o si el centinela no le oyó, pero lo cierto es que este disparó contra Lüth y lo mató de un tiro en la cabeza. Su funeral fue el último en el que se rindieron honores militares durante el Tercer Reich.

La mayor batalla contra un convoy

El año 1943 comenzó con una cumbre en Casablanca donde Roosevelt y Churchill planearon los siguientes pasos estratégicos a tomar en la guerra. Entre otras cuestiones, se plantearon acabar definitivamente con la batalla de Atlántico, lo que obligaba a combatir para reducir las operaciones de los submarinos alemanes al mínimo. Los convoyes seguían fluyendo por el océano y los submarinos continuaban con su labores de combate.

Con ese objetivo, genérico, sobre la mesa, en marzo de 1943 los convoyes HX-229 y SC-122, que se dirigían a las Islas Británicas y que juntos superaban los cien barcos, fueron presa de los grupos de submarinos alemanes, que en esta ocasión rondaron los cuarenta. El SC-122 había dejado Nueva York el día 5 y cruzaba lentamente el Atlántico, con algunos buques de escolta, como es lógico, y una semana más tarde el HX-229, más veloz, comenzaba su camino. El día 12 los sistemas de escucha aliados detectaron una comunicación desde el *U 621* y el SC-122 cambió el rumbo para evitar encontrarse con los alemanes, y efectivamente evitó uno de los grupos de submarinos, pero fue directo hacia otros dos. No tardarían en llegar los ataques y los hundimientos, que vieron cómo varios submarinos, siete en total, conseguían alguna presa y hacían desaparecer diez barcos del HX-229. La noche del 16 al 17 de marzo el U 338 localizó al SC-122 y consiguió hundir cinco enemigos y esquivar a la escolta del convoy. La situación obligó a los aliados a enviar refuerzos desde Islandia para evitar que las pérdidas siguieran cayendo de su lado. Dichos refuerzos no sólo llegaron en forma de buques de guerra, sino que también el Coastal Command desplegó una cobertura aérea que no tardó en detectar varios de los submarinos y lanzar contra ellos cargas de profundidad. Ninguno resultó hundido, pero al menos se habían evitado nuevos ataques a los convoyes, aunque sólo por el momento.

El *U 221* de Hans Trojer volvió sobre el HX-229 y hundió dos barcos más, el mismo número de bajas que logró el *U 527* de Herbert Uhlig. La complicada situación y la cercanía de los convoyes con Islandia permitió que se aumentara la protección aérea de los mismos y los B-24, los B-17 y los Sunderlands, patrullaban sin descanso por encima de los barcos, lo que hizo que a partir del día 19 no se produjeron más pérdidas. En total veintidós barcos y unas ciento cincuenta mil toneladas perdidas fue el resultado del encuentro, que permitió a la propaganda alemana poder volver a sacar pecho en torno a la batalla del Atlántico y hablar de la batalla más grande contra un convoy de toda la historia. El número de submarinos que había tomado parte en los ataques de aquellos días de marzo era enorme, a pesar de lo cual sólo uno fue hundido. El *U 384* de Hans-Achim von Rosenberg-Gruszcynski había hundido un mercante de siete mil doscientas toneladas el día 17 pero el día 19 sufrió las consecuencias del importante despliegue aéreo británico. Un B-17 sorprendió al submarino en la superficie y sin darle tiempo para sumergirse e intentar escapar acabó con él en un momento. En realidad no era un precio muy alto para el momento de la guerra en el que ocurrió el hecho, para el número de pérdidas aliadas y para el esfuerzo de los británicos en la escolta de los convoyes.

Un mes después de la batalla más grande contra un convoy, como fue bautizada, el 21 de abril de 1943, partía de Liverpool el convoy ONS-5, que tenía como destino Halifax. Con una importante dotación de protección, el grueso del convoy lo formaban cuarenta y dos mercantes y un petrolero destinado a abastecer al resto de barcos durante el trayecto. Lejos quedaban ya las gloriosas noches de 1940 cuando Kretschmer o Sckepke aterrorizaban a los convoyes, pero aún así la estrategia alemana seguía en pie, enviando grupos de submarinos a atacar en el Atlántico. Contra el ONS-5 se enviaron tres grupos de submarinos con diferentes zonas de actuación, un total de cincuenta y ocho naves alemanas. El día 24, un B-17 británico que hacía labores de protección naval detectó al *U 710* del alférez de navío Dietrich von Carlewitz al sur de Islandia. Desde el avión se lanzaron cargas de profundidad contra el submarino y este se perdió, junto con la vida de todos sus tripulantes. Era la primera patrulla del *U 710* y no duró más de tres días, sin ningún resultado positivo.

Cuando el U 650 de Ernst von Witzendorff divisó el convoy, lanzó un mensaje de aviso a sus compañeros y convocó la primera manada contra el ONS-5. Las comunicaciones por radio habían sido captadas desde el convoy y por lo tanto estaban advertidos y alertados cuando se acercaron los submarinos. El intento de asalto de los alemanes se saldó sin bajas para el convoy pero con dos submarinos dañados, aunque unas horas más tarde el *U 258* consiguiera hundir el mercante estadounidense *McKeesport.* En los días siguientes llegaron refuerzos para la escolta del convoy, aunque no sin dificultades, mientras los submarinos seguían esperando su momento. El día 4 el *U 125* hundió el *Lorient* y al día siguiente llegó el esperado momento para los submarinos. A lo largo del día 5 de mayo el convoy perdió unas cincuenta mil toneladas mientras era acechado por varios submarinos. Aquel día hasta seis naves alemanas diferentes consiguieron un hundimiento, aunque la manada de lobos tuvo que pagar su peaje.

El capitán Rodney Stone, comandante del *Gharinda* y parte del ONS-5, afirmaba que encontrar una hora de tranquilidad, sin alarmas, para tomar una taza de té caliente, para descansar un poco, era un auténtico lujo. Dormir dos horas seguidas era algo casi inaudito y los marineros llevaban siempre la ropa puesta, ya que no sabían en qué momento tendrían que ponerse en marcha o, en el peor de los casos, saltar directamente al agua. El capitán Stone recordaba en una entrevista cómo subió «al puente y a babor tenía un buque que fue alcanzado en la compuerta cinco o la compuerta cuatro y se fue al fondo muy aprisa. Yo no vi la explosión propiamente dicha, porque llegué un momento después de que sucediera, primero miré a mi alrededor, por si había algo cerca, porque se trataba del barco de otro, no del mío. Y después de dar un vistazo, miré hacia atrás y vi al capitán saltando al agua desde el puente. Había un bote salvavidas cerca, eso me consta. Bueno, no pude detenerme a recogerlo y al cabo de medio minuto me alcanzaron a mí, creo que el mismo submarino, que dio delante del puente, en la compuerta número uno. Hizo saltar por los aires las grúas de estribor, se las llevó volando como si hubieran sido mondadientes. Di orden de abandonar el barco y toda la tripulación fue a sus puestos (los botes estaban boca abajo, porque se guardan boca abajo), y se arriaron los botes y uno de los seis cayó el primero por la proa, porque a un marinero, que seguramente tenía las manos entumecidas de frío, se le escapó la cuerda».

Cuando acabó el combate, en el recuento final, los doce barcos perdidos por los aliados habían costado nada más y nada menos que ocho submarinos a los alemanes. Estaba cambiando la ventaja del lado en la batalla de Atlántico y tanto es así que el ataque al ONS-5 fue el último en el que el número de barcos hundidos superó al número de submarinos. Lógicamente esta situación no era sostenible para Alemania, cuyo ritmo de construcción de submarinos y de formación de sus tripulaciones era mucho más lento que el ritmo de construcción de los barcos de transporte por parte de los aliados. Dönitz no tardaría en verse obligado en volver a suspender las patrullas en el Atlántico Norte hasta nueva orden, de igual modo a como se habían suspendido ya las patrullas en el Ártico. Las pérdidas submarinas no se justificaban con los hundimientos que se conseguían.

Los aliados seguían mejorando sus radares y sus tácticas antisubmarinas. Un avión derribado en tierra, en Rotterdam, a mediados de 1943 permitió a los alemanes estudiar el tipo de sistemas de detección que se estaba utilizando por parte de sus enemigos, aunque no pudieron hacer mucho contra ellos. Un avance significativo que incorporaron los U-Boote en estas fechas fue el esnórquel, un sistema de ventilación que era capaz de llevar aire a los motores diesel mientras el submarino navegaba sumergido a profundidad de periscopio. El sistema se componía de dos tubos que sobresalían de la superficie del agua aún con el submarino a cierta profundidad, uno tomaba aire para los motores y el otro permitía expulsar los gases de la combustión. Era un método de defensa frente a los ataques aéreos, cada vez más comunes y efectivos, pero a cambio las tripulaciones de submarinistas tenían que estar atentas ya que si el estado del mar cambiaba y el agua tapaba el tubo, podían tener serios problemas. Además, aunque se reducía la posibilidad de ser detectados, no se eliminaba del todo, ya que al radar había que sumar la pequeña estela de humo del esnórquel y también era más complicado detectar aviones enemigos por el periscopio que estando en superficie. Por último, la moral de los hombres, que pasaban periodos de tiempo más prolongados encerrados bajo el agua, se resentía. A pesar de todos estos puntos negativos, el esnórquel fue un importante avance, en términos generales.

Frederic John Walker

Frederic John Walker fue un oficial de la Royal Navy que durante la Segunda Guerra Mundial destacó en la lucha contra los submarinos alemanes, siendo seguramente el hombre más importante en ese campo durante el conflicto. Johnnie Walker, como se le apodaba habitualmente, había luchado en la Primera Guerra Mundial y se había especializado en el combate antisubmarino ya en el periodo de entre guerras, lo que por otra parte le había llevado a no desarrollar su carrera de manera significativa y cuando en 1939 comenzó la guerra parecía destinado a un retiro temprano de la carrera militar.

A pesar de que los conocimientos en la lucha antisubmarina eran vitales para intentar revertir la marcha de la batalla del Atlántico en los primeros meses y de las peticiones del propio Walker para que le dejaran combatir en el océano, el almirantazgo británico no parecía acordarse de él, hasta que su labor en la evacuación de la Fuerza Expedicionaria británica en Dunkerque lo colocó en la rampa de salida hacia un nuevo cargo como mando de un grupo de escoltas, ya en

1941. Comenzó entonces a desarrollar y a poner en práctica sus tácticas de combate contra los submarinos alemanes, que a finales de 1941 ya daban sus frutos. De hecho, hasta ese momento las escoltas de convoyes eran poco más que un mero acompañamiento, quizás disuasorio. La primera instrucción que Walker dio a los hombres de su equipo, a los comandantes del resto de buques de su grupo de escoltas, fue la de que la mejor forma de proteger a los convoyes era destruyendo los submarinos, en lugar de sencillamente hacerlos huir como se venía haciendo. En el momento en que un submarino fuera detectado, sin esperar más órdenes, cualquiera de los oficiales debía comenzar el ataque al enemigo. Si se producía un ataque nocturno de un submarino, había una palabra en clave, Buttercup, que ponía a todos los buques de escolta en alerta y comenzaban a operar. Inmediatamente lanzaban bengalas al aire para iluminar la zona y localizar al submarino lo que hacía que este se sumergiera. Una vez sumergido su destrucción era mucho más sencilla, sabiendo dónde había desaparecido comenzaba el ataque con cargas de profundidad.

El 19 de diciembre de 1941 fue la primera vez que se oyó la palabra Buttercup en el grupo de escoltas de Walker, mientras protegían un convoy que navegaba de Gibraltar hasta Inglaterra. El primer buque en divisar al submarino dio la alerta pero olvidó indicar dónde lo había visto, por lo que Walker le ordenó que lanzara una bengala en la zona donde estaba el enemigo. Antes de poder hacerlo el buque que había divisado al *U 574* alemán explotó por el impacto de un torpedo. El submarino se sumergió al momento, pero el operador del ASDIC del buque de Walker determinó su posición y las cargas de profundidad lo sacaron a la superficie, donde intentó huir hasta que le dieron caza con más cargas de profundidad. Los supervivientes del *U 574* se unieron a bordo de los buques británicos a los del *U 131* y el *U 434,* que ya habían sido hundidos el 17 y el 18 de aquel mes, respectivamente, por ese grupo de buques de escolta.

El día 21 la escena se repitió y Buttercup volvió a ser la orden que salió del comandante Walker, cuando el buque *Audacity* ya comenzaba su camino hacia el fondo tras ser torpedeado. Poco después el submarino era divisado y forzado a sumergirse, donde durante una hora recibió el ataque desde la superficie. Cuando los ASDIC dejaron de detectar al *U 567* bajo el agua se dio a este por hundido. De nuevo, la táctica Buttercup planteada por Walker, basada en detectar, sumergir y hundir, había funcionado. El hundimiento del *U 131*, el *U 434,* el *U 574* y el *U 567* en diciembre de ese año fue todo un éxito, que se vería reconocido con la Orden al Servicio Distinguido para Walker. En el otro lado, Dönitz había perdido cuatro submarinos a cambio de dos mercantes, un destructor y un portaaviones, algo inaceptable.

En 1942 Walker fue nombrado jefe del primer grupo de buques destinado a la lucha antisubmarina más allá de las labores de escolta, es decir, un grupo que operaba directamente contra los submarinos, sin la necesidad de proteger a otros barcos. Los resultados no pudieron ser mejores y los submarinos de la Kriegsmarine sufrieron las nuevas formas de ataque diseñadas por Walker. Algunas de las más efectivas era situar varias naves en línea en la superficie y bombardear la zona sobre el submarino, evitando así que este pudiera encontrar una salida por la que huir, o combinar varios buques para compaginar las labores de ataque con las de detección continua de la posición del submarino. Sus acciones se veían reforzadas por la ayuda de la fuerza aérea, una combinación que con el tiempo se convirtió en la condena de la U-Bootwaffe, como ya hemos comentado repetidamente.

En julio de 1943 el grupo de Walker consiguió uno de sus éxitos más relevantes al hundir tres submarinos alemanes en el Golfo de Vizcaya. Navegaban juntos como medida de protección frente a ataques aéreos y dos de ellos fueron directamente hundidos por los barcos de Walker

El comandante Walker arengando a sus hombres durante un ataque a un submarino en 1944.

mientras que el tercero fue enviado al fondo precisamente por el ataque de un avión. En aquella acción Alemania perdió dos submarinos tipo XIV, el U *461* y el U *462*, dos vacas lecheras. Sólo diez de aquellos submarinos de abastecimiento, necesarios para algunas de las operaciones y misiones de las flotillas alemanas fueron puestos en acción en toda la guerra, y en tan sólo un momento el grupo de Walker había hundido dos de ellos.

En agosto Walker fue informado de que su hijo, Timothy, que servía en el Mediterráneo a bordo del submarino *Parthian*, había fallecido cuando su nave se había perdido, posiblemente al chocar contra una mina. En el otro bando también Karl Dönitz había perdido a un hijo poco antes, en mayo, cuando el submarino *U 954* en el que prestaba servicio fue hundido cerca de Groenlandia.

Walker siguió en 1944 con su labor antisubmarina, que finalizó con la efectiva protección del Canal durante los días del desembarco de Normandía. El general Eisenhower había indicado que era necesario mantener el Canal de la Mancha libre de enemigos durante los días que durara el desembarco en Normandía y si bien la U-Bootwaffe ya no estaba en condiciones de presentar batalla, ya que según el propio Dönitz sus naves eran detectadas inmediatamente tras dejar puerto y atacadas por medios aéreos y navales, lo cierto es que no hubo peligro para el desembarco por parte de los submarinos alemanes.

Poco después de aquellos días de junio Walker sucumbió físicamente, seguramente acusando el esfuerzo mental y físico de los últimos meses y fue enviado a casa para descansar. Al poco de llegar su salud empeoró sensiblemente y acudió al hospital, donde le recomendaron de nuevo tranquilidad y reposo. El 9 de julio de 1944 falleció de una trombosis. Aunque se ha especulado sobre cuanto pesó su trabajo en la causa de su muerte, o se puede saber de modo alguno cuánta culpa tuvieron sus continuas horas de trabajo, sus preocupaciones y su lucha sin cuartel contra el enemigo en la guerra submarina, una guerra que acabó ganando, aunque pagando un precio muy alto a sus 48 años.

Grupo Monsun

Desde 1941 Alemania había contemplado la posibilidad de enviar submarinos a las aguas orientales del Índico, pero las complicaciones logísticas y técnicas que la empresa suponía se habían sumado a las necesidades de la guerra en el Atlántico y así los planes al respecto nunca se había llevado a cabo. En la segunda mitad de 1942 algunas naves fueron enviadas a patrullar al extremo sur de África, pero siempre con ese planteamiento de patrulla temporal. En la primavera de 1943, por fin, la decisión se cambió y se puso en marcha la operación Monsun, nombre que se usa tanto para denominar tanto la operación como los submarinos que tomaron parte en ella. Los malos resultados en las zonas de operaciones habituales del Atlántico en el conocido como Mayo Negro para la U-Bootwaffe, tuvieron su peso y para Alemania era necesario buscar nuevos lugares en los que sus submarinos pudieran hacer daño al enemigo sin arriesgarse a perder más de lo ganado en cada combate. Los aliados habían superado en recursos y tecnología a Alemania en la batalla de Atlántico y esta se daba por perdida. Los submarinos, luchando en cualquier otro lugar del mundo, tendrían dos contribuciones importantes a la guerra. En primer lugar cada hundimiento provocado por ellos significaba ciertas pérdidas para el enemigo, pero además, la necesidad de defenderse de los submarinos detraía recursos, aviones, barcos y hombres que en otro caso estarían luchando en otro frente. La nueva estrategia de Alemania con respecto a las patrullas en Oriente cambió y en lugar de operaciones temporales se puso sobre la mesa la posibilidad de abrir un nuevo escenario de operaciones en el que los submarinos permanecieran durante largos periodos lejos de Alemania, gracias al apoyo logístico y la ayuda de Japón. A las bases habituales en Europa y plenamente alemanas, se unía ahora la posibilidad de utilizar las bases de Penang, Jakarta y Sabang, en el noroeste del Índico.

Por su parte, Japón había pedido a los alemanes la cesión de algún submarino para ser estudiado y copiado en algunas de sus características, mejorando así su propia dotación. En abril de 1943 el *U 178* de

Wilhelm Dommes viajó hasta Penang y se estableció allí, seguido poco después por el *U 511*, que a pesar de haber comenzado la misión más tarde fue el primero en hacer uso de las bases en oriente. El núcleo del grupo de submarinos Monsun viajó a finales de verano, después de la época de monzones, y por eso se denominó a ese grupo con la palabra Monsun. Su destino operativo era el Mar de Arabia y las pérdidas sufridas en el viaje volvieron a poner de manifiesto lo complicada que se había puesto la situación para los submarinos alemanes. El *U 462,* que tenía como misión abastecer de combustible a sus compañeros, tuvo que volver a la base en Francia por los daños que le causaron los aviones aliados nada más comenzar su camino. Para sustituirlo como nave de abastecimiento se designó al *U 487,* pero fue hundido sin llegar a cumplir ni una sola vez con su cometido. El *U 200* se perdió en el sudoeste de Islandia, sin comenzar realmente el viaje a Oriente. El *U 514*, el *U 506* y el *U 509* fueron hundidos entre el 8 y el 15 de julio por la aviación aliada, todos ellos formaban parte sobre el papel del grupo Monsun. Las labores de provisión de combustible para los submarinos se complicaron cuando varios de los que tenían que colaborar en las acciones logísticas fueron hundidos. A finales de agosto el *U 847* se sumaba a la lista de naves alemanas hundidas, aún en el Atlántico. De los once miembros designados en un primer momento para formar parte del grupo Monsun, cuatro fueron hundidos en el viaje y dos más tuvieron que ser reasignados a labores logísticas, siendo uno de ellos también víctima de la aviación aliada. Finalmente tan sólo cinco naves consiguieron llegar a la zona de operaciones en la segunda semana de septiembre. Allí era ya Japón el que se encargaba de proporcionar combustible y cubrir el resto de necesidades.

Los mismos enemigos, aunque quizás sin tanta experiencia, esperaban a los alemanes en la zona, y así el 16 de octubre un bombardero británico divisó al *U 533* navegando en superficie en el Golfo de Omán y acabó con él, reduciendo el grupo a cuatro submarinos. Si tres años antes, en la campaña de Noruega, había sido la necesidad de permanecer mucho tiempo en inmersión la causa de los problemas en los torpedos, el caluroso clima fue en este caso el motivo para que los torpedos comenzaran a fallar mucho más de lo esperado. Entre finales del 1943 y comienzos de 1944 llegaron más submarinos al Índico y entonces con ellos se consiguieron algunos éxitos, como cuando el 22 de febrero de 1944 el *U 510* de Alfred Eick hundió tres barcos que formaban parte de un convoy, pero lo cierto es que las labores que efectuaron los submarinos fueron más de transporte que de combate. Los torpedos fallaban y los alemanes, muy lejos de su país, veían cómo con el paso de las semanas cada vez quedaban menos de ellos y el contador de submarinos hundidos no paraba de subir: *U 177, U 851, U 1059, U 852*... Las tripulación de este último, el *U 852,* protagonizó un hecho que les llevó a ser sentenciados a muerte cuando fueron capturados.

El mercante griego *Peleus*, cruelmente abatido por el *U 852*.

En su camino al Índico, en marzo de 1944, el *U 852* bajo el mando de Heinz-Wilhelm Eck se encontró en el oeste del Golfo de Guinea con un mercante griego de seis mil quinientas toneladas, el *Peleus*. Mantuvo contacto con él y lo persiguió hasta que se hizo de noche y entonces disparó dos torpedos que rompieron literalmente el barco y provocaron su hundimiento en cuestión de minutos. Se escuchaban en la oscuridad gritos y llamadas de auxilio, pero después de conversar con algunos de los supervivientes y maniobrar con el submarino, este comenzó a disparar contra los restos del buque, utilizando granadas y las pequeñas armas que había a bordo. La intención de Eck, según declaró más tarde, era acabar con todos los restos posibles del hundimiento para no dejar rastro y seguir así navegando sin ser detectado. Pero lo cierto es que los disparos también fueron dirigidos contra las balsas de los supervivientes. Algunos submarinistas alemanes se mostraron contrarios a la orden que habían recibido de disparar contra los supervivientes, pero no sirvió nada. Tampoco el alemán consiguió el objetivo de hundir los restos del barco, de ser las palabras de Eck ciertas, y tan sólo sirvió aquello para bajar la moral de algunos de los hombres del submarino, muy disgustados por presenciar aquel acto tan poco honorable.

El día 1 de abril el *U 852* hundiría el *Dahomian*, en el extremo sur de África. Poco después, el 2 de mayo de 1944, un avión Wellington detectó la nave alemana cerca de la costa, al oeste del Mar de Arabia. La alarma se desató en el submarino y comenzó la maniobra de inmersión, pero seis cargas de profundidad fueron lanzadas sobre él causándole importantes daños. Poco después de sumergirse, y debido al estado de la nave, Eck ordenó volver a la superficie y tras varios

Ataque aéreo al submarino del comandante Eck.

ataques más el comandante dio orden de embarrancar la nave para entregarse. Algunos supervivientes del incidente de *Peleus* fueron rescatados y narraron los hechos que habían ocurrido. El *U 852* había apuntado en su bitácora los datos del ataque y por lo tanto se demostró que Eck y sus hombres eran los culpables de haber ametrallado a los indefensos supervivientes. Tras la guerra, el comandante Eck y alguno de sus oficiales fueron sentenciados a muerte y fusilados por su forma de actuar tras el hundimiento del *Peleus*.

1944 – 1945

Regenbogen y Deadlight, el final de la U-Bootwaffe

Los submarinos de bolsillo

El *Tirpitz*, con sus ochos cañones de 380mm además de sus cuarenta armas de menor calibre, era una de las piezas clave de la armada alemana y que aún sin ser utilizado en todo su potencial suponía un enemigo temible para los británicos. Sus treinta y tres centímetros de acero en el casco y sus diez centímetros de acero en la cubierta lo convertían en una mole peligrosa, pero que el *Tirpitz* se hiciera al mar, junto con la escolta que le acompañaba, suponía un consumo de combustible de más de ocho mil toneladas, un bien cada vez más preciado y escaso en Alemania. Este hecho, sumado al miedo de Hitler a perder uno de sus buques insignia, de los que ya había perdido algunos, condenaron al *Tirpitz* a casi la inactividad. A pesar de ello los británicos no cejaron en su afán de hundir el *Tirpitz* y lo intentaron por todos los medios posibles. Saber que el acorazado alemán estaba en el agua llevó a la Royal Navy a retener algunos buques y aviones, que eran necesarios en otros lugares, para ponerlos en marcha si el *Tirpitz* comenzaba alguna operación. Entre enero de 1942 y noviembre de 1944 los aliados atacaron al buque alemán en trece ocasiones con operaciones aéreas. Tampoco faltaron los intentos de acabar con él desde el mar.

En octubre de 1942 el *Tirpitz* estaba anclado en el fiordo noruego de Trondheim, más de ciento cincuenta kilómetros tierra adentro desde los límites del Mar de Noruega. El ataque por lo tanto no era sencillo pero la audacia fue puesta sobre la mesa por los aliados en aquella ocasión y diseñaron una operación tan arriesgada como pensada. Habían modificado un arrastrero para que fuera capaz de transportar seis buceadores y dos chariot, también conocidos como torpedos humanos. Los chariot eran un tipo de nave submarina en la que los tripulantes viajaban sentados a horcajadas sobre la misma, cargada de explosivos y cuando llegaban a su objetivo, siempre navegando sumergidos, colocaban los explosivos y huían. Cuando el arrastrero llegó a aguas noruegas, los chariot fueron liberados, aunque seguían unidos al barco por unos cables que permitían que este tirara de ellos, remolcándolos bajo el agua. A bordo del barco iban pescadores noruegos, por lo que no levantaron ninguna sospecha en los guardias alemanes que vigilaban el fiordo y pudieron llegar hasta unos ocho kilómetros del *Tirpitz*. Entonces una tormenta hizo que el estado de la aguas empeorará hasta tal extremo que los cables de arrastre se partieran y los chariot se perdieron en el fondo antes de que los hombres rana pudiesen ponerlos en marcha y dirigirse hacia su objetivo, haciendo imposible el ataque.

El acorazado alemán *Tirpitz*, uno de los emblemas de la marina alemana, desarrollaba una gran potencia de fuego.

Unos meses más tarde, en marzo de 1943, el *Tirpitz* fue trasladado al fiordo de Alta, donde fue fotografiado por aviones de reconocimiento aliado. Los británicos seguían con su fijación sobre el buque alemán, pero en aquel emplazamiento estaba a salvo de los ataques aéreos y por lo tanto el único camino de acceso volvía a ser el agua. El nuevo plan giraba en torno a los submarinos de bolsillo conocidos como X-Craft. Los submarinos de la clase X medían unos quince metros de largo y tenían menos de dos metros de diámetro, lo que no deja mucho espacio para los cuatro hombres que componían su dotación. En la operación contra el *Tirpitz*, seis submarinos normales llevaron los submarinos de bolsillo desde Escocia hasta el norte de Noruega, recorriendo unos mil seiscientos kilómetros. El objetivo era conseguir llegar sumergidos hasta el *Tirpitz* y el *Scharnhorst*, otro gran acorazado, y plantar minas en sus quillas para hundirlos o al menos dañarlos de manera importante.

El camino que le quedaba por delante a los X-Craft no era pequeño ni sencillo, como prueba que tres de ellos se perdieran y un tercero tuviera que ser echado a pique tras haberse averiado. Así, sólo dos de ellos se aproximaron a las naves alemanas, el X-6 y el X-7, aunque tuvieron que limitar su ataque al *Tirpitz* y dejar al *Scharnhorst* de lado. En las primeras horas del 22 de septiembre de 1943 los minisubmarinos habían sido capaces de atravesar las redes antitorpedos que protegían el fondeadero y cuando el X-6 casi había llegado a su destino, chocó contra un banco de arena y tuvo que perder profundidad. Desde el *Tirpitz* vieron el periscopio del submarino británico en la superficie y la voz de alarma fue dada de manera inmediata, aunque los alemanes eran escépticos con respecto a la posibilidad de que un submarino hubiera llegado hasta aquel punto sin ser detectado y saltándose todas las protecciones. El pequeño X-6, que había vuelto a descender, estaba a menos de cincuenta metros del acorazado, lo que era en cierta forma un seguro ya que las armas del buque no podían disparar a un blanco a tan poca distancia. El ataque alemán se llevó a cabo con las pistolas de los marineros y alguna ganada de mano, pero en medio de todo el jaleo, el X-6 siguió avanzando sumergido y colocó las cargas explosivas en el objetivo.

De repente el submarino de bolsillo salió a la superficie y se abrió la escotilla, por la que acabaron saliendo cuatro hombres empapados en combustible, con los brazos elevados y rindiéndose sin presentar resistencia. Las misiones de los submarinos de bolsillo eran muy arriesgadas por la autonomía de la propia nave, por el riesgo que suponía llevar los explosivos a bordo y colocarlos a mano y, por supuesto, porque la necesidad de acercarse al objetivo hasta tocarlo con la mano para minarlo complicaba mucho la huida. Las tripulaciones lo sabían y por lo tanto no es de extrañar que los hombres del X-6 se entregaran, ya que seguramente contaban con ello. El X-7 hizo lo mismo que su compañero, llegó hasta el *Tirpitz* y plantó las cargas explosivas, y comenzó a volver por donde había llegado.

El capitán alemán, Hans Meyer, pensó en llevar al buque a aguas más profundas por si habían colocado minas en el fondo, pero el temor a que hubiera más submarinos en la zona le llevó a no hacerlo. De inmediato los alemanes comenzaron a interrogar al teniente Cameron, hombre al mando del X-6, que no proporcionó ninguna información aunque no pudo evitar mirar su reloj de vez en cuando. Entonces llegaron las explosiones, sacudiendo el acorazado y dejándolo sin luz. El X-7 se había enredado con la red anti torpedos en su huida y sólo esperaba su final, ya que contaba con que las explosiones acabaran también con ellos. No fue así del todo ya que al hacer explosión las minas, el X-7 fue liberado de la red y lanzado hacia la superficie, aunque dañado. Dos de los hombres del submarino de bolsillo pudieron escapar pero otros dos no tuvieron esa suerte.

El *Tirpitz* no corría riesgo de hundirse tras el ataque, pero los daños que se habían producido eran considerables. Para los británicos seguía operativo, pero los alemanes sabían que tenía daños que complicaban su intervención en cualquier acción de guerra. Fue reparado en una zona del fiordo aún más segura, con aguas más profundas, y se extremaron las defensas con nuevas redes anti torpedo, con cañones antiaéreos ubicados en los acantilados de la zona y hasta con un sistema de tuberías que permitían cubrir la zona con humo en ocho minutos para evitar así que un ataque aéreo fuera efectivo. Los aliados siguieron intentándolo desde el aire sin suerte hasta que en noviembre de 1944 llegó el final del *Tirpitz*.

Los submarinos de bolsillo, también conocidos como submarinos enanos, fueron utilizado por varios países en la Segunda Guerra Mundial. Fueron puestos en acción por los británicos, como ya hemos visto, pero también por los italianos y por los japoneses. El riesgo de este tipo de naves fue llevado hasta el extremo por Japón, que desarrolló los conocidos como kaiten, que no eran otra cosa que kamikazes submarinos.

Los kaiten eran en realidad un torpedo con un compartimento para un hombre que podía gobernar la nave y llevarla hasta el objetivo. Conceptualmente es algo similar a un torpedo tripulado, con el añadido de que el final para el piloto siempre era la muerte. El caso de los pilotos de avión suicidas, los kamikazes, es muy común, pero Japón también contaba con submarinos suicidas, barcos suicidas, a los que llamaba shinyo e incluso buceadores suicidas. Estos últimos, en algunos casos, esperaban bajo el agua el acercamiento a tierra de algunas naves en los desembarcos para hacer explotar entonces los explosivos, justo cuando estaban a su lado. Los kaiten llegaron tarde a la guerra, a mediados del año 1944, siendo diseñados y creados por dos hombres, Hiroshi Kuroki y Sekio Nishina. Este último fue uno de los pilotos que intervinieron en la primera misión de los kaiten y en su bolsillo llevaba un foto de su compañero en la creación de los submarinos suicidas, que había fallecido en una de las primeras pruebas que llevaron a cabo en el desarrollo de los prototipos. Los kaiten eran transportados por submarinos normales y liberados cerca de su objetivo.

Los alemanes también contaron con algunos submarinos de bolsillo entre sus filas aunque no supusieron una contribución destacada a la guerra. En muchas de las operaciones los resultados fueron desastrosos, como en diciembre de 1944, cuando en una operación en la que tomaron parte dieciocho naves alemanas acabaron perdiéndose dieciséis. Los conocidos como Seehund fueron los más importantes submarinos de bolsillo de los que dispuso la Kriegsmarine. Casi tres cientos fueron construidos durante la guerra, el primero de ellos a finales de 1944, y aunque consiguieron algún hundimiento su rendimiento no fue nada satisfactorio. Muchos de los Seehund que se hundieron, sencillamente no fueron capaces de aguantar el mal tiempo o un pequeño temporal.

USS *Wahoo*

El submarino estadounidense *Wahoo*, de noventa y cinco metros de eslora y con una tripulación de sesenta hombres, fue uno de los más efectivos de los que puso en el agua la Armada de Estados Unidos. Su historia es casi el paradigma de la guerra submarina en el Pacífico. Un estudio pormenorizado de su forma de combate a lo largo del tiempo en el que tuvieron lugar sus siete patrullas, muestra el endurecimiento de la misma. El 23 de agosto de 1942 comenzaba su primera patrulla a la búsqueda de naves enemigas, con un primer encuentro en el que sus tres disparos contra un barco japonés fallaron. El mismo infructuoso resultado obtuvo el *Wahoo* en el ataque a un enorme carguero japonés unos días después, y la suma de la falta de experiencia y de agresividad de su comandante dejó escapar unas semanas más tarde a otras dos buenas presas. El 8 de noviembre comenzaba su segunda patrulla, esta vez en torno a las Islas Salomón y se volvieron a repetir los problemas y los fallos, aunque un mes después llegaría por fin el primero de muchos éxitos. Tres torpedos lanzados por el submarino impactaron contra un petrolero causando su hundimiento. Tras meses de errores y problemas, por fin la tripulación se apuntaba su primer hundimiento, tras el cual tuvieron que hacer frente a un destructor que escoltaba al petrolero. Sufrieron las cargas de profundidad pacientemente en inmersión y a pesar de las decenas de ellas que les lanzaron, salieron ilesos del encuentro. Antes de volver a puerto el *Wahoo* acabó con un submarino japonés, el *I-15*.

El submarino americano *Wahoo* fue uno de los más efectivos de los que puso en el agua la Armada de Estados Unidos.

Con un nuevo comandante más agresivo, el submarino volvió a salir al océano en los primeros días de 1943 y tras un corto periodo de entrenamiento, especialmente en el uso del sónar, tomó rumbo a Wewak, una base logística japonesa. El 24 de enero el *Wahoo* puso su objetivo sobre el *Harasume*, un destructor japonés y le lanzó tres torpedos, aunque no fue hasta el cuarto cuando por fin hizo blanco. La nave japonesa viró y se dirigió hacia el *Wahoo*, y entonces el comandante estadounidense, Dudley Morton, ordenó fuego de nuevo. El quinto torpedo detuvo la maniobra del buque japonés, que si bien no se hundió, quedó muy dañado por el ataque. Al día siguiente el *Wahoo* divisó dos columnas de humo en el horizonte y se dirigió hacia ellas, colocándose para el ataque. Dos torpedos fueron lanzados contra cada uno de los barcos que fueron suficiente para hundir a uno de ellos y dañar al otro, tras lo que aparecieron más barcos en la zona. Morton comenzó una serie de ataques contra los barcos que tenía alrededor cuya única capacidad de defensa era chocar o atropellar al submarino, aunque el intento de llevar esa acción a cabo fue abortado por los torpedos estadounidenses. Dos barcos fueron hundidos y otros dos fueron capaces de huir mientras el *Wahoo* salía a la superficie, dejándolos ir, para recargar sus baterías. En torno al submarino estadounidense había varios botes salvavidas japoneses con marineros y algunos soldados. El *Wahoo* disparó contra algunos de los supervivientes, aunque como es habitual, los hechos no están claros y no se sabe bien si el submarino respondió a algún tipo de ataque desde los botes o disparó sin más. El *Wahoo* se dispuso entonces a seguir el rumbo que habían tomado lo dos barcos que habían escapado y tras alcanzarlos disparó contra ellos sus últimos torpedos, que cumplieron con su cometido y acabaron por hundir los dos barcos nipones.

Sin torpedos a bordo, el *Wahoo* divisó un convoy, pero atacar cualquiera de sus naves utilizando únicamente la artillería de cubierta supondría convertirse en una presa fácil para los buques de escolta. Siguiendo su camino hacia puerto, planeó atacar algunas instalaciones en la costa, aunque no encontró la oportunidad para hacerlo. Morton quería sacar el máximo rendimiento de aquella primera patrulla al mando del *Wahoo*, como lo demuestra el hecho de que únicamente estuviera en el agua veintitrés días al haber lanzado todos sus torpedos frente a los entre sesenta y setenta y cinco que eran habituales en las patrullas. No tardó en volver a patrullar y el 19 de marzo comenzó una de las secuencias de hundimientos más impresionantes del Pacífico. Ese día uno de sus torpedos partió por la mitad el *Zogen Maru* y poco después cuatro torpedos dejaron muy dañado otro barco. Dos días después volvió a atacar a otro enemigo, el carguero *Hozen Maru,* que acabó bajo las aguas, al que siguió otro más poco después, tras ser alcanzado por dos de los tres torpedos disparados desde el *Wahoo*. De este último barco hundido, el *Nittsu Maru*, hubo cuatro únicos supervivientes, que a pesar de ello se negaron a ser rescatados por los estadounidenses. Dos días después, el 23, mientras navegaba en superficie, el submarino divisó una nueva víctima, que también se fue al fondo mientras el aire se llenaba con polvo de carbón, la carga que transportaba. Al día siguiente la racha continuó, ya que Morton, mucho más activo y ambicioso que el anterior comandante del *Wahoo*, no había tenido suficiente a pesar de la inusual serie de hundimientos. Divisó un petrolero, el *Takaosan Maru,* y le lanzó varios torpedos, aunque dos explotaron antes de tiempo y otro se perdió en el océano. Desde el barco comenzaron a disparar contra el submarino, que se sumergió y enfiló el buque para disparar otros tres torpedos, lo que fue demasiado para el *Takaosan Maru*, que se perdió en cuestión de minutos.

Durante los meses siguientes, el *Wahoo* siguió enlazando patrullas, hundimientos, operaciones de reconocimiento... saliendo siempre sin problemas de sus encuentros con el enemigo, aunque también hubo alguna patrulla en la que el acierto con los torpedos le fue esquivo. El 13 de septiembre de 1943 dejaba Midway tras repostar y comenzaba su séptima patrulla. Los torpedos que llevaba a bordo eran un nuevo modelo que debería ser más fiable, a pesar de lo cual, en octubre se le esperaba en puerto y nunca llegó. No se sabe con seguridad qué fue lo que ocurrió, pero lo más probable es que el 11 de octubre un avión o algún buque en labores antisubmarinas acabaran con él usando cargas de profundidad. El miedo a que hubiera sido una mina lo que había acabado con la nave de Morton llevó a cesar las incursiones en el Mar de Japón hasta junio de 1945, cuando los submarinos tenían ya un buen sistema de detección antiminas. La reputación del *Wahoo* era conocida por todos y su efectividad contra los mercantes japoneses era admirada, por ello, cuando se supo que se había perdido toda la fuerza submarina de Estados Unidos se sintió intimidada.

Durante la guerra en el Pacífico Japón perdió algo más de ocho millones de toneladas debido a los hundimientos de mercantes provocados por los Estados Unidos, de los cuales unos cinco millones se deben a acciones de los submarinos. A esta cantidad hay que sumar otras setecientas mil toneladas de buques de guerra nipones hundidas por la fuerza submarina estadounidense. Estos números demuestran que a pesar de no ser el elemento clave de la batalla naval en el Pacífico, la efectividad y la importancia de los submarinos también tuvo su peso, con unos objetivos similares a los de la U-Bootwaffe en el Atlántico. Una diferencia importante entre ambas fuerzas submarinas, la estadounidenses y la alemana, es que los primeros perdieron unas cincuenta naves de las doscientas ochenta y ocho que pusieron en juego, perdiéndose también la vida del veintidós por ciento de lo hombres alistados en el arma submarina, unos números muy diferentes a los que presentaría Alemania al final de la guerra.

Éxitos y fracasos en el Pacífico

El *Liscome Bay* fue un portaaviones de la fuerza naval de Estados Unidos que fue botado en abril de 1943 y que en un primer momento, en base a la Ley de Préstamo y Arriendo, iba a ser cedido a la Marina Británica, pero tal cesión no llegó a consolidarse. Después de unos meses de preparación fue asignado a la Task Force 52, un enorme grupo de casi doscientas naves que tenían como objetivo en aquel momento hacerse con la Isla Makin, en mitad del Pacífico. El 20 de noviembre el buque ya se encontraba en la zona de combate, un combate que los japoneses presentaron durante varios días. Los aviones del *Liscome Bay* despegaban y operaban constantemente dando cobertura a las operaciones de desembarco. El 23 de noviembre, tras oscurecer, el radar detectó un contacto, pero no le dieron demasiada importancia, sabiendo además que en la zona el número de portaaviones y destructores estadounidenses era significativo.

En mitad de la noche del 24 de noviembre, un submarino japonés, el *I-175,* consiguió introducirse entre el grupo de barcos enemigos sin ser detectado y esperó sumergido el momento en que su ataque pudiera hacer más daño, sospechando seguramente que tras el golpe, y con la cantidad de enemigos en el entorno, sus posibilidades de escapar no serían muchas. En torno a las 5 de la madrugada el submarino disparó cinco torpedos y dos de ellos hicieron impacto contra el *Liscome Bay*, donde uno penetró provocando que algunas de las bombas a bordo explotaran y en un momento los incendios en el buque estadounidense eran ya incontrolables. El portaaviones se convirtió en un infierno en el que el fuego no paraba, y cuando este alcanzaba alguno de los aviones de la cubierta, depósitos de combustible... daba lugar a una explosión que alimentaba a su vez aquel infierno. Sobre las cubiertas de los buques que estaban junto al *Liscome Bay* comenzaron a caer trozos de metal e incluso restos humanos, como consecuencia de las explosiones. El fuego se acabó extinguiendo sólo cuando el agua tapó por completo el barco, poniendo punto final al macabro espectáculo que finalmente costó la vida de casi seiscientos cincuenta hombres. El capitán fue uno de los que perecieron, y otro conocido fallecido en el incidente fue Doris Miller. Miller era cocinero de tercera clase y tenía veintidós años cuando ocurrió el ataque de Pearl Harbor, y estaba la mañana del ataque a bordo del *West Virginia*. También era un buen boxeador y por ello tenía cierta fama entre sus compañeros. Bajo el fuego japonés del 7 de diciembre de 1941, a pesar de ser un cocinero, socorrió a algún oficial y combatió a los aviones japoneses usando una arma antiaérea, para el manejo de la cual nunca había sido entrenado, a pesar de lo cual agotó la munición antes de abandonar el barco. Por aquellas acciones Miller se ganó el honor de ser el primer afroamericano en recibir la Cruz de la Marina y de protagonizar un póster de propaganda del Ejército de Estados Unidos, animando al alistamiento. El eslogan del póster decía: «Por encima y más allá del deber».

Volviendo a 1943, a pesar del riesgo que había corrido el *I-175* japonés al torpedear al enemigo estando rodeado de buques estadounidenses, consiguió escapar sin ser detectado. Poco más de tres meses después de hundir el *Liscome Bay*, la suerte cambiaba de bando y el ataque de dos destructores estadounidenses contra el *I-175* resultó en la pérdida de este. Como en la Batalla del Atlántico, los submarinos aprovechaban su capacidad de inmersión para atacar sin ser divisados. Estas tácticas la usaron tanto los japoneses como los estadounidense en la Batalla del Pacífico, y además estos segundos, al igual que hicieran los alemanes, buscaron el estrangulamiento de su enemigo a través del hundimiento de barcos mercantes. Japón no fue capaz de contrarrestar la capacidad de su enemigo para atacar sus convoyes, ni con la organización de protección para estos ni con el desarrollo de armas submarinas. Los nipones perdían en el océano materiales que eran cruciales para que su estrategia de expansión fuera efectiva, y los Estados Unidos incidían en ese punto débil una y otra vez.

En febrero de 1944 el convoy KR-8 transportaba tropas estadounidenses por el Índico cuando un submarino japonés, el *I-27*, lo situó en su punto de mira y comenzó a maniobrar para colocarse en posición de ataque. Aunque los vigías del *Khedive Ismail,* uno de los buques del convoy, detectaron el periscopio y dieron la voz de alarma, nada pudieron hacer ya que el submarino japonés disparó contra su objetivo, que llevaba a bordo más de mil quinientas personas. Las llamas y el humo se extendieron rápidamente por el barco y en tres minutos se había hundido. El resto de barcos del convoy comenzaron rápidamente a dispersarse para evitar ser la siguiente víctima del submarino, mientras se intentaba rescatar a los supervivientes del *Khedive Ismail* y un destructor que escoltaba el convoy comenzaba el contraataque contra el *I-27.* El barco se había hundido tan rápido que no había dado tiempo a arriar los botes salvavidas, lo que complicaba mucho el rescate. Las cargas de profundidad contra el submarino nipón dieron sus frutos y se vio obligado a emerger, lo que lo dejó a merced de la artillería de los destructores estadounidenses. Uno de ellos, el *Paladin*, comenzó un movimiento para embestir a su oponente y hundirlo pero lo abortó en el último momento al comprobar que el submarino japonés era demasiado grande para asegurar el éxito del ataque. La contraorden llegó tarde y el *Paladin* no fue capaz de evitar el choque y sufrió daños como consecuencia del mismo, que como temían los submarinos fue definitivo para acabar con el *I-27.* Este volvió a ocultarse bajo el agua y para evitar volver a ser presa de las cargas de profundidad navegó hasta situarse bajo la zona en la que estaban los supervivientes del hundido *Khedive Ismail.* Dejar al submarino salir de allí suponían poner en riesgo más barcos y por lo tanto más vidas, por lo que los destructores antepusieron el hundimiento del *I-27* a cualquier otro aspecto y lanzaron cargas de profundidad de nuevo, acabando con la vida de algunos hombres que habían sobrevivido al propio hundimiento de su barco. Finalmente, después de dos horas y media, el *I-27* fue hundido cuando un torpedo alcanzó la nave del capitán Toshiaki Fukumura. A pesar de ello el combate no fue favorable para los Estados Unidos, ya que la pérdida del *Khedive Ismail* había supuesto la muerte de casi mil trescientas personas, setenta y siete de ellas mujeres, siendo uno de los hundimientos con mayor número de muertos a sus espaldas de toda la guerra.

Los éxitos y fracasos se repartían en el arma submarina de ambos lados y así en noviembre de 1944 los peligros que desde el aire acechaban a la armada japonesa pusieron en marcha a su mayor portaaviones, el *Shinano*, a la búsqueda de aguas más seguras. Acababa de ser botado poco más de un mes antes y era un enorme barco de doscientos sesenta y seis metros de eslora y unas setenta mil toneladas, aún sin finalizar del todo. Antes de comenzar su primer viaje el capitán del buque, Toshio Abe, había sido informado del riesgo de un posible ataque submarino en su ruta y por ello había decidido navegar a la máxima velocidad posible y en zigzag, para reducir dicho riesgo. Salió de Yokosuka acompañado por tres destructores y poco después fue avistado por el submarino estadounidense *Archerfish*. El *Shinano* también detectó al submarino por la señal de radar que este emitía y continuó su camino, ordenando a los buques que le acompañaban que no se alejaran para que sirvieran de pantalla de protección. El *Shinano* era nuevo y aún no figura su existencia en los documentos de reconocimiento de naves de Estados Unidos, pero era obvio para los vigías que era un portaaviones gigantesco. El comandante del *Archerfish* observó la velocidad y el rumbo del *Shinano* y calculó un posible punto de intercepción, aunque la empresa era complicada de llevar a cabo. Tras varias horas de persecución paciente llegó el momento para el submarino, cuando el cambio del rumbo del grupo de barcos japoneses le permitió un ataque con ciertas garantías. El *Archerfish* disparó seis torpedos estando en inmersión y a las 03:17 de la madrugada cuatro de ellos hicieron blanco en el portaaviones.

Al momento los destructores de escolta comenzaron la persecución del submarino, mientras el *Shinano* comenzaba a escorarse. El buque no había sido finalizado del todo debido a las urgencias por botarlo y aquellas prisas tuvieron consecuencias graves. Sistemas de control de inundación que debían estar funcionando tras el ataque no lo hicieron, faltaban bombas para extraer el agua, la tripulación no había sido entrenada... eran cuestiones más o menos importantes por separado pero que unidas en aquel momento generaron un momento crítico para el buque japonés. Cuando Abe, el comandante japonés, ordenó descolgar el retrato del emperador del *Shinano* y llevarlo hasta uno de los escoltas, quedaba ya de manifiesto que se temía lo peor. Poco después comenzó el abandono del *Shinano* por parte de algunos de sus hombres, que no eran imprescindibles, y en las primeras horas de luz del 29 de noviembre de 1944 el buque zozobró y se hundió.

El *Archerfish*, que se ganó un reconocimiento presidencial por la acción, se escabulló sin problemas tras el ataque y lo consignó en su bitácora, aunque no fue hasta finalizada la guerra cuando se supo de la existencia del *Shinano*. Sigue siendo, décadas después, el buque de guerra más grande nunca hundido por un submarino. La acción no estuvo exenta de suerte, ya que el *Archerfish* no buscaba esa presa cuando se topó con ella y también fue una suerte, mala en este caso para los japoneses, que el buque estuviera aún sin finalizar y que algunas de las tareas pendientes tuvieran mucho que ver con la secuencia de problemas que llevaron a su hundimiento.

El submarino americano *Archerfish* mandó a pique el imponente portaviones japonés Shinano.

Labores antisubmarinas

El 18 de mayo de 1944 el destructor estadounidense *England* comenzó una misión antisubmarina junto con el *Raby* y el *George*. La guerra en el Pacífico conllevaba un enorme movimiento de barcos de todo tipo, militares y mercantes, que tenían como misión llevar tropas y materiales de un sitio a otro, así como combatir con los barcos enemigos que hacían precisamente esas labores. En esta segunda parte, en la misión de combatir los barcos del enemigo e impedir sus movimientos, era donde tenían un papel más activo los submarinos. Así, como suele ocurrir, se generaba un círculo, o más bien una compleja red, en el que todos tenían un objetivo y una misión, que los convertía a su vez en objetivo de otros. Había buques de guerra atacando islas, atacando otros buques, trasladando tropas... que eran objetivo de submarinos y eran objetivo de los aviones, que en muchos casos tenían como base un portaaviones. Había a su vez buques de guerra que tenían como objetivo acabar con los submarinos enemigos, y en esa labor se empleó a fondo el *England* en mayo de 1944.

El día 19 un avión aliado avisó del avistamiento de un submarino, el *I-16*, cerca de las Islas Salomón, lo que puso en marcha al grupo antisubmarino estadounidense. Los buques contaban con el erizo, una nuevo tipo de arma submarina desarrollada por la Marina británica y que servía de complemento a las cargas de profundidad. El erizo se componía de una serie de proyectiles de mortero que se lanzaban en espiga y a diferencia de las cargas, no explotaban a una determinada profundidad, sino que lo hacían por contacto. Los erizos tenían algunas ventajas sobre las cargas, como era no enmascarar la presencia del submarino ante el sónar, algo que sí causaban las cargas ya que las turbulencias de las explosiones tardaban minutos en desaparecer. El erizo, al explotar únicamente cuando había contacto, no generaba esas turbulencias de manera inútil, sencillamente porque no explotaban hasta que habían hecho blanco. Los erizos evitaban las tácticas de los submarinos de ocultar y variar el rumbo y la profundidad para escapar de las cargas de profundidad y eran más letales que estas, ya que la explosión era directamente contra la nave y no en su entorno. A cambio, los erizos eran un todo o nada, mientras que las cargas, por acumulación, podían ir dañando el submarino hasta acabar con él.

A las 13:41 el submarino había sido puesto bajo tiro y el *England* hizo uso de su erizo, junto con algunas cargas de profundidad configuradas para explotar a los ciento cincuenta metros. Veinte minutos después del ataque comenzaron a aparecer en la superficie restos del submarino junto con una mancha enorme de combustible, lo que indicaba que el *I-16* era historia. Tres días después el *George* detectó en su radar un objeto situado a unos quince kilómetros, contacto que fue confirmado por el *England.* Tras un primer ataque infructuoso, se volvió a detectar al submarino y se lanzaron varios erizos contra él. Se escucharon explosiones bajo el agua, lo que indicaba que el submarino había sido alcanzado y tras unos minutos el sonar ya no detectaba nada en la zona. Poco después el olor a combustible en la superficie ponía de manifiesto el nuevo éxito y el segundo submarino hundido en la cuenta del *England.*

Esa misma noche del 22 de mayo buscaban un nuevo objetivo, que ya había sido avistado y que finalmente fue detectado por el radar. La maniobra de acercamiento para el ataque se puso en marcha y el submarino, que estaba en la superficie, se sumergió urgentemente buscando una salida bajo el agua. Los buques estadounidenses soltaron varios erizos al agua, aunque no tuvieron constancia de ningún impacto. El *George* recuperó el contacto en su radar en torno a las siete de la mañana y se repitieron los ataques, de nuevo sin éxito. No cesaron la búsqueda ahí los barcos y una hora y media más tarde el *England* hacía un nuevo intento disparando dos erizos, el segundo de los cuales acertó con el submarino y tras unos segundos de espera varias explosiones tuvieron lugar. De nuevo, sólo hubo que esperar que los restos del submarino afloraran a la superficie para constatar un nuevo hundimiento, el tercero ya, para el *England.*

El resto del día, tras aquel tercer hundimiento, lo pasaron los tres buques del grupo rastreando el océano y en las primeras horas del día

24, poco antes de las dos de la madrugada, hicieron un nuevo ataque. Sin perder contacto con el submarino, a la mañana siguiente recurrieron a las cargas de profundidad para asegurar el hundimiento del submarino japonés y cuarenta y cinco de ellas fueron lanzadas al agua. Aquello fue definitivo. La patrulla antisubmarina no había acabado con su trabajo y el radar del *Raby* detectó una nave tras hacerse de noche el día 25. Se repitió el patrón de días anteriores y el submarino se ocultó bajo el agua tras detectar a sus perseguidores, aunque no sirvió de nada ya que la efectividad de los erizos volvió a quedar de manifiesto cuando los restos de la quinta víctima fueron detectados flotando en el agua. El día 30 un último submarino japonés fue hundido por el *England*, el sexto que contaba en su bitácora en tan sólo doce días y que dejaba de manifiesto la efectividad del radar y los erizos como elementos antisubmarinos.

Aviones contra submarinos

El *U 83* Ulrich Wörisshoffer patrullaba en el Mediterráneo en 4 de marzo de 1943 cuando un avión Hudson lo divisó y se dirigió de inmediato hacia él para atacarlo. En la primera pasada del piloto Jackimov sobre la nave alemana, el avión usó sus ametralladoras y lanzó tres bombas antisubmarinas, aunque el *U 83* no sufrió ningún daño. En cualquier caso, en mitad de las aguas mediterráneas, el submarino tenía las de perder ya que en superficie era vulnerable, el tiempo de inmersión largo y aún cuando desaparecía bajo el agua, el avión lo tenía localizado y por lo tanto podría usar sus armas antisubmarinas con garantías. En una segunda pasada a diez metros sobre el agua, el Hudson dejó caer tres cargas de profundidad para que explotaran a poca profundidad. Desde el avión pudieron ver cómo aparecían en la superficie grandes burbujas y manchas de combustible, junto a algunos supervivientes y varios cadáveres. Jackimonv lanzó dos botes hinchables sobre los alemanes pero nunca más se supo de la tripulación del *U 83*.

Pocas semanas más tarde, el 28 de marzo, de nuevo un Hudson en el Mediterráneo localizó al este de las costas españolas al *U 77* comandado por Otto Hartmann que volvía a su base tras una patrulla al norte de Argelia en la que había hundido dos barcos y dañado otro, un total de casi diecisiete mil toneladas. El avión apareció de la nada, aprovechando la invisibilidad que le daban las nubes y que lo ocultaban de los vigías del submarino, lo que provocó que el *U 77* comenzará la maniobra de inmersión de manera urgente, y allí donde había desaparecido el avión lanzó varias cargas de profundidad configuradas para hacer explosión cerca de la superficie. La falta de combustible obligó al Hudson a retirarse, lo que permitió al *U 77* salir del encuentro sin más problemas. Pero pocas horas más tarde un avión del mismo tipo, aunque de otro escuadrón, volvía a sorprender a los alemanes en la superficie, no muy lejos del lugar donde había ocurrido el primer ataque. El *U 77* esta vez le plantó cara a su enemigo y las armas antiaéreas de cubierta comenzaron a escupir contra el Hudson, que respondió al fuego con fuego durante varias pasadas sobre el submarino. En una de estas pasadas lanzó una bomba y en la siguiente cuatro cargas de profundidad. De nuevo la falta de combustible favorecía a los alemanes y el avión se retiraba, aunque dejaba en el agua a la nave de Hartmann muy dañada.

Del submarino salieron dos mensajes, uno dirigido a Berlín, para que solicitara permiso a las autoridades españolas para llevar el *U 77* a Alicante y repararlo allí, y otro mensaje dirigido al *U 380,* que estaba cerca, para que recogiera a unos cuarenta tripulantes del *U 77*, quedando a bordo sólo los necesarios para llevar el submarino a un sitio seguro en la costa española. El día siguiente, 29 de marzo, cerca de Ibiza, de nuevo un avión británico aparecía en el cielo y el *U 77* volvía a hacer uso de sus antiaéreos, aunque finalmente, posiblemente al agotar toda su munición, decidió sumergirse. Antes de que el periscopio se ocultara completamente bajo el agua, las cargas de profundidad rompieron la superficie buscando su objetivo, al que acabaron destruyendo. Nueve alemanes consiguieron sobrevivir y volver a Alemania desde España. El resto, incluido Hartmann, acabaron sus días en el hundimiento.

Hechos similares a estos hundimientos fueron poco a poco reduciendo la capacidad operativa de la U-Bootwaffe en el Mediterráneo, donde en poco tiempo se perdieron ocho naves. La fuerza mediterránea tuvo que ser reforzada moviendo submarinos del Atlántico hacia el norte de África y alguno de ellos fue hundido, de nuevo por los aviones británicos, en el Estrecho de Gibraltar, antes siquiera de entrar operativamente en el Mediterráneo.

El 12 de junio de 1943 dejaba su base en Francia con destino al Caribe el *U 615* del teniente de navío Ralph Kapitzky, que cumpliría veintisiete años durante aquella patrulla. Llevaba a bordo un nuevo dispositivo alemán de detección de barcos, el Nachtfernrohr, lo que traducido vendría a ser un telescopio nocturno. El invento aún era secreto y sólo el comandante tenía acceso al mismo. Su misión era utilizar aquel nuevo dispositivo para localizar convoyes y avisar a otros submarinos para que se encargaran de atacar los barcos en la zona del Paso de los Vientos, entre las islas de Cuba y La Española, la conexión del Mar Caribe con el océano Atlántico.

Dos días después, al atardecer y aún en el Golfo de Vizcaya, un bombardero Wellington británico hizo aparición en el aire y ametralló la nave, que se movía entonces acompañada por otros cinco submarinos. Uno de sus hombres, que estaba utilizando las armas de cubierta contra el avión, murió en el ataque. El avión giró e intentó una nueva pasada sobre los alemanes, aunque pagaría caro el ataque ya que fue derribado. Tanto el *U 615* como el *U 600* aseguraron que habían sido ellos los que habían acabado con el avión británico, aunque eso poco importaba. No sería aquel el último encuentro del *U 615* con los aviones. El 28 de junio, después de dos semanas de viaje, el *U 615* repostaba en mitad del océano gracias a la vaca lechera *U 488*.

Durante los primeros días de patrulla Kapitzky intentó cumplir con su misión empleando el nuevo dispositivo para detectar enemigos, aunque no tuvo éxito. Finalmente fue liberado de ese objetivo y se le permitió llevar a cabo una patrulla estándar. El 12 de julio un petrolero se le escapó de entre los dedos después de perseguirlo y tuvo aún que esperar hasta el 28 de julio para hundir su primera y única víctima de aquella patrulla, el petrolero holandés *Rosalia*, de tres mil doscientas toneladas. Kapitzky avisó del hundimiento por radio y la comunicación fue detectada, desencadenando una terrible persecución, toda una caza, contra el *U 615*.

Un día después, el 29 de julio, un bombardero B-18 estadounidense despegaba de Aruba y tras localizar el submarino alemán comenzaba el ataque, del que el *U 615* logró escabullirse. Tras aquel B-18 y en los días siguientes fueron varios los aviones, de diferente tipo y desde diferentes bases, que atacaron a Kapitzky. Los alemanes devolvieron el fuego desde el submarino en varios ocasiones y un PBM-3 Mariner de la Marina fue derribado, falleciendo sus once tripulantes. El fuego antiaéreo del submarino hizo mella también con otro Mariner, cuando tras morir el piloto por los disparos y herir a otros cuatro hombres, tuvo el copiloto hacerse con los mandos y volver a la base. Los ataques aéreos contra el *U 615* se repetían cada pocas horas, mientras la nave se arrastraba en retirada por el Atlántico con algunos daños tras afrontar cargas de profundidad, bombas y fuego de ametralladora. El propio Kapitzky estaba herido de gravedad, pero esperaba disponer de tiempo suficiente para reparar la nave gracias a los hombres que manejaban las armas antiaéreas de cubierta y, de momento, mantenían el enemigo a raya.

Entre el 6 y el 7 de agosto una serie de ataques llevados a cabo por varios Mariners, un bombardero B-18 y un Harpoon, el rediseño del Lockheed Ventura para labores antisubmarinas, acabaron con las esperanzas del *U 615* de salvar la situación. El submarino se hundió y cuarenta y cinco de sus cuarenta y nueve tripulantes fueron rescatados por el buque estadounidense *Walker*. Entre los supervivientes no estaba el comandante. Aquella resistencia tenaz contra la fuerza aérea estadounidense casi parece una cabezonería inútil, pero gracias a que el *U 615* se llevó gran parte de la atención de los aviones que patrullaban la zona, algunos submarinos alemanes tuvieron tiempo suficiente para escapar de la zona.

Los malos tiempos

Ya hemos visto cómo con el paso de los meses la guerra submarina se fue complicando para los alemanes. Cada vez menos toneladas hundidas por los submarinos de la U-Bootwaffe, menos zonas en las que patrullar, más eficacia de las misiones antisubmarinas aliadas... El *U 505,* en octubre de 1943, fue atacado por un barco aliado al oeste de las costas portuguesas y el comandante Peter Zschech sucumbió a la presión y al terror de saberse acosado bajo el agua encerrado en una caja de acero. En mitad de un ataque con cargas de profundidad Zschech sacó su pistola reglamentaria y se suicidó. Es el único caso que se conoce de una acción similar, y a pesar de ello la tripulación del *U 505* fue capaz de salir airosa de la situación y llegar a puerto. Un nuevo comandante fue asignado al submarino y tras una primera salida de nueve días que comenzó el día de Navidad de 1943, su segunda patrulla llevó al *U 505* a la historia.

El 16 de marzo de 1944 el submarino se hacía de nuevo al mar con un nuevo comandante, Harald Lange, y tras mes y medio de infructuosa patrulla al oeste de las costas africanas arrumbó hacia el norte dispuesto a volver a su base. Su posición había sido descubierta por los aliados y se envió en su búsqueda a un grupo formado por un portaaviones y varios destructores. El 4 de junio el sónar del destructor *Chatelain* detectó al *U 505* y desplegó un ataque contra el mismo usando erizos, aunque sin conseguir resultados. Maniobró el barco hasta la posición adecuada y entonces lo intentó con cargas de profundidad, que fueron más efectivas que los erizos y obligaron al *U 505*, tras ser dañado, a descender hasta los doscientos treinta metros. Poco después Lange ordenó volver a la superficie y salía más allá de medio kilómetro de otro de sus perseguidores, el *Chatelain*, que tras localizarlo comenzó a disparar su artillería contra los alemanes. A este ataque se unieron otros dos destructores y dos aviones Wildcat. La tripulación del *U 505* estaba dispuesta a rendirse, no sin antes hundir su nave, pero un grupo de abordaje fue enviado al submarino.

Cuando este grupo de soldados aliados subió a bordo del *U 505* se encontraron con una válvula de ventilación abierta, o lo que es lo mismo, una importante vía de agua. Cerraron la válvula, capturaron a la tripulación y al *U 505*, que fue remolcado hasta puerto. Estaba en marcha el desembarco de Normandía, planeado en principio para el día siguiente, 5 de junio, y pospuesto finalmente al día 6. Por ello el hecho se mantuvo en absoluto secreto, ya que si se conocía y los alemanes sospechaban que su sistema de claves no era seguro, podrían modificarlo en pleno desembarco complicando así las operaciones aliadas. Los cincuenta y ocho prisioneros de guerra del *U 505* fueron aislados de otros presos alemanes y se ordenó a todos los hombres que de una u otra forma habían participado en la operación, unos tres mil, que mantuvieran absoluto silencio sobre la captura del submarino. Los aliados tenían en sus manos un submarino intacto, con documentos secretos, claves, mapas, instrucciones, tecnología alemana...

En 1940 Alemania perdió veinticuatro submarinos, treinta y cinco el año siguiente y ochenta y seis en 1942, especialmente en la última parte de ese año, lo que ya indicaba lo que estaba por venir. En 1943 el número se disparó hasta los dos cientos cuarenta y tres, si bien es cierto que el número de submarinos disponibles se había elevado considerablemente. Sólo en mayo de ese año cuarenta y una pérdidas fueron contabilizadas. El año siguiente fue similar, con doscientas cuarenta y nueve naves hundidas, y en los cinco primeros meses de 1945, antes del final de la guerra en Europa, Alemania vio perderse en las aguas a otros ciento veinte de sus submarinos.

El *U 260*, el *U 1195*, el *U 1206*, *U 866*, *U25*, *U 320*... y así una larga lista de números y números identificativos de submarinos que poco a poco se fueron perdiendo, con una diferencia importante con respecto a otros momentos de la guerra, en los últimos meses los submarinos causaban bajas en su bando pero no pérdidas al enemigo. El *U 320* fue divisado y hundido por una avión del Coastal Command de la Royal Air Force el 8 de mayo de 1945, siendo el último en ser hundido desde el aire, el último de una larga lista que casi alcanza las doscientas naves alemanas perdidas.

El pesimismo hacía presa de la moral de los alemanes y una buena muestra de ello son las palabras de uno de los marineros del *U 732* que en noviembre de 1943 afirmaba que «todo lo que sea manejar submarinos ya no es más que suicidio. Ya no es manejar nada. Lo mejor es hundir el submarino mientras aún esté en puerto». Uno de sus compañeros aseguraba que «el viejo espíritu de los submarinos está liquidado, lo único que nos queda es el horror y el miedo». El teniente Hans Jenisch, un exitoso comandante de submarino con una Cruz de Caballero en su cuello, había adelantado su opinión años antes, asegurando que el submarino había sido superado por el enemigo, por las tecnología y tácticas antisubmarinas. Con el paso de los meses otros muchos fueron sumando su propia opinión a la Jenisch, dando por acabada al arma submarina alemana, claramente superada.

Algunos de los marineros de la U-Bootwaffe comparaban la situación en el Atlántico con Stalingrado, una de las batallas más duras y terribles de toda la guerra. Otra de las pruebas de que los marinos alemanes habían perdido la confianza en sí mismos es el decreto que emitió Dönitz en 1943 contra los «excesos de críticas y quejicoserías», en el que exigía que se dejara de ver con pesimismo la situación de Alemania. Es difícil saber si algo como el pesimismo se puede combatir con una orden, pero en cualquier caso se pidió a los hombres más combate, más trabajo y más silencio.

Vannevar Bush, presidente de la Comisión Investigadora para la Defensa Nacional estadounidense en 1940 y director de la Agencia de Investigación y Desarrollo Científicos entre 1941 y 946, comentó en una entrevista algunas de las claves de la evolución de la guerra submarina entre 1940 y 1945. Según Bush, «en pleno apogeo de la guerra submarina se hundían unos cuarenta buques por cada submarino que se hundía. Los alemanes construían más submarinos de los que perdían. Nosotros [los aliados] perdíamos más buques de los que podíamos reemplazar y aquello tenía muy mal aspecto. Seis meses más tarde, la proporción de hundimientos se había reducido a casi un buque por submarino. ¿Qué había ocurrido en ese tiempo? Los británicos estrenaron en el golfo de Vizcaya el cohete submarino [el erizo], un arma magnífica contra los submarinos. Yo [Vannevar Bush] vi cómo la probaban en Gran Bretaña y se me pusieron los pelos de punta... era aterradora. Los estadounidenses inventaron el Fido, que era un torpedo de seguimiento, lo lanzabas donde se había sumergido el submarino y el torpedo iba en su busca. Poco después apareció el radar capaz de localizar un periscopio. En todo ese tiempo se inventaron una docena de armas que cambiaron las tornas, así como la formación de grupos de persecución y exterminio».

La guerra submarina se convirtió en una guerra tecnológica, donde el radar con el que habían sido dotados los aviones a mediados de 1942, el radar centimétrico que incorporaba la Royal Navy a sus buques de escolta, y las nuevas armas hacían que la invisibilidad de los submarinos desapareciera a unos cinco kilómetros de distancia. Una guerra tecnológica que ganaron los aliados, como también ganaron la guerra de recursos y, al final, la propia guerra.

Espías, comandos y secretos

La capacidad para navegar sumergidos y por lo tanto para no ser vistos de los submarinos era un elemento clave en el combate, pero también fue utilizada repetidamente en operaciones secretas, especialmente para transportar espías, agentes secretos o incluso pequeños comandos hasta las costas enemigas. De este modo, el agente podía entrar en territorio enemigo sin ser detectado y comenzar su trabajo. La Abwehr, el servicio secreto alemán, utilizó de manera reiterada a sus submarinos para desembarcar hombres en territorio enemigo. Así, ya el 20 de enero de 1940 el *U 37* del capitán de corbeta Werner Hartmann navegó hasta las costas de Irlanda para desembarcar allí a un agente secreto cuya misión era contactar con el Ejército Republicano Irlandés, del IRA, y establecer algún tipo de relación. La frontera con el Ulster no estaba tan controlada como otras y podría servir de paso de espías alemanes hacia el Reino Unido. El hombre que iba a bordo del *U 37* se llamaba Ernst Weber-Drohl y era un ex-boxeador y levantador de pesas que había pasado ya los sesenta años, pero que conocía muy bien la isla ya que su esposa era irlandesa. El apodo del agente, mucho anterior al comienzo de la guerra, dio nombre a la operación Atlas der Starke. El 9 de febrero, después de casi tres semanas de navegación, Weber-Drohl era desembarcado en una playa. Contactó con el IRA y hasta llevó a cabo algunas acciones, pero lo cierto es que operación no fue un éxito ni mucho menos. No fue este el único caso en el que los submarinos desembarcaron agentes en Irlanda.

Cuando la guerra avanzó y la U-Bootwaffe comenzó a operar en las costas del norte de América, también utilizó los submarinos como transporte de agentes. En mayo de 1942 la Abwehr hacía entrar a un hombre en Canadá por primera vez usando un submarino como medio para llevarlo hasta allí. Era Alfred Langbein, al que el *U 213* dejó en la bahía de Fundy, en Nueva Escocia. Aquel era un punto clave para la navegación de convoyes hacia Inglaterra y la principal labor de Langbein era enviar información sobre dichos convoyes a sus compatriotas. No cumplió con su misión y, de hecho, cuando se vio sin dinero en 1944 tomó la determinación de entregarse a las autoridades canadienses. Poco después del desembarco de Langbein, se produjo otro, en esta vez en Estados Unidos. Cuatro hombres dejaron el *U 202* para internarse en el país, seguidos por otros cuatro que navegaron en el *U 584*. El *U 202* dejó a sus hombres en Long Island y tuvo dificultades tras ello ya que embarrancó y acabó saliendo a aguas abiertas a plena luz del día. La misión de aquel grupo de ocho agentes era planear y llevar a cabo acciones de sabotaje contra instalaciones e industrias estratégicas en aquella zona de Estados Unidos. Los submarinos cumplieron de nuevo con su cometido, llevar a los agentes hasta territorio enemigo, pero otra vez la operación fue un desastre. Pocos días después de pisar suelo estadounidense, el jefe del comando, Georg Dasch, se entregaba al FBI y delataba a todos sus compañeros. Cuando fueron detenidos y tras inspeccionar sus bienes, se comprobó que únicamente tenían ropa civil y que por lo tanto no podían apelar para ser tratados como prisioneros de guerra. Todos salvo el delator, Dasch, y otro hombre, fueron condenados a morir en la silla eléctrica.

Otra de las misiones en tierras norteamericanas fue puesta en marcha al comienzo de 1943, tras haber sido ideada por Walter Schellenberg, hombre de las SS, donde era Jefe de Información y Contraespionaje. El objetivo era el Canal de Panamá y el plan era destruir un dique en el lago Gatun que liberaría tal cantidad de agua que acabaría por destrozar las instalaciones del Canal. Era necesario un ataque aéreo al dique y no había solución mejor para llevar los aviones hasta la zona que transportarlos a bordo de un submarino. No era una operación técnicamente sencilla pero se encontró una solución. Dos bombarderos Stuka serían transportados hasta alguna isla desierta del Caribe, donde sería montados mientras se acondicionaba una pequeña pista de despegue. Al final los alemanes abortaron la misión ya que sospechaban que había habido algún tipo de filtración y los aliados conocían sus intenciones.

En repetidas ocasiones los submarinos alemanes dejaron agentes secretos en Islandia, punto clave en la Batalla del Atlántico. En abril de 1944 el *U 955* desembarcó a un alemán y a dos islandeses en aquel lugar, que pronto fueron detenidos por militares estadounidenses. En su camino a la base, el submarino fue atacado por un Sunderland británico y acabó en el fondo del mar, arrastrando con él las vidas de todo sus tripulantes.

En una de las operaciones especiales más conocidas de toda la Segunda Guerra Mundial, la operación Mincemeat, también tuvo su presencia el submarino, en este caso británico. Este engaño planeado y ejecutado con maestría por la inteligencia naval británica en abril de 1943, tenía como objetivo convencer al alto mando alemán, Oberkommando der Wehrmacht, de que el punto de entrada de los ejércitos aliados a Europa iba a ser Grecia o Cerdeña, para desviar la atención a aquellos puntos y poder llevar a cabo la operación en Sicilia con menos problemas. El plan consistía en hacer llegar a los alemanes el supuesto cadáver de un alto oficial británico, fallecido en algún accidente simulado, portando documentos secretos que avalaran el plan en Grecia. Así, sabiendo las conexiones entre España y Alemania, la inteligencia británica confiaba en que si el cadáver y por lo tanto lo documentos eran descubiertos en España, no tardarían en llegar a manos alemanas.

El 19 de abril de 1943 el submarino británico *Seraph*, que participó en varias operaciones secretas durante la Segunda Guerra Mundial, se hacía al mar llevando el cadáver a bordo, encerrado en un tubo de metal y conservado con hielo seco, con todo listo para el engaño: el uniforme, los documentos, cartas personales, detalles de su estancia como oficial del ejército en Inglaterra... En las primeras horas del día 30 el *Seraph* salió a la superficie cerca de la costa española de Huelva y arrojó al agua el cuerpo. Sólo algunos oficiales conocían la operación y lo que transportaba, el resto creían que era tecnología meteorológica secreta. Poco después arrojaron también el tubo de metal en el que lo habían transportado, para eliminar todas las pruebas en caso de que el *Seraph* fuera capturado, y arrumbó hacia Gibraltar. Precisamente la cercanía de este enclave británico hacía que la zona de España en la que el cadáver fue arrojado estuviera bien servida de agentes secretos alemanes y colaboradores del Reich. Un pescador de Punta Umbría descubrió al falso oficial británico flotando en el agua gracias a su salvavidas y con una carpeta de documentos esposada a su mano. Lo recogió y lo llevó a puerto, donde lo entregó a las autoridades españolas y, como habían supuesto los británicos, poco después los documentos ya estaban en poder de Alemania. La operación Mincemeat fue un éxito.

Unos meses después de Pearl Harbor, los aviones estadounidenses bombardeaban Tokio, los B-25 del teniente coronel Doolittle llevaban a cabo la primera incursión aérea de su ejército sobre terreno japonés. Tras aquel hecho, un piloto de la marina naval japonesa, Nobuo Fujita, pensó un plan, arriesgado y no muy ortodoxo, para devolver el golpe y bombardear América, en este caso, el Canal de Panamá. En julio de 1942 Fujita fue convocado a una reunión secreta y le comunicaron que su propuesta había sido aceptada, pero que en lugar del Canal de Panamá, el objetivo de la incursión serían grandes bosques de Estados Unidos, con el objetivo de incendiar el corazón de ese país. El 9 de septiembre de 1942 el submarino japonés *I-25* emergía a ochenta kilómetros de la costa pacífica de Estados Unidos. En menos de una hora la tripulación montó sobre el submarino una rampa para el despegue de aviones y colocó sobre ella un hidroavión que habían transportado plegado dentro del propio submarino. El piloto del avión era el creador de la operación Fujita, que despegó junto con otro hombre llevando seis bombas incendiarias para ser lanzadas sobre Estados Unidos. En ese mismo submarino había estado Fujita el día del ataque a Pearl Harbor.

El avión tenía autonomía para cinco horas y era capaz de llegar a una velocidad máxima de ciento treinta y cinco kilómetros por hora. Cuando sobrevolaba los bosques del parque nacional de Monte Emily, en Oregón, lanzó las bombas. Si todo hubiera ido bien el incendio podría haber sido de proporcionados gigantescas, pero por suerte para los norteamericanos la lluvia jugó a su favor y las llamas se extinguieron pronto ya que la zona estaba húmeda por las lluvias y el Servicio Forestal las controló pronto. Fujita volvió junto al submarino y aterrizó sobre el agua. Un avión de patrulla atacó al *I-25* y tuvo que sumergirse, aunque el ataque no causó más que algún daño menor en el submarino. Hicieron un segundo intento unas semanas después, pero el resultado fue similar y entonces el submarino *I-25* fue destinado a otras tareas, hundiendo dos barcos estadounidenses y un submarino soviético al confundirlo con uno estadounidense, en su camino a casa.

Tras la guerra, en 1962, Fujita fue invitado a visitar el pueblo de Brookings, que estaba en la zona de Estados Unidos que había bombardeado y que pretendía incendiar. El piloto respondió afirmativamente a la invitación y cuando llego al lugar se sorprendió al ser recibido con cariño, reconociendo a Fujita como parte de la historia del lugar. El japonés, que se había llevado con él la katana que le había acompañado también a bordo del avión en la misión de bombardero, regaló al ayuntamiento de Brookings dicha espada. No fue la última visita de Fujita a Brookings, y sobrevoló de nuevo aquellos bosques, ya en tiempo de paz, donde también plantó una secuoya, en el mismo lugar donde habían caído sus bombas. Cuando murió, en 1997, parte de sus cenizas fueron llevadas a los bosques de Brookings por su hija y allí las enterró. Fujita fue el único piloto japonés que bombardeó territorio continental estadounidense en la Segunda Guerra Mundial.

El 23 de agosto de 1944, el alférez de navío Friedrich-Georg Herrle ponía rumbo al puerto de Narvick, en Noruega, con el *U 307* bajo su mando. No era un destino sencillo en aquella parte de la guerra pero aún menos sencillo era el siguiente lugar al que debía viajar. Debía prestar escolta a un arrastrero, el *Karl J. Bush*, y transportar además a bordo a un grupo de hombres que no formaban parte de su tripulación. A pesar de llevar todos ellos uniforme de las tropas de montaña alemanas, algunos no tenían aspecto de soldados, aunque no debía importarles a Herrle ni a sus hombres ya que estaban obligados a cumplir con la misión encomendada. El destino final del viaje era una isla en el Ártico y aquellos hombres sin pinta de soldados eran científicos, cuyo objetivo era levantar una base y una estación meteorológica en la zona, que debía suministrar información vital para el desarrollo de las operaciones militares alemanas, tanto de la Kriegsmarine como de la Luftwaffe. El nombre en clave de la operación era Haudegen.

El 9 de septiembre el *U 307* ponía rumbo al norte y tras esquivar algunos buques enemigos en el trayecto llegaron a la isla de Nordaustlandet y buscaron el lugar idóneo para emplazar la estación meteorológica. La tripulación del submarino también bajó a tierra y colaboró en el despliegue, trasladando material, ayudando a situar las cubiertas blancas que servían de camuflaje, colocando sensores... Desde allí, vía radio, se enviarían mensajes todos los días que serían muy importantes para los alemanes en los meses que quedaban de guerra, y allí dejó el *U 307* al grupo de hombres que había llevado a bordo, en un lugar remoto del Ártico bajo el mando de Wilhem Dege. Esa unidad de la isla de Nordaustlandet, con Dege a la cabeza, fue la última del Tercer Reich en entregar sus armas a los aliados, y lo hicieron no ya cuando la guerra había acabado en Europa, sino cuando ya había acabado también en el Pacífico, el 3 de septiembre de 1945, tras un año de trabajo en el frío.

El *Wilhelm Gustloff*

El *Wilhelm Gustloff* fue diseñado y construido con el objetivo de ser un lujoso crucero para viajes de placer, pero como casi todas las cosas cambió al llegar la guerra y como otras muchas fue puesto al servicio del ejército. Alemania, su país, no tardó en convertirlo en un buque hospital y prestó servicios en diferentes lugares como Polonia o Noruega. En enero del último año de la guerra estaba en el Báltico, como otros muchos barcos alemanes, tomando parte en la operación Aníbal, en la evacuación de las tropas y los civiles desde Prusia Oriental hacia el oeste para evitar que el Ejército soviético acabara con ellos en su avance. Unas mil cien naves tomaron parte en esa operación y entre ellas estaba el *Wilhelm Gustloff*, que si bien se había concebido para albergar a unos mil ochocientos pasajeros, en tiempos de guerra las preferencias y los condicionantes son otros y ese tipo de números cambian, por lo que su contribución era muy importante.

En el puerto de Gotenhafen, en la actual Polonia, estaba fondeado el barco ante un aluvión de soldados y civiles que buscaban una vía de escape para huir del Ejército rojo, al que tenían un enorme temor. El 30 de enero de 1945 la riada de personas que subían al *Wilhelm Gustloff* fue tal que se perdió la cuenta y el único límite efectivo era la propia capacidad de espacio del barco. Camarotes, pasillos, cubierta... todos los lugares estaban a rebosar y se calcula que cerca de once mil personas se apiñaban en el barco. En esa situación extrema se hizo a la mar el *Wilhelm Gustloff*, como extrema era la desesperación de los germanos que iban a bordo, a las 12:30 del 30 de enero bajo un viento helado, a 10ºC bajo cero y nevando. No hubo felices despedidas en el puerto, ni banderas, ni bandas de música, como había ocurrido en otras ocasiones.

Los rompehielos avanzaban abriendo paso y pronto oscureció, a pesar de lo cual el barco apagó las luces como medida de seguridad mientras esperaba encontrar otros barcos para formar un convoy. En torno a las 18:00 el *Wilhelm Gustloff* fue informado de que un convoy de dragaminas se aproximaba a él en dirección contraria y encendió las luces para hacerse ver, y efectivamente se hizo ver, pero lamentablemente también por el submarino soviético *S-13*, que acechaba bajo el mando del comandante Alexánder Marinesko, que comenzó a perseguir a su objetivo.

A las 20:00 la música que salía de los altavoces del barco se cortó para retransmitir un mensaje por radio de Hitler que celebraba vehemente y con palabras grandilocuentes el 12° aniversario de su subida al poder, el aniversario de aquel día ya lejano de 1933 en el que el propio Hitler fuera nombrado canciller por el presidente Paul von Hindenburg. Mientras el mensaje del Führer volaba por el cielo de Europa en todas las direcciones, también hasta el *Wilhelm Gustloff*, bajo el agua y cerca de este el *S-13* se preparaba para el ataque.

El *Wilhelm Gustloff* completamente escorado y a punto de hundirse por el ataque del submarino soviético *S 13*.

En torno a las 21:00 el mensaje de Hitler finalizaba y los soviéticos también finalizaban sus preparativos. Cuatro torpedos estaban listos y sobre cada uno de ellos los soldados rojos habían escrito un mensaje: por la patria, por Stalin, por el pueblo soviético y por Leningrado. Los soviéticos dispararon tres torpedos contra el gigante alemán, todos salvo el que tenía escrito «por Stalin», que quedó en reserva. Los tres torpedos dieron en el blanco, lo que provocó que el barco comenzara a escorarse inmediatamente, antes incluso de que los pasajeros se recuperaran de la sacudida. La llamada de SOS tuvo que ser enviada con los sistemas de emergencia ya que el *Wilhelm Gustloff* se había quedado sin energía y por lo tanto no fue recogida por más que un barco, el Löwe, que se dirigió al rescate mientras retransmitía la señal de SOS.

En unos pocos minutos la proa ya estaba casi bajo la superficie y en menos de una hora había desaparecido por completo. Hubo muertos por el impacto de los torpedos, hubo muertos al lanzarse a las congeladas aguas, algunos hombres se suicidaron con su pistola y algunos incluso mataron antes a su familia, seguros ya de su terrible final. Y por supuesto hubo muertos por el hundimiento. El frío acababa con la vida de cualquiera que cayera al agua incluso cuando tras mojarse lograra subirse a algún bote, por lo que las labores de rescate tenían una urgencia desmedida. Siete horas después del hundimiento un pequeño bote que colaboraba en la búsqueda de supervivientes iluminó con su luz un bote salvavidas entre los restos del barco y los cadáveres que flotaban en el agua. Se dirigió hacia él y un hombre saltó al bote salvavidas para inspeccionarlo. Milagrosamente, entre los cadáveres congelados dio con un niño aún vivo que soportaba el horror enroscado en una manta de lana. Aquel niño fue el último superviviente rescatado. En total hubo nueve mil trescientos cuarenta y tres fallecidos, lo que convierten al hundimiento del *Wilhelm Gustloff* en la mayor tragedia marítima de la historia, nunca hubo tantos muertos por un naufragio. Un naufragio causado por un submarino soviético, el *S-13* de Marinesko, que unos días más tarde hundiría el *General von Steuben* donde también fallecieron más de cuatro mil personas.

El final de la U-Bootwaffe

El 30 de abril de 1945, según narra el propio Karl Dönitz en libro de memorias, recibió un mensaje radiado desde la Cancillería del Reich, firmado por Bormann, en el que le comunicaban que había una «nueva traición en curso. Radios enemigas han propagado que el Reichführer (Himmler) ha ofrecido la capitulación por conducto de Suecia. El Führer espera que usted proceda con la velocidad del rayo y férreamente contra todos los traidores». Pocos eran ya los hombres que quedaban junto a Hitler y aún menos eran en los que este confiaba. Ese mismo día, a las 18:00, estaba Dönitz con el jefe de la Marina en el Mar Báltico, el almirante Kummetz, y con el ministro de Armamento alemán, Albert Speer, cuando le entregaron un radiograma enviado desde el búnker de Hilter, encriptado usando la clave de la Marina. El contenido del mensaje era el siguiente: «FRR gran almirante Dönitz. En lugar del hasta ahora mariscal del Reich Göring, el Führer le designa a usted, señor gran almirante, como su sucesor. Plenos poderes, por escrito, en camino. Inmediatamente tomará usted todas las medidas que exija la situación actual. Bormann.». A la mañana siguiente un nuevo radiograma llegó desde la Cancillería del Reich, en este caso el contenido había sido marcado como ultrasecreto e incluía tres palabras definitivas: «Testamento en vigor». Aquello quería decir que Hitler había muerto y por lo tanto Dönitz, su sucesor, era el máximo responsable del Reich. De hecho, Hitler ya estaba muerto cuando Dönitz recibió el primer radiograma el 30 de abril. El cargo de Dönitz no era el de Führer, sino el de Jefe del Estado.

En los días siguientes el nuevo gobierno, aunque quizás llamarlo gobierno sea excesivo, comenzó los trámites para la rendición de Alemania, que concluyeron el 7 de mayo cuando el general Alfred Jodl firmó el acta de rendición. Dönitz comunicó el fin de los combates en un mensaje que envío en las últimas horas del 5 de mayo de 1945 a los hombres de la U-Bootwaffe diciéndoles: «¡Mis submarinistas! Seis años de guerra submarina quedan a nuestras espaldas. Habéis luchado como leones. Una aplastante superioridad material nos ha limitado a un espacio muy estrecho. La continuación de la lucha es imposible desde los territorios de los que disponemos. Submarinistas, intactos en vuestro coraje guerrero, estáis bajando los brazos después de una lucha heroica que no conoce igual. En un respetuoso recuerdo pensamos en nuestros camaradas que han sellado su lealtad con el Führer y su patria hasta su muerte. Camaradas, mantened en el futuro vuestro espíritu submarinista con el que habéis luchado en el mar valientemente y con resolución durante largos años para el beneficio de la patria. ¡Larga vida a Alemania!».

En la mente de todos, una vez finalizada la guerra, estaba lo que había ocurrido al final de la Primera Guerra Mundial cuando la Marina alemana había hundido sus propias naves en Scapa Flow para evitar el deshonor de que pasaran a manos enemigas. Dönitz ordenó prohibir toda destrucción de armamento tras el fin de la guerra y por tanto ordenó dejar sin efecto las instrucciones cursadas bajo la consigna Regenbogen, que suponían el hundimiento de las naves de la Kriegsmarine. La contraorden sirvió de poco y por un motivo u otro, por no querer aceptar el deshonor de entregar sus naves o por no conocer la contraorden de Dönitz a tiempo, la verdad es que los submarinos alemanes comenzaron a ser hundidos por sus propios comandantes.

Dönitz también había dado a entender a algunos de los hombres con los que se había reunido que comprendería a los que no respetaran su orden. Tras abogar por el beneficio que supondría para Alemania cumplir con lo pactado con los aliados, y que eso le permitiría evitar problemas y salvar vidas de alemanes, concluyó una reunión diciendo: «En cualquier caso, si yo fuera el comandante de un submarino, sabría lo que hace en estas circunstancias». Aquello se tomó como una autorización velada, que corrió como la pólvora entre los comandantes de la U-Bootwaffe.

El número de submarinos hundidos en aquellos días, de todo tipo y condición, fueron unos doscientos veinte, que si bien son muchos, no son el total de las naves de la U-Bootwaffe en aquel momento. Algo más de ciento cincuenta submarinos fueron entregados a los aliados. El *U 711* fue hundido por aviones británicos el 5 mayo, como también lo fue el *U 534*, ambos con la guerra ya técnicamente acabada. El *U 853* de Helmut Frömsdorf hundió el barco estadounidense *Black Point* en las costas norteamericanas también el 5 de mayo y horas después sería el submarino alemán el que se perdiera para siempre. Más de veinte submarinos fueron hundidos por los aviones aliados en los primeros días de mayo.

Erich Topp estaba en Noruega cuando acabó la guerra y estuvo presente en una reunión de comandantes de submarino a bordo del torpedero *Panther*, donde concluyeron que posiblemente Dönitz había sido obligado a dar las órdenes de anulación de la operación Rogenbogen. También comprendían que actuar de acuerdo a la orden podría salvar vidas de compatriotas alemanes, especialmente en el este de Europa. En cualquier caso acordaron honrar su bandera y así lo hicieron, arriándola con honores el 8 de mayo. Tras destruir los documentos secretos y algunos aparatos de tecnología avanzada, Topp se hizo a la mar por los fiordos noruegos. Pasaron las últimas horas en el campo, cantando y bebiendo y posteriormente cumplieron con las instrucciones dadas para la entrega de los submarinos, no sin antes enviar en una lancha de desembarco a Alemania al médico y a dos oficiales, para que informasen a sus familias, ya que sabían que su destino era ser prisioneros de guerra. Colocaron una bandera negra en el submarino, como habían pedido los aliados, y echaron a suertes qué hombres se quedaban a bordo del submarino, ya que no debía haber más de los indispensables para que la nave funcionara. Nadie quería desembarcar y la suerte decidió quiénes serían los elegidos. Se despidieron emocionados, como es lógico, y poco después los ingleses se reunieron con los comandantes, de nuevo a bordo del Panther. El capitán británico, quizás por deferencia, quizás porque lo sentía realmente, les mostró sus máximos respetos y les dijo que comprendía su situación, tras lo cual comenzaron las visitas a los submarinos. Finalmente, con oficiales británicos a bordo, los submarinos navegaron hasta Oslo. Los submarinistas eran ya prisioneros de guerra, tratados como tales y sin comunicación con Alemania, fueron despojados de sus armas, de los relojes, las estilográficas...

La mayoría de los submarinos del Reich que se rindieron y entregaron a los aliados al finalizar la guerra, junto con algunos de los que habían sido capturados en aquellos últimos días, fueron víctimas de lo que se conoció como la operación Deadlight. La operación se llevó a cabo en los meses siguientes con el hundimiento de unos ciento dieciséis de los submarinos entregados por Alemania. Se determinaron puntos en el mar para proceder al hundimiento, pero en algunos casos el estado de las naves era tal que no aguantaron el viaje y acabaron en otro punto del océano, pero también en el fondo. Entre noviembre de 1945 y febrero de 1946 toneladas de tecnología alemana, del mejor acero y de historia e historias, se perdieron.

Los datos finales de la guerra son estremecedores. De los algo más de mil ciento cincuenta submarinos construidos por Alemania en aquellos años, setecientos noventa fueron hundidos o destruidos por el enemigo, lo que aproxima al setenta por ciento el número de pérdidas. El número es todavía más terrible en cuanto a las vidas de las tripulaciones, ya que de los cuarenta mil hombres que pertenecieron a la U-Bootwaffe, en números redondos, más de treinta mil murieron en el mar por las heridas sufridas en combate. De los supervivientes, muchos fueron rescatados del agua y pasaron a ser prisioneros de guerra.

El *Barb*

El *Barb* fue un submarino estadounidense que se hizo famoso bajo el mando del almirante Eugene Bennett Fluckey, apodado Lucky Fluckey. Su carrera naval no arrancó precisamente con suerte, ya que el mismo día que se graduaba sus padres fallecieron en un accidente de coche precisamente cuando se dirigían a las celebraciones de graduación. En 1944 fue nombrado comandante del *Barb*, y cumpliendo con el objetivo de atosigar y hundir barcos japoneses para cortar el movimiento de suministros comenzó sus patrullas. En enero de 1945 llegó un momento crucial en su carrera cuando, en la costa de China y tras hundir un buque al que había perseguido durante horas, detectó una gran concentración de barcos enemigos dentro del puerto de Namkwan, cerca de una treintena. Eran un presa apetecible, pero había que ser muy intrépido, o quizás loco, para meterse allí. Las rocas eran una protección natural del puerto, que por si esto fuera poco había sido protegido también con minas. El ataque era posible, pero huir de allí con rapidez sería complicado ya que un descuido podría ser fatal y en el puerto había fragatas que no se quedarían quietas tras el ataque. A pesar de ello Fluckey confió en sus hombres y en su suerte y ordenó que se preparan para el combate.

El submarino americano *Barb* se significó en el combate contra los japoneses en el Pacífico.

El *Barb* se las arregló para penetrar, lanzar cuatro torpedos desde los tubos de proa, maniobrar para lanzar otros cuatro desde los tubos de popa y tras comprobar que seis de ellos habían hecho blanco, comenzó los movimientos para huir. Uno de los buques japoneses alcanzados era un transporte de municiones que voló por los aires, dañando a los barcos que tenía cerca, lo que fue una suerte adicional para Lucky Fluckey. Las aguas no eran suficientemente profundas como para poder escapar son seguridad en inmersión y el *Barb* tuvo que sufrir los disparos enemigos mientras escapaba a la vista de todos en la superficie, aunque sin consecuencias. Cuando Fluckey llegó a Pearl Harbor, el recibimiento no puedo ser más impresionante, ya que de nuevo la fortuna quiso que coincidiera el hecho con la presencia del presidente Roosevelt, de general Douglas McArthur y del Almirante de la Flota, Chester Nimitz, en la base. Todos ellos felicitaron al intrépido submarinista y poco después, en marzo de 1945, fue condecorado.

En julio de 1945 el almirante Nimitz estaba junto al también almirante Lockwood analizando unos mapas y las posiciones de las fuerzas navales y entonces Lockwood dijo: «Bien, Chester, ahí sólo está el *Barb*», por lo que Luckey Fluckey era la única opción para una operación intrépida. Unos días después Fluckey se reunía con Lockwood y este le explicaba cuál sería su siguiente misión, que no era la caza de barcos nipones, para variar. Aquella sería la patrulla final de Fluckey, que de hecho tenía que haber dejado ya el *Barb*, pero había sido elegido para llevar a cabo una acción peculiar.

Quedaban pocas semanas ya para el final de la guerra, aunque nadie lo sabía aún, cuando los hombres del *Barb* comenzaron la patrulla que les llevaría a la fama. Era la decimosegunda patrulla de la nave y tras el hundimiento de una fragata nipona, el *Barb* utilizó sus armas para atacar algunos pueblos de la costa. En uno de los casos, en la localidad de Kaihyo, el *Barb* arrasó más de la mitad de lugar disparando desde el mar. Y entonces, la noche del 23 al 24 de julio, parte de la tripulación del *Barb* bajó a tierra. Fluckey seleccionó a algunos de sus hombres para que le acompañaran, con una única regla, no habría hombres casados, aunque en uno de los casos se rompió esa regla. Cuando finalmente se anunció en el *Barb* quiénes serían los integrantes del grupo, comprobaron que este era tan heterogéneo que parecía casi una broma, ya que había marineros cuya labor era encargarse de los aparatos eléctricos, de las armas, de los torpedos, encargados de los motores, responsables de señales... En total ocho hombres bajaron a tierra y finalmente Fluckey no fue uno de ellos ya que la tripulación le convenció con el argumento de que la posición de un comandante está siempre en su nave.

Aprovechando que las nubes tapaban la luna y hacían más oscura la noche, el comando bajó a tierra y se dirigió a la vía del tren, junto al pueblo de Karafuto. Allí colocaron una serie de explosivos para destrozar la vía y un tren militar de seis vagones que debía pasar por el lugar. Billy Hatfield había ideado un sistema gracias al cual el tren, al pasar por la vía, activaría el circuito que causaría la explosión. La operación fue todo un éxito y como se ha escrito alguna vez, podríamos decir que los hombres del *Barb*, un submarino, hundieron un tren. Para celebrar la operación, la bandera de batalla del *Barb* fue adornada con unas vías de ferrocarril. No sólo es memorable esta operación por lo insólito del hecho, sino porque tuvo lugar en territorio realmente japonés, no en territorios conquistados por Japón. Es la única acción de combate de la guerra que tuvo lugar realmente sobre territorio japonés.

Destinos extraños

Tras la órdenes de entregarse a los aliados dadas por Dönitz el 4 de mayo, comenzaron los submarinos a entregarse o a ser hundidos por su propia tripulación, así que a medida que pasaron los días se fueron dando por perdidas aquellas naves de las que no se tenía noticia. No hay que olvidar que en algunos casos los submarinos se hundían sin que nadie lo supiera. Si los daños causados por unas cargas de profundidad, por ejemplo, hacían que el submarino acabara hundiéndose varios días después del ataque, nadie sabría cómo ni dónde se había perdido, ya que los directamente implicados estarían todos muertos. Así, que no se tuviera registro de algunos submarinos una vez finalizada la guerra en Europa no era una preocupación para nadie. Tanto es así que a finales de mayo el almirantazgo comunicó públicamente que los barcos que navegaran por el Atlántico podían hacerlo en la noche con las luces encendidas, volviendo a la situación de normalidad de antes de la guerra. No existía riesgos ya para la navegación en el Atlántico y tras casi seis años de precauciones, problemas y miedo, volvían las tripulaciones a tener como preocupación únicamente el estado del mar y la meteorología.

El 3 de junio de 1945, cuando todo parecía haber acabado, el *U 1277* emergía frente a las costas portuguesas y era hundido por su tripulación, que fue rescatada por algunos pescadores y llevados a tierra. Fueron entregados a los ingleses en Lisboa y estuvieron dos años presos. El comandante, Peter-Ehrenreich Stever, fue condenado a más tiempo por haber hundido su nave. Todos ellos eran considerados combatientes desarmados, que era una categoría distinta a la de prisionero de guerra, y que se reservaba para aquellos que podían tener información de especial valor, aquellos que no eran simples combatientes que habían perdido la guerra. Que el *U 1277* aguantara hasta junio y fuera hundido a propósito hacia dudar a los ingleses. No era el caso de este submarino, que nada tenía que ocultar, ya que en su primera patrulla había recibido por radio la comunicación de que la guerra había acabado y que debía haberse entregado a los soviéticos en Kiel. El miedo a los soviéticos llevó a la tripulación a buscar otra salida para su situación, otro punto y otro ejército al que entregarse. Una de las opciones fue Argentina, pero concluyeron que el viaje era demasiado largo para la cantidad de combustible y alimentos que tenían a bordo. Finalmente decidieron que lo mejor era entregarse en Portugal y hundir antes de hacerlo el submarino para que no llegara a manos británicas. Frente a la playa de Angeiras, después de cuarenta y cinco días de navegación, casi siempre en inmersión, dieron por finalizada su aventura.

El 10 de julio de 1945 el *U 530* del Otto Wermuth llegó a Mar de Plata, en Argentina. Había dejado la base noruega de Horten el día 3 de marzo y en mayo había disparado torpedos contra barcos aliados en la zona de Nueva York, aunque sin éxito. Wemurth, con tan sólo veinticuatro años, planteó a sus hombres Argentina como destino para entregarse una vez que supieron que habían perdido la guerra y casi todos estuvieron de acuerdo. Cuando llegó a Mar de Plata, el *U 530* había desmontado sus armas de cubierta y las había lanzado al mar, así como todas las armas, torpedos, cartas de navegación, libros de claves, bitácoras y cualquier otro material que consideraron secreto o delicado. Aunque el submarino no presentaban ningún aspecto diferente, que se entregara en Argentina y dos meses después de la guerra ha servido para alimentar teorías extrañas, como que altos jerarcas del nazismo y quizás el propio Hitler escaparon a Sudamérica a bordo de él. No hay prueba alguna de que esto ocurriera.

Algo más de un mes después de la entrega del *U 530*, un barco argentino se topó con un submarino alemán, el *U 977* de Heinz Schäffer, también un comandante jovencísimo, de tan sólo veinticuatro años. Esto es una muestra de que las tripulaciones de los submarinos, en los últimos años de la guerra, eran muy jóvenes, con lo que ello conlleva de formación y experiencia en el combate. El submarino había dejado Noruega el 2 de mayo para llevar a cabo una patrulla de combate pero cuando fueron informados de la rendición de su país, los hombres del *U 977* decidieron también huir hasta Argentina. Schäffer ofreció a algunos de sus hombres, a aquellos que tenían familia, la posibilidad de ser desembarcados en Europa y no viajar hasta la otra punta del mundo. Así, dieciséis tripulantes, casi un tercio del total, fueron dejados en tierra y acabaron en manos británicas mientras el resto comenzaba a navegar rumbo al sur, en inmersión gracias al esnórquel. Entre el 10 de mayo y el 14 de julio no salieron ni un momento a la superficie, lo que convierte al *U 977* en el segundo submarino con mayor número de días navegados en inmersión, sólo superado por el *U 978,* que lo hizo durante sesenta y ocho días. La travesía fue muy dura, especialmente desde un punto de vista moral, como es lógico. Por fin, el 17 de agosto acabó para ellos el viaje y la guerra.

USS *Indianapolis*

Mochitsura Hashimoto era el comandante japonés del *I-58,* una nave de casi ciento diez metros de eslora capaz de transportar un hidroavión y de ayudarlo a despegar. El submarino había sido modificado para llevar torpedos kaiten, aunque sus primeras intervenciones en enero de 1945 no habían acabado en éxito, sus misiones seguían basándose en los torpedos suicidas, en los kaiten. Patrullaba en el Mar de Filipinas a la espera de encontrarse con barcos estadounidenses y lanzar entonces el ataque contra estos. El 29 de julio de 1945 el *Indianapolis*, un enorme crucero pesado de la clase Idaho de Armada de Estados Unidos, se cruzó en su camino. El *I-58* estaba en superficie y en

Recreación del capitán Hashimoto a bordo del *I 58*.

la oscuridad, eran las 23:05, dudó si tenía ante sí un buque o un submarino navegando en inmersión. En cualquier caso Hashimoto ordenó inmersión a altura de periscopio y mandó a sus hombres prepararse para el ataque.

Hashimoto estaba decidido a atacar y sus hombres prepararon seis torpedos para ser disparados, mientras los tripulantes de los kaiten número 5 y 6 se introducían en ellos. El *I-58* era capaz de transportar seis kaiten y los hombres que los tripulaban podían introducirse en ellos directamente desde el submarino en inmersión. El crucero viajaba sin escolta y sin navegar en zigzag, a pesar de que había sido informado de la presencia de submarinos en su ruta, siendo un blanco fácil para el comandante japonés. A las 23:26 y a unos mil cuatro cientos cincuenta metros Hashimoto ordenó disparar los seis torpedos. Por el periscopio pudo comprobar cómo tras la navegación uno de ellos hacía blanco y daba lugar a un incendio en el *Indianapolis*. Poco después llegaron los impactos del resto de torpedos, mientras dichas explosiones se mezclaban ya con las que ocurrían a bordo del propio barco. Hashimoto llevó al *I-58* a la superficie para alejarse lo más rápido posible de allí, temiendo el ataque aéreo que podría llegar en cualquier momento.

Torpedo Kaiten tripulado por un kamikaze japonés.

Las señales de SOS del *Indianapolis* no fueron captadas, pero sí lo fue por la inteligencia de comunicaciones estadounidense la que envió Hashimoto casi una hora después del ataque en la que comunicaba el ataque a un buque de la clase Idaho. La señal fue decodificada y entregada al centro de mando estadounidense a las 17:00 del 30 de julio, muchas horas después del ataque. La información fue descartada al considerar que se trataba de un error ya que de acuerdo a los datos de la propia Armada de Estados Unidos no había ningún crucero de la clase Idaho en la zona.

Unas semanas antes de aquel viaje el buque había recibido una carga secreta, sobre la que casi nadie a bordo tenía información y el *Indianapolis* se había dispuesto para cumplir con la misión que se le había asignado: navegar hasta la isla de Tinian, en las Islas Marianas del Norte, donde los Estados Unidos tenían algunas bases aéreas, y dejar allí su carga. Hizo el viaje en tan sólo diez días, parando a repostar en Pearl Harbor, y el 26 de julio de 1945 llegó a su destino, descargó y comenzó el viaje de vuelta. Era un operación de alto secreto, ya que lo llevaba a bordo el *Indianapolis* era nada más y nada menos que los elementos necesarios para la bomba atómica que se lanzó sobre Hiroshima, una bomba con nombre propio: Little Boy. Debido a lo secreto de la operación no se había informado del viaje del *Indianapolis* más allá de lo estrictamente necesario y por esa razón, cuando llegó el aviso del hundimiento al centro de mando, este concluyó que era un error, efectivamente según sus informes ningún buque de la clase Idaho estaba en la zona. El secreto en torno a la operación que acabaría con el lanzamiento de la bomba atómica costó la vida de varios centenares de marineros de Estados Unidos.

El 2 de agosto un avión que patrullaba divisó a los náufragos del *Indianapolis* en el agua y sólo entonces, después de casi cuatro días en el océano, comenzaron las labores de rescate. Ya habían muerto en el agua unas seiscientas personas, que habían sobrevivido al hundimiento pero no a los días posteriores. De los mil ciento noventa y nueve hombres que viajaban a bordo del *Indianapolis*, sólo tres cientos dieciséis se salvaron. Habían pasado cuatro días a la deriva, algunos en balsas, otros sólo con un salvavidas. La sed, el hambre, el sol, las heridas... todo ello fueron sufrimientos que volverían loco a cualquiera, pero los ataques de los tiburones también se cobraron un buen número de víctimas, centenares. Fueron descubiertos cuando nadie los buscaba y donde nadie los esperaba, por lo que tuvieron que esperar hasta la noche a que llegara un barco de rescate. Por el día tan sólo un hidroavión, en contra de las órdenes que había recibido y al ver que los tiburones rondaban a sus compatriotas, había amerizado y recogido a algunas decenas de hombres, era todo lo que podía hacer.

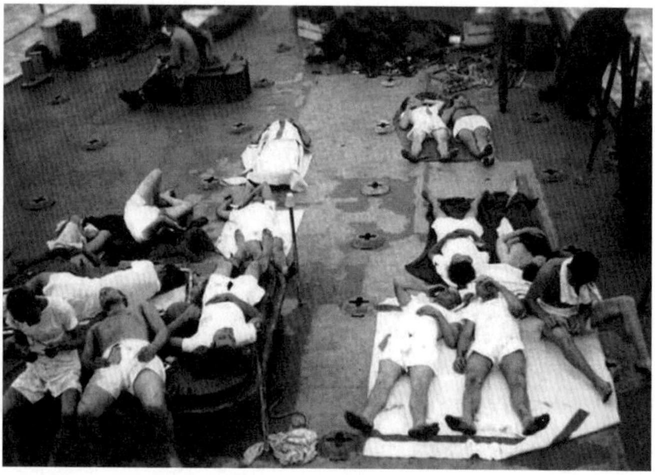

Tripulantes del *Indianapolis* que sobrevivieron cuatro días en el mar.

El *U 864* y el *U 234*

En 1945 dos submarinos alemanes partieron de Noruega con destino a Japón, uno de ellos era el *U 864*, de tipo IXD2, un submarino de largo alcance, como todos los del tipo IX, y dotado de esnórquel. Su comandante era Ralf-Reimar Wolfram, de treinta y dos años en aquel momento. Partió de Bergen el 5 de febrero de 1945 llevando a bordo los planos y algunos otros elementos necesarios para la construcción del avión Messerschmitt ME-163, propulsado por un cohete, y del avión a reacción ME-262. También transportaba los planos de otros aviones, de submarinos, de radares... y casi dos mil frascos con mercurio. Como era de esperar, además de la tripulación habitual del *U 864*, algunos ingenieros alemanes partieron en él rumbo a Japón, capaces de ayudar a los nipones a aprovechar toda la información que iban a recibir.

Un fallo en el submarino hizo que Wolfram diera media vuelta y volviera a la base de Bergen en los primeros días de abril, cruzándose en su camino con otro submarino, en este caso británico, el *Venturer*. Este era mucho más pequeño que el *U 864* y era comandando por James S. Launders, en la que era ya la decimoprimera patrulla del submarino británico. Launders había recibido una condecoración meses atrás, en noviembre de 1944, por el hundimiento del submarino alemán *U 771* al norte de Noruega.

En el momento en que se encontraron, las dos naves estaban sumergidas y a cincuenta y cinco kilómetros de Bergen, por lo que el sónar del Venturer detectó a su compañero sin problemas. Los británicos divisaron por su periscopio otro periscopio en la superficie del océano y comenzaron a prepararse para intentar hundir de nuevo un submarino alemán. Launders ordenó fuego cuando todo estuvo preparado y cuatro torpedos salieron del Venturer hacia el *U 864*, que seguía navegando en inmersión. Las explosiones en el *U 864* fueron claras y Launders quedó del todo convencido de su éxito cuando constató que en la superficie había una enorme mancha de combustible y otros restos. Al fondo se había ido otro submarino alemán, uno de tantos, con todos sus hombres a bordo. Pero en este caso con él se llevaba una carga de gran valor para los nipones, que ya nunca recibirían, y una buena cantidad de mercurio.

El submarino británico se dirigió tras el hundimiento a Lerwick, en el norte del Mar del Norte, donde fue recibido como se merecía. No en vano fue el único comandante británico que hundió dos submarinos alemanes en la guerra y el único en hundir un submarino en inmersión estando también en inmersión.

El 25 de marzo de 1945, pocas semanas antes de la definitiva batalla de Berlín y por lo tanto de derrota definitiva de Alemania, el submarino *U 234* del teniente de navío Johann-Heinrich Fehler dejaba la base de Kiel rumbo a Japón, si bien antes de dejar Europa hizo una escala en Noruega. Había sido modificado añadiendo un esnórquel y además se habían cambiado algunas estructuras en la nave para que sirviera como transporte en lugar de como arma de combate. A bordo del *U 234* iban los planos de construcción de los aviones alemanes Messerschmitt Me 262, el primer avión a reacción que entró en servicio en la historia, cierta cantidad de mercurio, elementos de óptica... y una importante carga de uranio, así como expertos alemanes en distintos ámbitos, entre ellos ingenieros de Messerschmitt, y dos oficiales japoneses que volvían a su país desde Alemania. También llevaba el *U 234* munición para los submarinos alemanes que seguían en el Índico, cuyo viaje de vuelta a Europa era casi imposible y muy peligroso.

A mitad de su viaje todos empezaron a darse cuenta de que algo extraño pasaba y a temer que lo peor hubiera ocurrido. La falta de comunicación alguna desde Alemania les intranquilizaba y la explicación al hecho llegó en los primeros días de mayo, cuando captaron por radio un mensaje que hablaba de la muerte de Hitler y del nombramiento de Karl Dönitz, como nuevo canciller del Reich. El mensaje acababa ordenando a todos los submarinos que lo escucharan la vuelta a sus bases. Aunque se temían lo peor, esperaron nuevas comunicaciones antes de dar el mensaje por cierto y hasta entonces decidieron continuar con su ruta original. El 10 de mayo, dos días después del fin de la guerra en Europa, recibieron la confirmación por radio. La nueva orden obligaba a los submarinos a salir a superficie, izar banderas negras y rendirse. Por si aún quedaban dudas a bordo del *U 234*, una comunicación con el *U 873* de Fritz Steinhoff les confirmó que el mensaje era cierto y que debían proceder según las instrucciones escuchadas en la radio. Poco había que hacer ante tal situación, pero el *U 234* tenía una diferencia importante con respecto al resto de submarinos de la Kriegsmarine en el océano en aquel momento, la diferencia estaba en su misión y en lo que transportaba, aunque nadie en la nave lo sabía, ya que para ellos no era más que un transporte hacia Japón, como cualquier otro, importante, pero siempre al recibir las órdenes les decían que misión era importante y que lo que transportaban era vital.

Alemania había perdido la guerra, pero Japón, hasta donde sabían, seguía combatiendo contra sus enemigos, por lo el propio comandante Fehler les explicó la situación a Tomonaga y Shoji, los dos japoneses que viajaban en el *U 234*, diciéndoles que iba a cumplir con la orden recibida y que iba a rendir y entregar el submarino a los aliados. Aquello, lógicamente incluía entregar también a los oficiales japoneses, que tras escuchar las palabras de Fehler se quedaron a solas y se suicidaron tomando veneno, algo común entre los militares japoneses, preferir el suicidio a la derrota. Los cadáveres fueron honrados militarmente y arrojados al océano, junto con toda la documentación que llevaban los oficiales japoneses con ellos y junto con la espada samurái de Tomonaga. Los hombres del *U 234* consideraron que también debían arrojar al océano los torpedos y algunos otros documentos y objetos importantes, aunque no todos los documentos secretos fueron destruidos.

Momento de la rendición del *U 234* al buque *USS Sutton* de la Armada americana.

Fehler se reunió entonces con sus oficiales para planear la forma más segura y conveniente de entregarse y, especialmente, ante quién. El comandante abogaba por rendirse ante los estadounidenses, ya que los hechos ocurridos en la guerra, especialmente con el arma submarina, le hacían temer que si caían en manos de los británicos o de los canadienses, fueran encerrados de inmediato y tratados de la peor manera. La propuesta de Fehler fue aceptada y entonces emitió un mensaje dirigido a los británicos en el que comunicaba que se dirigía a Halifax, en Nueva Escocia. Esperaba que así se limitaran a esperar su llegada a puerto y por lo tanto pudiera sin problemas dirigirse a la costa de Estados Unidos sin que se enviaran barcos a capturarlo. En las costas estadounidenses de New Hampshire ya se habían entregado varios submarinos y aquel era el destino del *U 234*. La marina de Estados Unidos comprobó que el rumbo del submarino alemán no era el que se esperaba y el 14 de mayo el Sutton lo interceptó.

Cuando el submarino fue inspeccionado, la carga fue declarada como secreta y aún hoy hay aspectos no aclarados con respecto al *U 234*. Sin estar totalmente probado, es posible que el uranio fuese enviado al laboratorio de Oak Ridge, que formaba parte del proyecto Manhattan, el desarrollo de las bombas atómicas por parte de Estados Unidos.

Bibliografía

Allaway, J, *Hero of the Upholder,* Periscope Publishing Ltd, 2004.
Baxter, I, *The U-boat War* 1939-1945, Pen & Sword, 2008.
Berrafato, E., & Berrafato, L., *Kriegsmarine*, Schiffer Publishing Ltd, 2012.
Blair, C., *Hitler's U-Boat war: The Hunted 1942-1945*, Random House USA, 1999.
Blair, C., *Hitler's U-Boat War: The Hunters 1939-1942,* Random House USA, 1996.
Boyd, C., & Yoshida, A., *The Japanese Submarine Force and World War II,* Naval Institute Press, 2012.
Busch, H., *Así fue la guerra submarina*, RBA Coleccionables, 2007.
Calvocoressi, P., Wint, G., & Pritchard, J., *The Penguin History of the Second World War*. Penguin, 1999.
Chant, C., *An Illustrated Data Guide of Submarines of World War II,* Tiger Books, 1997.
Dönitz, K., *Diez años y veinte días,* La esfera de los libros, 2005.
De la Sierra, L., *La guerra naval en el Mediterráneo*, RBA Coleccionables, 2007.
Del Calzo, N., & Collier, P., *Medal of Honor,* Artisan, 2011.
Del Rey, M., & Canales, C., *Una jauría de lobos,* Edaf, 2012.
Edwards, B., *The Wolf Packs Gather*, Pen & Sword, 2011.

Fletcher, M. H., The WRNS: *A History of the Women's Royal Naval Service*, Naval Institute Press, 1989.
Gilbert, M., *La Segunda Guerra Mundial* 1939-1942, La esfera de los libros, 2005
Gilbert, M., *La Segunda Guerra Mundial* 1943-1945. La esfera de los libros, 2006.
Holmes, R., *Un mundo en guerra*, Crítica, 2008.
Hough, R., *Naval Battles of the Twentieth Century*. Endeaveour Press, 2014.
Humble, R., *La flota de alta mar de Hitler,* Editorial San Martín, 1971.
Ireland, B., *Battle of the Atlantic*. Pen & Sword Books, 2003.
Lawrence, P., *A Century of Submarines*, The history press, 2009.
Mata, S., U-Boote. *Submarinos alemanes en la Segunda Guerra Mundial,* Almena, 2013.
Merriam, R., Gebirgsjaeger: *Germany's Mountain Troops*, Merriam Press, 1999.
Neitzel, S., & Welzer, H., *Soldados del Tercer Reich*, Crítica, 2012.
Padfield, P., *War Beneath the Sea*, Thistle Publishing, 2013.
Paterson, L., *U-boats in the Mediterranean* 1941-1944. Chatham Publishing, 2007.
Pope, S., & Wheal, E.-A., *Dictionary of the Second World War*, Pen & Sword, 2003.
Roberts, A., *La tormenta de la guerra*, Siglo XXI, 2009.
Smith, C., *El día de la infamia*, Osprey, 2008.
Terraine, J., *Business in Great Waters,* Pen & Sword, 2009.
Vázquez, J. G., *Submarinos alemanes,* Tikal, 2012.
VV.AA., *La Segunda Guerra Mundial* Vol.7 – «La guerra se traslada al Atlántico», *El Mundo,* 2009.
VV.AA., *La Segunda Guerra Mundial* Vol.13 – «Japón se adueña del Pacífico», *El Mundo*, 2009.
VV.AA., *La Segunda Guerra Mundial* Vol.14 – «Midway, la hora de los portaaviones», *El Mundo*, 2009.

VV.AA., *La Segunda Guerra Mundial* Vol.15 – «Contraofensiva en el Pacífico», *El Mundo*, 2009.
Werner, H. A., *Iron Coffins*, Cassell Military, 1999.
Wragg, D., *The Pacific Naval War* 1941-1945, Pen & Sword, 2011.

Webs consultadas

http://Uboat.net

http://ww2today.com

http://U-historia.com

http://www.uboataces.com

http://www.u47.org

http://www.warsailors.com/

Test.u47.org

https://www.navy.gov.au

http://sharkhunters.com

http://www.u47.org

http://www.hmsbarham.com

http://www.historynet.com

http://www.bbc.co.uk/history/ww2peopleswar/

http://ahoy.tk-jk.net

http://www.24flotilla.com

http://www.h-net.org

http://www.navalaviationmuseum.org

http://www.naval-history.net

http://www.exordio.com

http://www.wilhelmgustloff.com/

http://www.navy.mil

En la misma colección

MAQUIS, ESPÍAS Y HÉROES

Daniel Arasa

Maquis, espías y héroes es la historia de una serie de hombres que, como guerrilleros, en las fuerzas de liberación aliadas o bien enrolados en la División Azul, combatieron en batallas tan importantes como Normandía, El Alamein, Montecasino, Las Ardenas o Stalingrado. A partir de una serie de pequeños relatos, el autor —reconocido especialista en temas bélicos— muestra situaciones y acciones de unos cuantos protagonistas en diversos escenarios bélicos, con historias independientes aunque un mismo telón de fondo.

LUCHARON EN BATALLAS DECISIVAS

Pedro Pablo García May

Las historias que aparecen en este libro están aderezadas casi todas ellas con los símbolos del valor y grandeza, no en vano son relatos de soldados, hazañas bélicas particularmente llamativas de las muchas que acontecieron en los principales frentes de este conflicto. Son testimonios que hablan de la lucha por la supervivencia en el contexto de la Segunda Guerra Mundial. Para casi todos los nombres que aparecen aquí la guerra fue una ordalía que marcó su vida y la de cuantos conocieron en aquellos momentos. Esta es la historia de algunos héroes anónimos que participaron en el principal conflicto que hubo en el siglo XX.

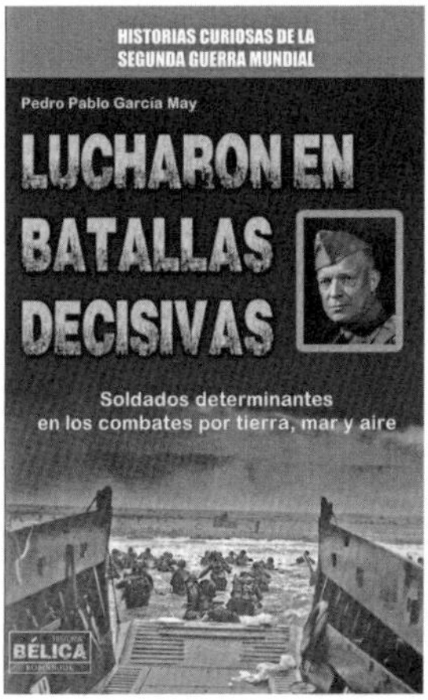

LA RESISTENCIA CONTRA LOS NAZIS

Hervé Barre

La resistencia fue un grupo organizado que, utilizando los movimientos y canales clandestinos, lucharon contra las fuerzas del Eje en cada uno de los escenarios que estos ocuparon. Sus actos iban desde la difusión de prensa clandestina, la producción de documentación falsa y la organización de huelgas hasta la lucha armada, el sabotaje de las vías de comunicación o los atentados contra oficiales. Este libro recuerda algunas de esas historias, terribles, esperanzadoras, pero todas ellas de una gran humanidad, que tuvieron como marco una sociedad abocada al abismo. Historias que tuvieron lugar en aquellos países ocupados y que nos acercan a una idea ejemplar de lo que significa el vocablo dignidad.

Títulos publicados en la colección Historia-Bélica:

Comandos y Raids
Pere Romanillos

Maquis, espías y héroes
Daniel Arasa

Criminales nazis del exterminio
Ernesto Frers

Diarios del Día-D
Carol Harris

Lucharon en batallas decisivas
Pedro Pablo García May

La resistencia contra los nazis
Hervé Barre

Espías y la guerra secreta
José Luis Caballero

Los secretos ocultos del Tercer Reich
Paul Lemond

La Caída de Berlín
José Luis Caballero